開発の国際政治経済学

構造主義マクロ経済学とメキシコ経済

石黒 馨

は し が き

　本書は，構造主義マクロ経済学の視点からメキシコのマクロ経済分析とIMF 経済政策の批判的検討を試みた開発の政治経済学についての作品である．前著『国際政治経済の理論――覇権協調論の構想』(勁草書房，1998年)は，国家間関係を中心に政治経済分析を試みたものであり，国内の社会経済構造については十分に分析することができなかった．本書は，国内の社会経済構造の相違がマクロ経済成果に及ぼす影響について政治経済学派の視点から分析したものである．

　本書の作成には，多くの方々から学問的な恩恵を受けている．神戸大学大学院時代に研究者として最初のご指導を頂いた故西向嘉昭先生にまず感謝したい．ラテンアメリカ経済の研究指導をして頂くために指導教官として西向先生のところにお世話になることになったが，西向先生の指導方針は，ラテンアメリカ経済の研究を始める前にまず経済学や国際経済学を十分に勉強するようにということであった．そのため，院生時代はほとんどラテンアメリカ経済について本格的に研究することなく，池本清教授(神戸大学名誉教授)のもとで国際経済学の研究指導をして頂くことになった．ラテンアメリカ経済の研究は大学院修了後になり，今となっては西向先生に本書をご批判頂くこともできなくなってしまったが，先生の助言や指導方針には大変感謝している．

　ラテンアメリカ経済への関心を引き留めて頂いたのは，ラテンアメリカ研究の最初の契機を与えて頂き，今日までつねに心温まる支援を頂いている「21世紀ラテンアメリカ研究会」の上谷博先生(天理大学名誉教授)である．上谷先生の助言も頂きながら書いた卒業論文「メキシコ革命の経済的基礎分析序説」は，メキシコ革命についての従来の研究を調査すると共に，マルクスの本源的蓄積論という視点から植民地期以降のメキシコにおける資本主義の発展を考察し，

レーニンの2つの道の対立という視点からメキシコ革命を分析するというものであった。卒論作成の基本文献はマルクスの『資本論』とレーニンの『ロシアにおける資本主義の発展』であり、ラテンアメリカの経済発展や経済開発に関する筆者の問題意識もこのときに形成されたものである。さらに、神戸大学の置塩信雄名誉教授には残念ながら直接指導をして頂く機会はなかったが、資本主義経済についての本書の分析方法はその著書から学んだものである。これらの先生方の学恩に深く感謝したい。

　本書は、以下の論文や学会報告に加筆・修正したものである。これらの論文や学会報告に対して有益なコメントを頂いた Robin Ann King 博士(U.S. State Department)や Latin American Studies Association、国際経済学会、ラテン・アメリカ政経学会、21世紀ラテンアメリカ研究会、ラス・アメリカス研究会、テキーラ研究会、神戸国際政治経済学研究会の参加者に感謝したい。

第1章："Financial Opening and Class Conflict: A Neo-Structuralist Perspective," *Kobe University Economic Review*, No. 46, 2000.「投資、為替変動および対外不均衡」国際経済学会第46回全国大会報告(1987年9月)、国際経済学会編『国際経済』第39号、1988年.

第2章：「インフレーションと債務累積について」ラテン・アメリカ政経学会第23回全国大会報告(1986年11月).「経済開発、インフレーション及び債務累積」『阪南論集』第22巻第4号、1987年.

第3章：「南北貿易下の交易条件と債務累積」国際経済学会第27回関西支部総会報告(1985年6月)、『阪南論集』第21巻第2号、1985年.「原油価格と南北経済」『阪南論集』第22巻第3号、1986年.

第4章：「メキシコの経済開発モデルの奇跡から幻影へ」上谷博・石黒馨編『ラテンアメリカが語る近代──地域知の創造』世界思想社、1998年.

第5章：「メキシコのマクロ経済変動」ラテン・アメリカ政経学会第26回全国大会報告(1989年10月)、ラテン・アメリカ政経学会編『ラテン・アメリカ論集』第24号、1990年.

第6章："Macroeconomic Stabilization Policies in Mexico: A Neo-Structuralist Perspective," *Kobe University Economic Review*, No. 45, 1999 (revised version of the paper presented to the XVII International

Congress of the LASA, Los Angels, September 1992).

第7章：「ラテンアメリカの債務危機と経済調整」ラテン・アメリカ政経学会
　　　編『ラテン・アメリカ論集』第22号，1988年.

第8章：「メキシコの経済安定化政策」西島章次編『ラテンアメリカのインフ
　　　レーション』アジア経済出版会，1990年.「メキシコの経済安定化政策」
　　　ラテン・アメリカ政経学会第27回全国大会報告(1990年11月).

第9章：「通貨危機管理のグローバル・ガバナンス」『国民経済雑誌』第183巻
　　　第2号，2001年.

　また，本書の計画から刊行に至るまで勁草書房編集部の宮本詳三氏と徳田慎
一郎氏に大変お世話になった．深く感謝したい.

　最後に，いつも楽しい家庭環境を与えてくれる妻の靖子と娘の更に感謝した
い．2人の存在は，仕事をするうえでかけがえのない活力源である.

2001年1月

六甲山麓の研究室にて

石黒　馨

目　　次

はしがき

序　章　本書の課題と特徴および構成 ………………………………3

0.1　本書の課題と特徴　3

0.2　政治経済学派と開発経済学　7

0.3　本書の構成　15

0.4　今後の課題　18

第1部　構造主義マクロ経済学

第1章　階級対立のマクロ経済学 ……………………………23

1.1　はじめに　23

1.2　階級対立下の開放マクロ経済モデル　25

1.3　稼働率と実質為替レート　33

1.4　資本蓄積と対外不均衡　42

1.5　ポピュリズムと経済成果　48

1.6　むすび　49

第2章　経済開発の2部門モデル ……………………………51

2.1　はじめに　51

2.2　2部門経済モデル　53

2.3　経済開発とインフレーション　65

2.4　経済開発と債務累積　72

2.5　むすび　80

2.6　補論　インフレ課税と真の財政赤字　81

第3章　南北経済と資源価格の変動 ……………………………83

3.1　はじめに　83

3.2　南北経済モデル　85

3.3　北の稼働率と南の交易条件　94

目　　次 v

3.4　南北経済構造と債務累積　104

3.5　むすび　111

第2部　メキシコの構造主義マクロ経済分析

第4章　メキシコの経済開発戦略 …………………………115

4.1　はじめに　115

4.2　国家主導型の輸入代替工業化　117

4.3　世界銀行＝ＩＭＦ主導型の輸出志向工業化　126

4.4　むすび　133

第5章　メキシコのマクロ経済変動 …………………………135

5.1　はじめに　135

5.2　債務危機以前のマクロ経済変動　136

5.3　債務危機以降のスタグフレーション　142

5.4　1980年代のインフレーションと対外不均衡　146

5.5　むすび　150

第6章　メキシコのインフレ・スパイラル …………………………153

6.1　はじめに　153

6.2　メキシコのマクロ経済モデル　155

6.3　賃金・物価・為替のスパイラルと対外不均衡　162

6.4　オーソドックス型の経済安定化政策　165

6.5　ヘテロドックス型の経済安定化政策　169

6.6　むすび　172

第3部　ＩＭＦ経済政策の批判的検討

第7章　IMFの経済安定化政策 …………………………175

7.1　はじめに　175

7.2　経済開発戦略と債務危機　177

7.3　ＩＭＦ経済安定化政策の政策目標と政策手段　180

7.4　ＩＭＦ経済安定化政策の問題　183

7.5　むすび　192

目次

第8章　債務危機後の経済安定化政策 ……………………………… 193

8.1　はじめに　193

8.2　経済危機の原因と経済安定化政策の理論　194

8.3　オーソドックス型政策の政策目標と政策手段　201

8.4　オーソドックス型政策の効果と問題点　205

8.5　ヘテロドックス型政策への転換　211

8.6　むすび　216

8.7　補論　メキシコのマクロ経済モデル　217

第9章　通貨危機と危機管理政策 ……………………………… 223

9.1　はじめに　223

9.2　メキシコの通貨危機と危機管理　224

9.3　通貨危機管理のモデル　228

9.4　通貨危機とIMFの危機管理　232

9.5　通貨危機管理の政策　238

9.6　むすび　244

参考文献

事項索引

人名索引

開発の国際政治経済学
―― 構造主義マクロ経済学とメキシコ経済 ――

通貨危機後の1995年にメキシコ・チアパス州チャムーラ村で(著者撮影)

序　章　本書の課題と特徴および構成

　本書は，構造主義マクロ経済学の視点からメキシコのマクロ経済分析と IMF 経済政策の批判的検討を試みた開発の政治経済学についての研究書である．この序章では，本書の課題と特徴，本書の構成および残された今後の課題について明らかにしよう．

0.1　本書の課題と特徴

0.1.1　本書の課題

　本書の課題は，開発主義の流れをくむ政治経済学派の議論にもとづいて開発の政治経済学を構成し，それを 1980 年代のメキシコの経済開発＝工業化過程におけるマクロ経済の分析と IMF 経済政策の批判的検討に応用することである．本書は，特につぎのような 3 つの課題について検討する．

　第 1 に，構造主義マクロ経済学の基本的な枠組みを構成し，階級対立下の開放マクロ経済モデル，2 部門経済開発モデル，南北経済モデルなどについて検討する．

　第 2 に，1980 年代のメキシコのマクロ経済に関わる諸問題について構造主義マクロ経済学の視点から検討する．特に，メキシコの経済開発戦略，マクロ経済変動，インフレーションなどについて検討する．

　第 3 に，IMF の経済政策について構造主義マクロ経済学の視点から批判的に検討する．特に，IMF 経済政策の政策目標と政策手段，メキシコにおける IMF 経済安定化政策，通貨危機と危機管理政策について検討する．

　開発経済学の基本的な課題は，発展途上国における経済発展と貧困問題の解決である．このような問題に関して開発経済学は，①失業・雇用問題の解決と

②工業化の促進という 2 つの具体的な政策課題について検討してきた(原, 1996a, 7頁).

第 1 の政策課題は,発展途上国の貧困問題と密接に関係している失業・雇用問題の解決である.発展途上国には農村や都市に大量の失業者や半失業者が存在している.彼らにどのようにして就業機会を与え所得を保障するかという問題である.第 2 の政策課題は,未就業者の雇用・所得を確保する手段としての発展途上国の工業化の問題である.先進資本主義諸国との経済的相互依存という国際的な条件のもとで,しかもそれらの諸国とは異なる社会経済的諸条件が存在する発展途上国の工業化をマクロ経済の不均衡を伴うことなくどのように進めるかという問題である.これら 2 つの政策課題は,本書が対象にするメキシコをはじめ多くのラテンアメリカ諸国において今なお重要な問題である.

このような 2 つの政策課題に対して,開発経済学の政策手法には国家と市場の役割に関して開発主義とリベラリズムという 2 つの基本的なアプローチがある.戦後から 1960 年代までは開発主義が,1970 年代以降はリベラリズムが開発経済学の主流を形成している.メキシコの経済開発政策にも,これら 2 つの立場が大きく影響を与えてきた.

開発主義のアプローチは,発展途上国の失業・雇用問題の解決や工業化の促進において国家の役割を重視するものである.この立場は,発展途上国における多くの外部性の存在を認め,「市場の失敗」の可能性を考慮し,国家の政策運営能力に大きな期待をかける.従来,国家の役割として,市場の失敗の矯正,富や所得の不平等の是正,およびマクロ経済の安定化などが指摘されてきた.これらに加え最近注目されているのは,発展途上国における市場経済そのものの育成である.経済開発戦略としては国家が積極的に介入する輸入代替工業化が提言されてきた.

リベラリズムのアプローチは,発展途上国の政策課題の達成において市場経済の役割を重視するものである[1].この立場は,発展途上国政府の政策運営能

---

1) 市場経済は,主要な経済主体と資源配分という点から計画経済とつぎのように区別される.計画経済の主要な経済主体は政府や公企業であり,資源配分は指令によって行われる.これに対して,市場経済の主要な経済主体は自由競争下の民間企業であり,資源配分は価格によって行われる.基本的な生産手段が計画経済下の国家によって所有されている場合には社会主義経済が,市場経済下で資本家階級によって所有されている場合には資本主義経済が形成される.

力を疑問視し，市場の失敗に対して「政府の失敗」を重視し，市場の自動調整能力に大きな期待をかける．経済開発戦略としては市場の役割を重視する輸出志向工業化が提言されてきた．

0.1.2 本書の特徴

本書の開発の政治経済学には，従来の開発経済学と比較し以下のような特徴がある．

第1に，発展途上国のマクロ経済分析において政治経済的な階級間の対抗関係を重視するという点である．ラテンアメリカ諸国では，第2次世界大戦以前から輸入代替工業化が促進され，この工業化と共に早熟的な寡占体制が形成されてきた．また西欧諸国から影響を受けながら労働運動が展開され，労働組合の交渉力も強く，階級間の闘争・対抗が経済的諸決定に重要な役割を果たしてきた．それゆえ，マクロ経済モデルの構成や実証分析において主要な経済主体である寡占企業や労働者の行動様式の相違に注意する．

第2に，寡占企業や労働者の行動様式の相違などによって形成されるマクロ経済構造の相違を重視するという点である．マクロ経済成果は，一義的に決定されるのではなく，経済主体の行動様式やマクロ経済構造に依存する（図0.1を参照）．このような構造主義マクロ経済学の視点から，階級行動の相違やマクロ経済構造の相違がインフレーションや対外不均衡のようなマクロ経済成果にどのような相違をもたらすかという点に注意する．

このような構造主義マクロ経済学の構成において，ラテンアメリカでは，経済開発政策の実施主体が権威主義体制かポピュリズム体制(Huntington and Nelson, 1976)かという点が重要になる．権威主義体制とは，政治権力を握った軍や政治エリートが経済開発を至上の政策目標とし，その目標の達成のために官僚テクノクラートを育成し，経済開発の成功によってその支配の正当性を主張するもの(渡辺, 1995, 9-10頁)である．これに対して，ポピュリズム体制の基本的な性格は，開発政策の主体が階級同盟にあるという点である[2]．ポピュリズム体制のもとでは，資本主義的な経済発展を主導する資本家階級が未成熟な

---

2) ラクラウは，ポピュリズムを特定の階級に還元せず，社会構成体レベルでの権力ブロックとしている (Laclau, 1977).

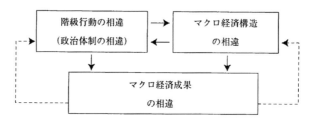

図0.1 マクロ経済構造とマクロ経済成果

ために，資本家・労働者・中産階級などの階級同盟が結成され，この階級同盟が経済開発の主体になる．階級同盟のもとで経済開発過程における階級間の分配問題が重要な政策課題になる．労働者階級の要求は，権威主義体制下では抑圧され，ポピュリズム体制下では擁護される傾向がある[3]．このような政治体制の相違がマクロ経済成果の相違をもたらす．

ここで本書の政治経済学には，つぎのような意味が込められている．第1に，発展途上国のマクロ経済モデルの構成において，資本家階級（寡占企業）と労働者階級との階級対立を明示的に扱うという点である．第2に，このような階級対立を調整しながら政策を実施する政治体制の相違がマクロ経済成果の相違をもたらすことを重視するという点である．ここでの問題は，経済開発の主体が国家か市場かというよりは，市場経済に対してどのような国家が対応しているのか，例えば権威主義かポピュリズムかという点である．これらの特徴をもつ本書の開発の政治経済学は，分析手法や結論は異なるが，世界銀行やIMFの構造調整政策の実施において国内の政治要因の役割を重視するハガードやカウフマンの「経済調整の政治学[4]」と問題の関心領域は重なる．

---

3) 権威主義体制には，アルゼンチン・ブラジル・チリ・ペルーなどのかつての軍事政権があり，古典的なポピュリズムにはメキシコのカルデナス政権（1934-40年），アルゼンチンのペロン主義（1946-51年，1952-55年），ブラジルのバルガス主義（1951-54年）などがある．
4) ハガードとカウフマン（Haggard and Kaufman, 1992, pp. 32-34）は，権威主義体制か民主体制かという政治体制の相違よりも，階層対立の状況が構造調整政策の成否を決定するとしている．

0.2 政治経済学派と開発経済学

ここでは，本書の開発の政治経済学を構造主義・新古典派・従属論・政治経済学派などの従来の開発経済学の中に位置づけることによってその特徴を明らかにしよう．

0.2.1 構造主義

第2次世界大戦後から1960年代の中ごろまで開発経済学の主流を占めていたのは構造主義の開発理論である(Sunkel, 1966; Chenery, 1975; Jameson, 1986; Kay, 1989; Lustig, 1991)．構造主義は，発展途上国の経済成長の基本的な問題が非伸縮的な価格や非弾力的な労働市場などの硬直的な経済構造にあり，市場機構に任せただけでは最適な資源配分は達成されないと考えた．それゆえ，国家が市場に代わって経済発展の役割を担う必要があると主張した．

構造主義の基本的な認識は，発展途上国の社会経済構造が先進資本主義諸国とは異なるという点である．構造主義にはつぎの3つの命題がある．第1に，経済発展の阻害要因は供給側にあるということであり，第2に，市場の失敗があるために国家介入が必要になるということである．第3は，一次産品の交易条件悪化論である．

経済発展の供給側の制約要因には，インフラの不備や貯蓄・投資・外貨の不足および硬直的な農業構造などがある．このような経済構造に加え，労働者の勤労意欲や法政治体制のような社会政治制度が先進資本主義諸国とは異なる．ヌルクセ(Nurkse, 1953)は発展途上国の経済発展の困難を「貧困の悪循環」によって説明した．貧困の悪循環の中で生活する過剰な労働者は，労働の限界生産性がゼロという意味で偽装失業にあると考えた．このような発展途上国の経済開発に対して構造主義は，一次産品輸出にもとづく経済発展については交易条件の悪化論(Singer, 1950; Prebisch, 1959)をもとに悲観的である．構造主義が提言した経済開発戦略は，国家の積極的な介入による輸入代替工業化である．この工業化政策に関して均整成長論(Nurkse, 1953)と不均整成長論(Hirschman, 1958)の論争が行われた．また発展途上国の工業化について，ロストウ(Rostow, 1960)は先進資本主義諸国の歴史的な経験をもとに構成した単線的な発展段階論の中に位置づけ，ガーシェンクロン(Gershenkron, 1966)は発展途上国の後発性の利益を強調した．

　構造主義の学説史的な背景には，古典派経済学の経済発展論とケインズ経済学の市場の失敗論がある．構造主義が発展途上国の経済発展を問題にしその阻害要因を供給側に求めたのは，アダム・スミス以降の古典派経済学の伝統にしたがったものである．これに対して，発展途上国の経済発展において市場の失敗の可能性を考慮し，国家介入の役割を重視するのはケインズ経済学の影響である(Arndt, 1985)．

　1960年代半ばごろから構造主義に対する批判が行われた[5]．このような批判が出てきた背景には，国家介入による輸入代替工業化が十分な成果を期待できなくなったり，構造主義が持っていたトリックルダウン(経済成長の恩恵はやがて貧しい人々にも浸透するという)仮説が有効に機能しなかったりした点がある．構造主義の批判的検討の中から現れたのが新古典派の開発理論，従属論，政治経済学派の3つのアプローチである．これらのアプローチは今日の代表的な開発経済学である[6]．本書の分析は，政治経済学派の開発理論にもとづくものである．

0.2.2　新古典派の開発理論

　1970年代以降，構造主義を批判し開発経済学の主流派を形成したのは新古典派の開発理論である．ラテンアメリカのインフレ論争のマネタリストや1980年代から1990年代におけるネオリベラリズムおよび1980年代の債務危

---

5) 開発経済学の主流派は，1970年代には構造主義から新古典派に移行し，さらに1990年代には新古典派から不完全市場を前提とするニューケインジアンや新制度学派に移行しつつある．従属論はその登場から今日まで主流派の位置を占めることはなかった．開発経済学の歴史的な展開や多様なアプローチの相違については，速水(1995, 第8章)や絵所(1997)を参照のこと．

6) 従来の開発経済学が貧困問題解決の指標にしてきた1人当たり国民所得の増大(経済成長志向)という問題を超えて，社会のさまざまな階層の人々の政治経済的社会的機会をどのように拡大していくかという問題を重視する社会開発論(人間開発志向)が新たに登場している(Sen, 1999; 西川, 1997)．これは，構造主義のトリックルダウン仮説を批判して1970年代に登場したBHN: Basic Human Needs (ILO, 1976)に系譜がある．社会開発論が登場した背景には，構造主義を批判した新古典派の開発理論がトリックルダウン仮説を共有していた点がある．

機以降の世界銀行や IMF の経済調整政策(IMF, 1987)がその代表的なもので
ある.

　新古典派の開発理論は構造主義による国家介入を批判する. 新古典派の開発
理論は, 伝統的な経済学のパラダイムに基礎をおくものであり, 社会制度や経
済構造の相違を軽視し, 市場の自動調節作用を重視する傾向がある. このアプ
ローチの 1 つの極端な姿勢は, ラル(Lal, 1985)のように先進資本主義諸国と発
展途上国の社会経済構造の相違を認めない開発経済学不要論である. 新古典派
の開発理論は, 市場経済の役割を重視し, 国家介入の失敗を警戒し, 小さな政
府を提唱する. 国家介入の役割をマクロ経済の安定化などの分野に限定し, 構
造調整政策による経済の自由化を提案し, 開発戦略としては輸出志向工業化戦
略(Krueger, 1980; Balassa, 1981; 1983)を提言する.

　新古典派の開発理論に基礎をおく世界銀行の政策姿勢は, 1990 年代には国
家の役割を一部認め, 市場補完的アプローチに若干修正された(World Bank,
1993). ただし国家介入は, 個々の企業や産業を優遇したり差別したりするの
ではなく, 市場経済の枠組みを全体として改善するために行われるべきである
とする. 具体的には, 国家の介入政策を, 基礎的政策(初等教育やインフラの
整備およびマクロ経済の安定化)と選択的政策(一般的輸出振興, 金融的介入,
狭義の産業政策)に分け, 一般的輸出振興のような選択的政策の一部や基礎的
政策については国家の介入政策を容認するようになった.

　新古典派の開発理論に対しては, つぎのような批判がある(絵所, 1997). 第 1
に, 歴史的に形成された社会経済構造の役割を軽視していることである. 新制
度学派(Aoki, Kim and Okuno-Fujiwara, 1996; 青木・奥野, 1996)が指摘するよう
に, 経済システムは歴史経路依存的な性質を持っている. 例えば, 市場経済や
経済自由化が成功するかどうかは社会経済制度のような前提条件に依存する部
分が大きいが, このような前提条件について新古典派の開発理論は十分な検討
をしていない[7]. また, 国家の市場介入の効果も社会経済構造によって異なる.

---

7)　同様の問題について, 原 (1996b, 236-237 頁) は「発展の地域性」という点を強調する. 市場経
　済の発展は地域の歴史や社会構造の差異に応じて多様な展開を示すが, 新古典派の開発理論はこの
　ような発展の地域性を軽視している. この点は 2 つの市場観, すなわち市場経済を価格の資源配分
　機能に集約させる新古典派と, 市場経済を個々の経済主体の取引関係の連鎖・ネットワークと考え
　る新制度学派との違いに関係している.

東アジアのような同質社会では，国家は市場補完的な役割を果たすことができるかもしれないが，ラテンアメリカのような複合社会では，国家介入は「政府の失敗」を導く可能性がある(原, 1996a, 195-198頁)．

新古典派の開発理論に対する批判の第2の点は，市場の完全性を前提していることである．それゆえ，発展途上国に存在している情報の不完全性や取引費用の存在について十分に考慮していない．また，工業化における収穫逓増のような外部経済の存在についても考慮されていない．情報の不完全性や取引費用および外部経済が存在する経済では，国家介入の余地は大きくなる．さらに，多くの発展途上国で重要な問題になっている貧困・環境・人権などの問題については，市場機構だけでは十分に対応することはできないだろう．

0.2.3 従属論

今日の開発経済学の第2のアプローチは，従属論や世界システム論にもとづく経済分析である．このアプローチは，そもそもラテンアメリカの経済発展を分析の対象にし，国連ラテンアメリカ経済委員会(ECLA)の構造主義に対する批判的検討の中から現れた．特に，構造主義の一次産品の交易条件悪化論(Singer, 1950; Prebisch, 1959)に対してその不十分性を批判し，先進資本主義諸国の発展と発展途上国の低開発との関係をメトロポリス(中枢)＝サテライト(衛星)構造のなかに位置づけた．フランク(Frank, 1967; 1972)によれば，従属論の主要な議論は以下のように要約される．

第1に，ラテンアメリカにおける低開発は，世界資本主義におけるメトロポリス＝サテライト構造によって形成されたものである．世界資本主義の発展はすべての発展途上国をこのような構造に組み込んできた．

第2に，発展途上国がこのような世界資本主義に組み込まれると，発展途上国の国内にメトロポリス＝サテライト構造が形成される．首都と地方都市，地方都市とその周辺との間に同様の構造が形成される．

第3に，世界資本主義に組み込まれた発展途上国は衛星的資本主義として構造化される．その結果，国内の経済構造は，従来のような資本主義と前資本主義，あるいは近代部門と前近代部門というような二重構造が存在する社会ではなくなる．

第4に，世界資本主義では，国際的および国内的なメトロポリス＝サテライト構造によって，衛星から中枢へ経済余剰が収奪され，メトロポリス＝サテライトの構造が再生産される．それゆえ，発展途上国がこのような状況を脱するためには，世界資本主義体制からの離脱，すなわち社会主義革命以外に方法はない．

このようなフランクの従属論は，カルドーソとファレト(Cardoso and Faletto, 1969)，アミン(Amin, 1970)，ラクラウ(Laclau, 1977)，ドス・サントス(Dos Santos, 1978)などによって批判的に検討され精緻化されていった．また，ウォーラーステイン(Wallerstein, 1974; 1979)は従属論を発展させ世界システム論を展開した．メキシコの経済分析に適用するとき，このアプローチは対外的経済従属を重視し(恒川, 1988)，国内の経済条件を軽視する傾向がある．

従属論は，開発経済学の異端の位置を脱することはできなかった．そのもっとも基本的な理由は，従属性を脱するための具体的な開発戦略が明確ではなかったからである[8]．社会主義革命による世界資本主義からの離脱とソ連型工業化モデルの提唱以外に具体的な政策を示すことができなかった．キューバやニカラグアのように，社会主義革命の達成もソ連型工業化もきわめて険しい道のりが予想された．その一方で，アジアNICsのような別の経路を通って経済成長を達成する発展途上国が現れた．従属論は，批判の学としては魅力的ではあったが，開発政策論としては検討すべき課題が多く残されていた．

0.2.4 政治経済学派

新古典派の制度軽視や従属論の国内経済条件軽視に対して，第3のアプローチは，社会制度や国内の経済条件を重視する政治経済学派の分析である．代表的な理論には，構造主義マクロ経済学やレギュラシオン理論およびラディカル派経済学などがある．政治経済学派は，ケインジアンやマルクス主義を背景とする比較的新しい経済理論であり，マクロ経済をその社会制度や経済構造との関係で把握するところに特徴がある．マクロ経済成果はマクロ経済構造に依存して異なるという点がもっとも重要な考え方である．

---

8) 従属論の問題点には，この他に，レーニン的な帝国主義論との関係，従属概念の曖昧性，民族国家の過小評価などが指摘されている（本多, 1986, 150-155頁）．

構造主義マクロ経済学は、ラテンアメリカのインフレ論争で構造学派として
政策論争を展開した国連ラテンアメリカ経済委員会(ECLA)の構造主義に起源
をもち、新構造主義(Neo-Structuralist)と呼ばれることもある。構造主義が
軽視した短期のマクロ経済問題に関心を向け(Ffrench-Davis, 1988, p. 38)、理
論的にはカレツキー(Kalecki, 1954; 1971)やカルドア(Kaldor, 1978)などのポス
トケインジアンにその基礎をおく[9]。洗練された構造主義マクロ経済学は、テ
イラー(Taylor, 1979; 1983; 1989; 1991)やダット(Dutt, 1990)によって定式化され
ている。

テイラー(Taylor, 1983, p. 3)によれば、経済主体の行動様式や社会経済制度
の相違が資源配分や経済発展に対して重要な影響を及ぼすとき、経済は構造を
持つという。そしてこのような経済主体の行動様式や社会経済制度を分析の基
礎におくとき、経済分析は構造主義になる。構造主義マクロ経済学では、経済
分析においてつぎの点に留意する。

第1に、どのような調整機構によってマクロ経済の均衡が達成されるかとい
う点である。マクロ経済の均衡の達成には基本的には2つの調整機構がある。
1つは、有効需要を満たすように生産量が伸縮的に調整される場合であり、も
う1つは、所与の供給に対して需要量を調整するために価格が変化する場合で
ある。どのような調整機構を想定するかは、分析対象とする経済部門によって
異なる。

第2に、マクロ経済均衡の達成において、機能的所得分配の変化が重要な役
割を果たすという点である。資本主義的生産関係のもとで所得・貯蓄・消費行
動の相違によって労働者階級や資本家階級が区別され、これらの階級間の対立
がマクロ経済成果の相違をもたらす。例えば、マクロ経済の不均衡下でインフ
レーションが存在するとき、労働者階級は、実質所得が減少するので、貨幣賃
金の引き上げを要求する。このような要求は所与の生産技術のもとで利潤率を
低下させるので、それを回避するために資本家階級は生産物価格を引き上げ、
インフレーションを加速させる。

---

9) カレツキーの経済学については、Sawyer (1982; 1985) や FitzGerald (1993) を参照のこと。
また、ポストケインジアンやマルクス経済学については、置塩 (1977b; 1987)、足立 (1994)、中谷
(1994)、浅田 (1997)、薮田 (1997) などを参照のこと。

第3に，開放経済下では，貿易収支は，2つの均衡が達成されるように調整されるという点である．1つは，貯蓄・投資の均衡であり，もう1つは国際収支の均衡である．貯蓄と投資の関係では，投資が貯蓄を決定するという点が重視される（Lustig, 1991）．マクロ経済モデルに応じて調整変数は異なり，貯蓄・投資の不均衡では成長率・稼働率・貿易収支などが調整変数になり，国際収支の不均衡では為替レート・価格（所得分配）などが調整変数になる．

第4に，貨幣経済と実物経済との古典派の2分法はとらず，貨幣や金融資産も，実物経済に影響を及ぼすという点である．利子率は投資や価格に影響を及ぼし，為替レートも輸入中間財をとおして価格に影響を及ぼす．また，貨幣供給は，外生的というよりは内生的であり，インフレーションに対して受動的に調整される（Lustig, 1991）．

レギュラシオン理論は，先進資本主義諸国の第2次世界大戦後の経済成長や1970年代以降の経済危機の要因を明らかにすることを目的として登場した．アグリエッタ（Aglietta, 1976）やボワイエ（Boyer, 1986）などによって提起され，その後オミナミ（Ominami, 1986）やリピエッツ（Lipietz, 1985; 1986）およびアボイテス（Aboites, 1989）などによってチリ，ブラジル，メキシコなどのラテンアメリカの新興工業諸国の経済分析にも適用されるようになってきた．ラテンアメリカの新興工業諸国の蓄積体制をリピエッツは「周辺部フォード主義」と呼び，オミナミは「混合型蓄積体制」と呼ぶ．新興工業諸国の経済開発理論の構成において，レギュラシオン理論は資本主義経済の蓄積体制の解明に成果を上げている．これに対して，構造主義マクロ経済学は発展途上国のマクロ経済モデルの構成に重要な貢献をしている．

構造主義マクロ経済学やレギュラシオン理論と問題領域を共有する議論に，アメリカのラディカル派経済学やイギリスのローソンの仕事がある．ラディカル派経済学のボールズやギンタスら（Bowles, 1985; Bowles, Gordon and Weiss-kopf, 1983; Bowles and Gintis, 1988; Marglin and Shor, 1990）は，資本主義経済を資本家と労働者の対立を軸に権力システムとして分析する．ローソン（Rowthn, 1980; 1994）は，構造主義マクロ経済学を先進資本主義諸国の分析に適用する[10]．

---

10) ラディカル派やローソンおよびレギュラシオン理論の紹介については，伊藤・野口・横川（1996）や山田（1994）を参照のこと．

表 0.1 開発経済学の 3 つのアプローチ

	政治経済学派	新古典派	従属論
①政治と経済	結合	分離	結合
②初期条件	重視(国内条件)	軽視	重視(国際条件)
③政策目標	混合経済	市場経済	計画経済
④国家介入	肯定	否定	否定/肯定
⑤政策実施	漸進的改革	ショック療法	社会主義革命

さらに日本の置塩信雄(1965; 1976a; 1976b; 1977a; 1977b; 1980; 1987; 1988)の仕事も，開発の政治経済学を展開する上で重要な理論的基礎を与えている．

0.2.5 3つのアプローチの比較

ここで，今日の開発経済学の 3 つのアプローチを比較しながら政治経済学派の特徴を明らかにしよう(表 0.1 を参照)．比較の要点は，①政治と経済の関係をどう考えるか，②発展途上国の初期条件(社会経済構造)の相違を重視するかどうか，③最終的な政策目標は何か，④国家介入を容認するかどうか，⑤さまざまな政策の実施順序をどう考えるかである．

第 1 に，政治と経済の関係については，新古典派はその分離を主張し，政治経済学派と従属論はその密接な結合を重視する．新古典派は，政治(国家)が経済(民間)に介入しない場合に，経済活動がもっとも効率的に行われると考える．マルクス主義の影響を受ける従属論や政治経済学派は，政治と経済の関係を階級対立という視点から統一的に分析する．

第 2 に，発展途上国の初期条件(社会経済構造)の相違については，新古典派は軽視し，従属論や政治経済学派は重視する．従属論は世界資本主義におけるメトロポリス＝サテライト構造を問題にし，政治経済学派は国内の社会経済構造の相違を重視する．

第 3 に，最終的な政策目標については，新古典派は自由な市場経済の実現を目標とし，従属論は社会主義国家が経済活動に積極的に介入する計画経済を目標とし，政治経済学派は資本主義的な市場経済の前提のもとで国家介入の役割を重視する．

第 4 に，国家介入については，新古典派は基本的に否定し，政治経済学派は国家の階級的性格を問題にするが基本的には肯定する．従属論は，資本家階級

によって支配された国家を批判し，社会主義革命によって樹立された国家の政策運営を主張する．

第5に，さまざまな政策の実施順序については，新古典派は同時に政策を実施するショック療法を選択する．というのは，政策が相互依存し，1つずつ政策を実施しても成果が期待できないし，また政府の不退転の意思を示すことが政治的に重要であると考えるからである．従属論は社会主義革命による世界資本主義からの即時の離脱を提言し，政治経済学派は漸進的な経済改革を指針とする (Ramírez, 1993b, p. 1029; 1996-1997, p. 147)．

0.3　本書の構成

本書は，3部・9章から構成され，各部・各章の内容は以下のとおりである．

第1部は，第1章から第3章によって構成され，構造主義マクロ経済学の基本的な枠組みを提示し，階級対立下の開放マクロ経済モデル，2部門経済開発モデル，南北経済モデルについて検討する．本書の基本的な資本蓄積モデルは，カレツキー・マルクス型(植村・磯谷・海老塚, 1998, 197頁)であり，不完全雇用と不完全稼働のもとでの階級対立を想定する．

第1章は，ラテンアメリカの経済開発において，寡占企業と労働者の階級対立がインフレーションや為替レートおよび対外不均衡などのマクロ経済変数に及ぼす影響について明らかにする．寡占企業の投資は，実質為替レートを増価させるが，名目為替レートに及ぼす効果は労働者の要求実現態度や経済構造に依存する．労働者の要求実現態度が十分に弱い場合には名目為替レートは減価する．労働者の要求実現態度が強化された場合，実質為替レートは増価するが，名目為替レートは減価することを示す．また，マクロ経済構造に依存して対外不均衡が累積的に拡大する場合があることを示す．

第2章は，ラテンアメリカの新興工業諸国における経済開発の2部門モデルを構成し，政府支出の増大や財政赤字がインフレーションや債務累積に及ぼす影響について明らかにする．政府支出の増大は，①基礎的食糧品の超過需要や，②寡占企業の市場支配力と賃金・為替のインデクセーションの2つの経路によってインフレーションをもたらす．また政府支出の増大は，つぎのような経済

構造のもとで経済を定常状態に導く。①国内の実質利子率が十分に低い。②農産物交易条件の資本ストック比率に対する弾力性が十分に小さい。③外国利子率が十分に低い。ただし、このとき財政赤字がある条件を超えれば、対外債務残高を定着させる。

第3章は、先進資本主義国・非産油途上国・石油輸出国からなる南北経済モデルを構成し、石油のような資源価格が変動した場合に南北経済に及ぼす影響について明らかにする。実質資源価格の低下は、先進資本主義国の稼働率・貨幣賃金率・工業製品価格・生産物賃金を上昇させるが、実質賃金率に及ぼす効果は南北経済構造に依存し不確定である。また、非産油途上国の債務サービス比率を低下させるが、一次産品交易条件や国際収支赤字に及ぼす効果は南北経済構造に依存し不確定となる。さらに、経済構造に依存して資源価格の低下が非産油途上国の債務残高比率を上昇させる場合があることを示す。

第2部は、第4章から第6章によって構成され、メキシコのマクロ経済に関わる諸問題について構造主義マクロ経済学の視点から検討する。特に、メキシコの経済開発戦略、マクロ経済変動、インフレーションについて検討する。

第4章は、1940年以降のメキシコの経済開発戦略について明らかにする。1940年以降のメキシコの経済成長は国家主導型の輸入代替工業化によって可能になった。この工業化戦略を支えた柱は、農産物輸出によって得た外貨をもとに生産財を輸入する農工関係と、労働者の実質賃金率を保証する賃労働関係である。1970年代以降のメキシコの経済危機はこのような国家主導型の輸入代替工業化戦略の機能不全によるものである。1970年代になると農産物の国際価格が下落し農工関係が変容し、また実質賃金率が低下し賃労働関係も変容した。経済危機脱出のためにメキシコがとったシナリオは、民間主導型あるいは世界銀行＝IMF主導型の輸出志向工業化戦略である。

第5章は、1980年代の債務危機以降のインフレーションと対外不均衡を中心にメキシコのマクロ経済変動について明らかにする。経済調整期(1971-77年)には、インフレーションが、固定為替レート制のもとで実質為替レートを増価させ対外不均衡を拡大した。この結果、1976年に為替レートが大幅に切り下げられた。石油ブーム期(1978-81年)になると、公共投資の拡大による輸入増大が対外不均衡を拡大した。インフレ率も上昇したが為替調整が遅れぎみ

で，実質為替レートが増価した．為替切り下げ期待と資本逃避のもとで，1982年に債務危機が発生し，為替レートが大幅に切り下げられた．債務危機以降，対外不均衡は財政赤字削減のもとで縮小し，インフレーションは，為替レートの調整や貨幣賃金率の調整と強い相関関係が現れ，慣性インフレの局面に入ったことを示す．

第6章は，メキシコの対外債務のもとでの賃金・物価・為替のスパイラルについて検討する．メキシコの慣性インフレの要因は，政府の為替介入，労働者の賃金要求，企業の利潤要求という，政府・労働者・企業の行動様式にある．1982年の債務危機以降の経済安定化政策では，経済主体の行動様式には基本的な変化は見られない．よって，このような経済政策は慣性インフレを抑制することはできない．1987年12月に「経済連帯協定」が締結され，経済安定化政策はヘテロドックス型の政策に転換した．この協定のもとで，政府は為替レートを固定し，労働者は貨幣賃金率の引き上げを抑制し，さらに経営者や農民は諸価格の引き上げを抑制した．このような経済主体の行動様式の変化によって，慣性インフレの抑制が可能になったことを示す．

第3部は，第7章から第9章によって構成され，IMFの経済政策に関わる諸問題について構造主義マクロ経済学の視点から批判的に検討する．特に，IMFの経済安定化政策，債務危機後の経済安定化政策，通貨危機と危機管理政策について検討する．

第7章は，IMFの経済安定化政策の政策目標と政策手段について明らかにし，そのような政策がメキシコのような経済に適用された場合の経済効果について検討する．IMFの経済安定化政策は，財政赤字の削減を中心にした総需要抑制政策と為替レートの切り下げを要請する．またその政策を補完するために，サプライサイド政策の実施を求める．総需要抑制政策は，国際収支の均衡回復には有効な政策手段であるが，景気後退によって過大な調整コストをもたらす．為替レートの切り下げは，景気回復の手段としては必ずしも有効ではなく，労働者に調整コストを負担させる．IMFの経済安定化政策は，短期的に景気後退を引き起こすだけではなく，長期的に経済成長を阻害する可能性があることを示す．

第8章は，1983-85年のIMFの経済安定化政策を中心に，債務危機以降メ

キシコにおいて実施されたマクロ経済の安定化政策について検討する．オーソドックス型の経済安定化政策は，輸入削減によって国際収支の均衡回復には有効であったが，インフレーションを加速し，深刻な景気後退をもたらした．このような経済安定化政策のコストの多くは，実質賃金率の低下や労働分配率の悪化および失業率の上昇に示されるように労働者によって負担された．ヘテロドックス型の経済安定化政策は，インフレ期待を取り除き，1980年代後半以降の慣性インフレの抑制には有効である．ただし，インフレ下の硬直的な為替政策は実質為替レートを増価させ，1994年の通貨危機の原因を形成した．

第9章は，通貨危機と危機管理に関する戦略モデルを構成し，アメリカやG7・IMFを中心とした通貨危機に対する危機管理政策について検討する．通貨危機は，現地通貨が外貨と大量に交換され，為替レートが急激に下落し，通貨当局の外貨準備が急速に減少するときに発生する．このような通貨危機を回避するために，①通貨投機の期待収益，②通貨投機のコスト，③政策介入のコスト，④迅速な国際金融支援，⑤危機管理の信頼性という点からアメリカやG7・IMFの危機管理政策について検討する．通貨危機の回避には，特に，アメリカやG7・IMFを中心に民間金融機関も参加するような危機管理体制＝グローバル・ガバナンスを確立することが重要になることを示す．

0.4　今後の課題

本書は，構造主義マクロ経済学の視点から1980年代のメキシコのマクロ経済分析を行い，IMFの経済政策について批判的に検討した．残された課題があるが，そのいくつかについて指摘しておこう．

第1に，マクロ経済学の構成上の問題がある．本書では，マクロ経済のミクロ経済学的基礎については十分に展開されていない．最近のマクロ経済学は，ミクロの経済主体の分析からマクロ経済関係を明確にする方向にきている(斉藤, 1996)．ニューケインジアンは，ケインズ経済学のミクロ的基礎を明確にしようとする1つの試みである．この点で本書の構造主義マクロ経済学のミクロ的基礎は十分に展開されているとはいえないが，このような課題はポストケインジアンに共通したものである．

第2に，本書の課題は，1980年代におけるメキシコのインフレーションと
マクロ経済変動について構造主義マクロ経済学によって検討することであり，
メキシコの長期の経済開発戦略や資本蓄積については十分に分析されていない．
第4章でメキシコの経済開発戦略について検討しているが，そこでの問題は，
マクロ経済モデルの構成に必要なマクロ構造上の特徴を明らかにすることであ
り，資本蓄積やその個々の問題について十分に展開しているわけではない．ア
ボイテス（Aboites, 1989）は，レギュラシオン理論という分析視角からメキシコ
の蓄積体制を分析している．彼の議論は厳密なモデル分析をしているわけでは
ないが，その成果を踏まえ，メキシコ経済の資本蓄積モデルを構成する必要が
ある．

　第3に，本書の研究対象はおもに1980年代のメキシコのマクロ経済問題と
IMFの経済政策である．慣性インフレや対外不均衡および通貨危機は，メキ
シコのマクロ経済問題や開発の政治経済学の対象としては極めて限られた問題
である．本書では取り上げることができなかったが，多くの興味深い研究課題
がある．例えば，債務累積問題，NAFTAのような市場経済統合，経済自由
化と構造調整，輸出志向工業化戦略などは開発の政治経済学の重要な研究対象
である．

　最後に，メキシコの経済開発の今後のシナリオについては明確ではない．本
書ではメキシコのマクロ経済を構造主義マクロ経済学によって分析しているが，
現在の社会経済構造がメキシコにおいて不可避であるとは考えていない．メキ
シコの社会経済体制の民主的な改革を期待しているが，どのような社会経済体
制を構想し，そのためにどのような改革を実施するかについては本書では明確
ではない．しかし，どのような社会経済体制の構想も，現在の体制の十分な分
析を避けて行うことはできないだろう．メキシコの民主的な社会経済体制を展
望する場合の1つの鍵は，支配的な経済主体である寡占企業に対する民主的規
制と，その場合における労働者階級を中心にした諸階層の役割や国家の性格に
注目することであろう．

第 1 部
構造主義マクロ経済学

第1章　階級対立のマクロ経済学

1.1　はじめに

　ラテンアメリカ諸国には深刻な所得分配の不平等が存在する．資本家と労働者は所得分配を巡って対立し，この階級対立は経済的諸決定において重要な役割を果たしてきた．ラテンアメリカ諸国では，第2次世界大戦以前から国家主導型の輸入代替工業化のもとで早熟的な寡占経済が形成され，そのような工業化のもとで労働者階級も増大し，労働運動が積極的に展開されてきた．寡占企業(資本家階級)や労働者階級の行動様式の相違は，マクロ経済構造の相違をもたらし，マクロ経済成果の相違をもたらしてきた．

　本章の目的は，構造主義マクロ経済学の視点から，寡占企業や労働者の行動様式の相違やマクロ経済構造の相違がインフレーションや為替レートおよび対外不均衡などのマクロ経済成果に及ぼす影響について検討することである．

　本章のマクロ経済モデルは，資本蓄積モデルとしては不完全雇用と不完全稼働のもとで階級対立を想定するカレツキー・マルクス型であり，基本的にテイラー(Taylor, 1979；1983；1989；1991)やダット(Dutt, 1990)および置塩(1976a; 1977a; 1980; 1988)などによって構成されたものである．このモデルはつぎのような特徴を持っている．寡占企業は生産(稼働率)や価格および投資(資本蓄積)などの諸決定を行い，労働者階級は要求賃金を求めて行動する．寡占企業は，財市場の不均衡に対して稼働率の調整によって生産量を調整し，製品価格をマークアップ方式で決定する．また，その投資を財市場の需給状況や実質利子率をもとに決定する．他方，労働者階級は，要求賃金を求めて行動し，寡占企業との交渉によって貨幣賃金率を決定する．為替レートは資産市場で決定され，

貿易収支は実質為替レートや稼働率と相関を持ち，経常収支の赤字は対外債務によってファイナンスされる．

本章の主要な結論は，寡占企業や労働者の行動様式の相違がマクロ経済成果の相違をもたらすということであり，また対外不均衡のようなマクロ経済成果はマクロ経済構造に依存するということである．本章では特に，つぎの点について明らかにする．

第1に，寡占企業の投資の増大は，稼働率を上昇させ，実質為替レートを増価させる．しかし，その名目為替レート・貨幣賃金率・生産物価格・一般物価水準に及ぼす効果は労働者の賃金要求行動に依存する．賃金要求行動が十分に弱い場合には，名目為替レートを減価させ，貨幣賃金率・生産物価格・一般物価水準を上昇させる．しかし，労働者の賃金要求行動が十分に強い場合には，名目為替レートを増価させ，貨幣賃金率・生産物価格・一般物価水準を低下させる．

第2に，労働者の賃金要求行動の強化は，稼働率を低下させ，実質為替レートを増価させる．また名目為替レートを減価させ，貨幣賃金率・生産物価格・一般物価水準を上昇させる．

第3に，対外不均衡が累積するかどうかはマクロ経済構造に依存する．以下のような場合には対外不均衡が累積する．第1に，寡占企業の投資決定行動が，実質利子率より稼働率に対して十分に強く反応する．第2に，労働者の賃金要求行動が十分に弱い．第3に，寡占企業の投資決定行動が稼働率よりも実質利子率に対して十分に強く反応し，かつ労働者の賃金要求行動が十分に強く，さらに外国利子率が十分に高い場合である．

以下，本章はつぎのように構成される．1.2節では，寡占企業と労働者の階級対立を考慮した開放マクロ経済モデルを定式化する．1.3節では，資本ストックや対外債権・債務残高を所与とした短期において，寡占企業や労働者の行動様式の相違がインフレーションや為替レートなどのマクロ経済変数に及ぼす効果について検討する．1.4節では，資本ストックや対外債権・債務残高が変化する長期において対外不均衡について分析し，1.5節では，ポピュリズムの経済成果について検討する．最後に，1.6節で結論を要約する．

1.2 階級対立下の開放マクロ経済モデル

寡占企業と労働者の階級対立がインフレーションや為替レートおよび対外不均衡などのマクロ経済変数に及ぼす効果を分析するために，以下のような簡単なマクロ経済モデルを構成しよう[1]。

1.2.1 生産部門

代表的寡占企業の生産物供給行動から明らかにしよう。生産関数を

$$(1\text{-}1) \quad X^s = \sigma K_{op} \, ; \, \sigma = \text{const.} > 0,$$

とし，雇用決定態度を

$$(1\text{-}2) \quad N = nX^s \, ; \, n = \text{const.} > 0,$$

としよう。X^s は生産量，σ は稼働資本1単位当たりの生産量(所与)，N は労働雇用量，n は労働投入係数(所与)で労働生産性の逆数である。労働生産性は，長期的には資本蓄積と共に上昇する(カルドア・ヴェルドーン法則)と考えられるが，ここでは所与とする。K_{op} は稼働資本設備を表し，

$$(1\text{-}3) \quad K_{op} = \delta K,$$

である。K は資本ストック，δ は資本設備の稼働率を表す。寡占企業は，生産物市場の不均衡に対し，稼働率 δ の調整によって対応し，

$$(1\text{-}4) \quad \dot{\delta} = \xi[(X^D - X^s)/K] \, ; \, \xi = \text{const.} > 0,$$

としよう。$\dot{\delta} = d\delta/dt$ で，ドット($\cdot$)は時間微分を表し，X^D は生産物の有効需要，ξ は調整係数(所与)を表す。(1-4)式は，生産物市場に超過需要があれ

---

1) リピエッツ(Lipietz, 1991)は，周辺部フォード主義のマクロ経済的特徴をつぎのように要約している。①早熟的な独占化(大企業のマークアップによる独占利潤の確保)，②生産性インデックス賃金，③慣性インフレあるいは対抗インフレ(所得分配をめぐる社会的な対抗)，④インフレ適応的な通貨供給，⑤対外債務への依存，⑥機動的な為替レート政策，⑦現地通貨の資金貯蓄機能の喪失と上位貨幣による代替。本章のモデルは，①③④⑤の特徴を満している。

ば，寡占企業が稼働率 δ を上方修正することを表す．逆は逆．

1.2.2　価格・賃金部門

　ラテンアメリカ諸国の早熟的な独占化(Lipietz, 1991)のもとで，寡占企業は，生産物1単位当たりの主要生産コストに利潤を加え，マークアップ方式によって価格設定を行うものとする．生産物価格を p_x，マークアップ率を τ(所与)，貨幣賃金率を w とし，

$$(1\text{-}5)\quad p_x = (1+\tau)\,nw\ ;\ \tau = \text{const.} > 0,$$

としよう．ここで，寡占企業はマークアップ率 τ を一定に維持する価格設定行動をとるものとする．

　貨幣賃金率 w は，消費需要の源泉・労働コスト・労働インセンティブという3つの側面を持つ(Marglin and Shor, 1990, 邦訳206頁)．ここでは，寡占企業と労働者との対抗・交渉によって貨幣賃金率 w が決定され，

$$(1\text{-}6)'\quad \hat{w} = k(\omega^* - \omega) + w_1(\delta - \delta_u)\ ;\ k,\ w_1,\ \omega^*,\ \delta_u = \text{const.} > 0,$$

とする[2]．$\hat{w}$ は貨幣賃金率の変化率($\hat{w} = \dot{w}/w$ で，(^)は変化率を示す)，ω^* は労働者の要求実質賃金率(所与)，ω は現実の実質賃金率，δ_u は自然失業率に対応する稼働率[3]，k と w_1 は反応係数(所与)で労働者の交渉力を表す指標である．(1-6)′式右辺第1項は，現実の実質賃金率 ω が要求実質賃金率 ω^* を下回っている場合には，労働者が貨幣賃金率 w の引き上げを要求することを示す．第2項は，貨幣賃金率 w の運動が労働市場の需給状況を反映し，失業率が自然失業率を上回る場合には，賃金引き上げが下方修正をうけることを表す．失業の存在は，資本主義経済の政治的安全装置である(Kalecki, 1971)．

---

2)　メキシコの場合，組織労働者は法定最低賃金をもとに企業と賃金交渉を行う．労働者の賃金要求行動の相違を開放経済下のマクロ経済分析において検討したものに，Branson and Rotemberg (1980), Sachs(1979; 1980; 1982), Bruno(1982)などがある．

3)　自然失業率(長期平均失業率)を u，労働供給量を N^s とすれば，自然失業率に対応する稼働率 δ_u は，$\delta_u = (1-u)N^s/n\sigma K$ で表される．$\delta_u > \delta$ であれば，労働市場において自然失業率以上の失業率(循環的失業率)の発生を意味する．現実の失業の中には，このような有効需要の不足から生じるケインズ型失業と，資本の絶対的不足から生じるマルクス型失業がある(森嶋, 1983, 216頁)．

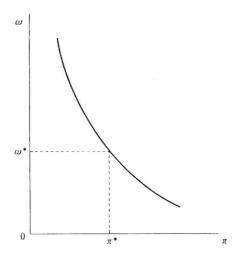

図1.1　実質賃金率 ω と実質為替レート π

実質質金率 ω を

(1-7)′　$\omega = w/p$,

と定義しよう。消費バスケットにおける外国生産物のウェイトを α，自国生産物のウェイトを $1-\alpha$ とし，一般物水準 p を

(1-8)　$p = (ep_x^*)^\alpha p_x^{1-\alpha}$; $0 < \alpha = \text{const.} < 1$,

で表すとすれば，(1-7)′式は，

(1-7)　$\omega = (w/p_x)(ep_x^*/p_x)^{-\alpha} = [(1+\tau)n\pi^\alpha]^{-1}$,

のように書き換えられる。ここで，e は自国通貨建て為替レート，p_x^* は外国通貨建て外国生産物価格(所与)，π は生産物価格 p_x で表した実質為替レートで，

(1-9)　$\pi = ep_x^*/p_x$,

---

4) 実質為替レートについては，Branson(1981), Buiter and Miller(1982), Spencer(1983), Grauwe, Janssens and Leliaert(1985)などを参照のこと．

である. 以下本章での実質為替レートとは, この生産物価格 p_x で表した実質
為替レート π を指す[4].

(1-7)式より, 実質賃金率 ω は, 実質為替レート π の減少関数であり, 労
働者の要求実質賃金率 ω^* に対応する実質為替レート π^* が存在することが分
かる[5](図1.1を参照). したがって, (1-7)式を考慮すれば, (1-6)′式はつぎの
ように書き換えられる.

$$(1-6)\quad \hat{w} = w_0(\pi - \pi^*) + w_1(\delta - \delta_u)\ ;\ w_0, \pi^* = \text{const.} > 0.$$

w_0 と w_1 は, 労働者の賃金要求行動あるいは寡占企業に対する交渉力を表
す[6].

1.2.3 需要部門

つぎに, 自国生産物の有効需要 X^D の構成については,

$$(1-10)\quad X^D = (p/p_x)C + I + G + EX,$$

である. C は自国生産物と外国生産物からなる消費バスケットで測った実質
消費需要, I は実質投資需要, G は実質政府支出, EX は実質純輸出(輸出-
輸入)を表す.

実質消費需要 C は, 実質民間可処分所得 X_d の増加関数とし, 消費性向を
c_0(所与)とすれば,

$$(1-11)\quad C = c_0 X_d\ ;\ 0 < c_0 = \text{const.} < 1,$$

となる. 実質民間可処分所得 X_d は, 消費バスケットで測り, 民間部門の保有
する金融資産から生じる利子受取を考慮して,

---

5) ドーンブッシュ(Dornbusch, 1980, p.71)は, 実質賃金率と実質為替レートについて同様の関係を
　指摘し, π^* を必要交易条件(required terms of trade)と呼ぶ.
6) 労働者の現実の賃金要求態度としては, $w_0 > 0$ for $\pi \in (\pi^*, +\infty)$, $w_0 = 0$ for $\pi \in (0, \pi^*)$であ
　ろう. 以下の議論では, $\pi \in (\pi^*, +\infty)$の状態を想定し, $w_0 > 0$ とする. w_0 が十分に大きく, $\pi >$
　π^* かつ $\delta < \delta_u$ の領域に経済があれば, インフレーションのもとで景気が後退し, スタグフレーショ
　ンが発生する可能性がある. 1970年代から1980年代における世界経済のスタグフレーションにつ
　いては, Kouri(1982), Sachs(1982), Bruno and Sachs(1985) などを参照のこと.

第1章 階級対立のマクロ経済学 29

$$(1\text{-}12)'\quad X_d = (1/p)(p_x X^s + iD + ei^*F) - T,$$

とする[7]．D は民間部門の保有する自国政府債券のストック額，F は民間部門の保有する外国政府債券の外国通貨表示のストック額，i と i^* は自国政府債券と外国政府債券の名目利子率，T は租税(一括税)を表す．

1.2.4 政府・対外部門

政府は，今期以降，均衡予算制約の下で政府活動を行うものとし，

$$(1\text{-}13)\quad p_x G = pT - iD,$$

としよう．右辺第2項の iD は国債費を表す．この政府の予算制約条件(1-13)式を考慮すれば，

$$(1\text{-}12)\quad X_d = (1/p)(p_x X^s + ei^*F - p_x G),$$

のように，(1-12)′式は書き換えられる．

実質純輸出の資本ストック K に対する比率を

$$(1\text{-}14)\quad ex = EX/K,$$

で表し，この実質純輸出比率 ex を，実質為替レート π の増加関数，自国の稼働率 δ の減少関数，外国の稼働率 δ_f(所与)の増加関数とし，

$$(1\text{-}15)\quad ex = ex_0 \pi - ex_1 \delta + ex_2 \delta_f\,;\ ex_0, ex_1, ex_2, \delta_f = \text{const.} > 0,$$

と想定しよう．ex_0, ex_1, ex_2 は反応係数(所与)を表す[8]．外国通貨表示の経常収支 CA は，次式のように表される．

---

7) 金融資産のキャピタル・ゲイン(ロス)については捨象する．

8) 係数 ex_0 が正であるためには，以下のようなマーシャル・ラーナー条件が成立することが必要になる．輸出量を E，輸入量を M とし，純輸出関数を，$EX = E(\pi) - \pi M(\pi)\,;\ \partial E/\partial \pi > 0$, $\partial E/\partial \pi < 0$ のように表すとすれば，実質為替レート π の変化が純輸出 EX に与える効果は，$\partial EX/\partial \pi = [\eta_e(E_0/\pi_0 M_0) + \eta_m - 1]M_0$, $\because \eta_e = (\partial E/\partial \pi)\pi_0/E_0$, $\eta_m = -(\partial M/\partial \pi)\pi_0/M_0$ である．E_0, M_0, π_0 はそれぞれ初期値を表す．したがって，$ex_0 > 0 \Leftrightarrow \eta_e(E_0/\pi_0 M_0) + \eta_m > 1$ である．以下，このような弾力性条件が成立すると仮定する．

$$(1\text{-}16) \quad CA = (p_x/e)EX + i^*F .$$

1.2.5 金融部門

変動為替レート制下の為替レート e の決定について検討しよう[9]. 為替レート e を自国資産と外国資産との相対価格とし, 資産市場の需要と供給によって決定されるとしよう[10]. ただし, つぎの点に注意しよう. 通常のアセット・アプローチでは, 資産ストック市場の瞬時的な調整, すなわち金融資産市場のストックの次元での需給均衡を強調するが, このモデルでは, 資産ストック市場は必ずしも均衡しない. というのは, 資産ストック市場の瞬時的調整は仮定されず, マクロ経済的に決定される実質為替レート π の値が, 金融資産市場を均衡させる必然性はないからである.

自国居住者によって保有される金融資産は, 自国貨幣 M と自国政府債券 D および外国政府債券 F の3種類とし, 自国政府債券 D と外国政府債券 F については完全代替を仮定する. 外国居住者は, 自国貨幣 M や自国政府債券 D を保有しないとする[11]. 自国政府債券 D の供給は過去の政府活動によって, 外国政府債券 F の供給は過去の経常収支によって決定され, 今期にはそれぞれ所与とする. 自国貨幣市場の需給条件と, 自国政府債券と外国政府債券の統合された債券市場の需給条件のうち1つは, ワルラス法則を考慮すれば非独立となる. 以下では自国貨幣市場に焦点を当て, 自国貨幣の超過供給 Z を

$$(1\text{-}17) \quad Z = (M/p) - (\beta_0 - \beta_1 i)X^s ; \beta_0, \beta_1 = \text{const.} > 0,$$

としよう. M は自国貨幣の供給量を表す. 自国貨幣供給の増加率 $\hat{M}$ については, 調整的貨幣成長ルール(accommodating monetary growth rule)にした

---

9) メキシコは, 1989 年 1 月以降, クローリングペッグやクローリングバンドによって為替レートを管理してきたが, 1994 年 12 月の通貨危機以降, 変動為替レート制に移行した.

10) 為替レート決定理論については, Krueger(1983), Frenkel and Mussa(1985), Obstfeld and Stockman(1985), 河合(1986)などを参照のこと.

11) メキシコは, 1988 年以降, 金融を自由化した. 1989 年には外資法を改正し, 外国居住者による株式取得制限を緩和した. 外国居住者の自国資産の保有によって, ここでの結論は定性的には影響されない.

がい，

(1-18) $\hat{M} = \hat{p}_x + g$,

とする[12]．g は資本蓄積率$(g = \dot{K}/K, \dot{K} = I)$を表す．このルールにしたがえば貨幣供給量 M は内生化され，資本ストック１単位当たりの実質貨幣供給 m は，

$$m = M/p_x K = \text{const.} > 0,$$

であり，一定となる．

　自国貨幣市場に超過供給 Z があれば，自国通貨の価値は相対的に安くなると考えられる．したがって，為替レートの減価率 $\hat{e}$ を

(1-19) $\hat{e} = \psi(Z/K)$; $\psi = \text{const.} > 0$,

のように想定する．

　自国の利子率 i は，自国政府債券と外国政府債券の完全代替の仮定より，

(1-20) $i = i^* + \hat{e}^e$

のような先物カバーなしの金利裁定条件を満たす．$\hat{e}^e$ は，為替レートの予想減価率を表し，

(1-21) $\hat{e}^e = \theta(\pi_{eq} - \pi)$; $\theta, \pi_{eq} = \text{const.} > 0$,

としよう．π_{eq} は長期均衡予想レート（所与）を表す．(1-21)式は，現実の実質為替レート π が長期均衡予想レート π_{eq} を下回れば，為替レートの予想減価率 $\hat{e}^e$ が上方修正されることを表す．

　資本ストック K と外国政府債券のストック額 F を所与とした短期モデルは，以上の(1-1)〜(1-21)の 21 本の方程式と，X^s, N, K_{op}, δ, p_x, w, ω, p, π, X^D, C, X_d, T, EX, em, CA, Z, M, e, i, $\hat{e}^e$ の 21 個の内生変数

---

12)　これは，リピエッツ(Lipietz, 1991)のいう周辺部フォード主義のインフレ適応的な通貨供給である．

32　　第1部　構造主義マクロ経済学

から構成される．

1.2.6　長期モデル

長期モデルは，以上の短期の体系につぎの3式が加わる．

$$(1\text{-}22)\quad \dot{g}=g_1(\delta-\delta^*)-g_2(i-\hat{p}^e)+g_3\ ;\ \delta^*,g_1,g_2,g_3=\text{const.}>0,$$

$$(1\text{-}23)\quad \dot{F}=CA,$$

$$(1\text{-}24)\quad \hat{p}^e=\mu\hat{p}\ ;\ \mu=\text{const.}>0.$$

　(1-22)式は，代表的寡占企業の投資決定行動を表す．$\hat{p}^e$ は期待インフレ率，g_1 と g_2 は反応係数(所与)，g_3 は寡占企業の長期期待資本蓄積率(所与)を表す．(1-22)式右辺第1項は，現実の稼働率 δ が寡占企業の要求する正常稼働率 δ^* (所与)を上回れば，寡占企業は資本蓄積率 g を上方修正することを示す．これは置塩型投資関数の特徴である(置塩, 1976a; 1977a)．第2項は，実質利子率 $i-\hat{p}^e$ の上昇に対して寡占企業が資本蓄積率 g を下方修正することを示す．(1-23)式は，外国政府債券のストック額 F が経常収支の不均衡によって増減することを表す．(1-24)式は，期待インフレ率 $\hat{p}^e$ が現実のインフレ率 $\hat{p}$ に依存することを示す．

　のちの議論の便宜のために，新たに変数を $x=G/K$, $ca=CA/K$, $f=F/K$ と定義し，$p_x^*=1$ として $\pi=e/p_x$ に注意すれば，(1-1)〜(1-24)式はつぎのように集約される．

$$(1\text{-}25)\quad \dot{\delta}=\xi\{c_0(\sigma\delta+i^*\pi f-x)+g+x+ex-\sigma\delta\},$$

$$(1\text{-}26)\quad ex=ex_0\pi-ex_1\delta+ex_2\delta_f,$$

$$(1\text{-}27)\quad ca=(1/\pi)ex+i^*f,$$

$$(1\text{-}28)\quad \hat{\pi}=\hat{e}-\hat{p}_x,$$

$$(1\text{-}29)\quad \hat{p}_x=\hat{w},$$

$$(1\text{-}30)\quad \hat{w}=w_0(\pi-\pi^*)+w_1(\delta-\delta_u),$$

$$(1\text{-}31)\quad \hat{e}=\psi[\pi^{-\alpha}m-(\beta_0-\beta_1 i)\sigma\delta],$$

$$(1\text{-}32)\quad i=i^*+\theta(\pi_{eq}-\pi),$$

$$(1\text{-}33)\quad \hat{p}=\alpha\hat{e}+(1-\alpha)\hat{p}_x=\alpha\hat{\pi}+\hat{p}_x,$$

$$(1\text{-}34) \quad \hat{p}^e = \mu\hat{p},$$

$$(1\text{-}35) \quad \dot{g} = g_1(\delta - \delta^*) - g_2(i - \hat{p}^e) + g_3,$$

$$(1\text{-}36) \quad \dot{f} = ca - fg.$$

(1-25)～(1-36)式のモデルの内生変数は，δ，ex，ca，π，p_x，w，e，i，p，$\hat{p}^e$，g，f の 12 個である．

1.3 稼働率と実質為替レート

短期において，寡占企業や労働者の行動様式の変化が稼働率 δ やインフレーション $\hat{p}$ および為替レート π や e などのマクロ経済変数に及ぼす効果について検討しよう．

1.3.1 体系の安定性

短期モデルは，(1-37)～(1-38)の2式に集約され，稼働率 δ と実質為替レート π の2つの変数の運動が決定される．

$$(1\text{-}37) \quad \dot{\delta} = \xi\{c_0(\sigma\delta + i^*\pi f - x) + g + x + ex_0\pi - ex_1\delta + ex_2\delta_f - \sigma\delta\},$$

$$(1\text{-}38) \quad \hat{\pi} = \psi\{\pi^{-a}m - [\beta_0 - \beta_1(i^* + \theta(\pi_{eq} - \pi))]\sigma\delta\}$$
$$\quad\quad\quad - w_0(\pi - \pi^*) - w_1(\delta - \delta_u).$$

(1-37)式は，生産物市場の不均衡に対する寡占企業の稼働率 δ の調整を表す．(1-38)式は実質為替レート π の運動を表す．右辺第1項は名目為替レート e の運動を表し，第2項と第3項は生産物価格 p_x の運動を表す．

$\dot{\delta}=0$，$\hat{\pi}=0$ で定義される短期準均衡の安定性を検討しよう．ここで準均衡とは，稼働率 δ や実質為替レート π のような実質変数は変化しないが，名目為替レート e，貨幣賃金率 w，生産物価格 p_x，一般物価水準 p のような名目変数は必ずしも一定ではない状態である．(1-37)～(1-38)式を均衡 (δ_0, π_0) の近傍でテーラー展開し，一次の項のみをとり行列表示すれば，次式を得る[13]．

---

13) ただし，稼働率の調整係数 $\zeta=1$ で，初期に $e=p_x=\pi=1$ を仮定する．

$$(1\text{-}39) \quad \begin{bmatrix} \dot{\delta} \\ \hat{\pi} \end{bmatrix} = \begin{bmatrix} a_{11} & a_{12} \\ a_{21} & a_{22} \end{bmatrix} \begin{bmatrix} \delta - \delta_0 \\ \pi - \pi_0 \end{bmatrix}$$

$$\therefore \quad a_{11} = -(1-c_0)\sigma - ex_1 < 0,$$
$$a_{12} = c_0 i^* f + ex_0 > 0,$$
$$a_{21} = -\psi[\beta_0 - \beta_1(i^* + \theta(\pi_{eq} - \pi_0))]\sigma - w_1 < 0,$$
$$a_{22} = -\psi\alpha m - \psi\beta_1\theta\sigma\delta_0 - w_0 < 0.$$

(1-39)式右辺の係数行列 $[a_{ij}]$ を A とし，特性根を $\gamma_i (i=1, 2)$ とすれば，特性方程式は，

$$(1\text{-}40) \quad |\gamma I - A| = \begin{vmatrix} \gamma - a_{11} & -a_{12} \\ -a_{21} & \gamma - a_{22} \end{vmatrix} = 0,$$

となる．これを展開して整理すれば，

$$(1\text{-}41) \quad \gamma^2 + A_0\gamma + A_1 = 0 \; ; \; A_0 = -(a_{11} + a_{22}) > 0, \quad A_1 = a_{11}a_{22} - a_{12}a_{21} > 0,$$

を得る．短期準均衡が局所的に安定するためには，特性方程式のすべての解の実数部が負でなければならない．ルース・ハーヴィッツの判定定理より，(1-41)式の解の実数部がすべて負となるための必要十分条件は，

$$(1\text{-}42) \quad A_0 > 0, \quad A_1 > 0,$$

であり，この条件は満たされている．

　準均衡 (δ_0, π_0) の近傍で線形近似して，位相図を描けば，図1.2 のようになる．準均衡解 (δ_0, π_0) は多様な値をとりうる．以下では，

$$(1\text{-}43) \quad \pi^* < \pi_0, \quad \delta_u > \delta_0,$$

を想定しよう．このような経済状態では，労働者は要求実質賃金率 $\pi^*(\omega^*)$ が満たされないので，貨幣賃金率 w の引き上げを要求し，寡占企業は賃金コストの上昇に対して製品価格を引き上げる．また労働市場には，自然失業率以上

---

14) これは，リピエッツ(Lipietz, 1991)のいう周辺部フォード主義の対抗インフレである．

第1章 階級対立のマクロ経済学　　　　　　　　　　35

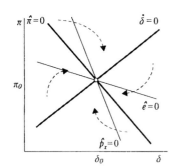
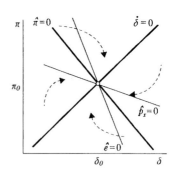

図1.2　位相図

の失業が発生している．したがって，インフレーション[14]と景気後退が併存するスタグフレーションが発生する可能性がある．このモデルでは，失業と過剰設備のもとで労働者が要求賃金を求めて行動する．これは，カレツキー・マルクス型の資本蓄積モデルの特徴である．

曲線 $\dot{\delta}=0$，曲線 $\hat{\pi}=0$，曲線 $\hat{p}_x=0$，曲線 $\hat{e}=0$ の傾きは，それぞれつぎのように表される．

(1-44)　$d\pi/d\delta|_{\dot{\delta}=0} = -a_{11}/a_{12} > 0$,

(1-45)　$d\pi/d\delta|_{\hat{\pi}=0} = -a_{21}/a_{22} < 0$,

(1-46)　$d\pi/d\delta|_{\hat{p}_x=0} = -w_1/w_0 < 0$,

(1-47)　$d\pi/d\delta|_{\hat{e}=0} = -[\beta_0 - \beta_1(i^* + \theta(\pi_{eq} - \pi_0))]\sigma/[\alpha m + \beta_1 \theta \sigma \delta_0] < 0$.

図1.2は，曲線 $\hat{p}_x=0$ と曲線 $\hat{e}=0$ の両曲線の傾きの相対的大きさによって，(a)と(b)の2つの場合に分けられる．(1-46)〜(1-47)式により，

(1-48)　$d\pi/d\delta|_{\hat{p}_x=0} \lessgtr d\pi/d\delta|_{\hat{e}=0}$
　　　　$\Leftrightarrow [\alpha m + \beta_1 \theta \sigma \delta_0]/[\beta_0 - \beta_1(i^* + \theta(\pi_{eq} - \pi_0))]\sigma \gtrless w_0/w_1$,

である．図1.2(a)は，労働者の賃金要求行動 w_0/w_1 が十分に弱い場合に相当し，図1.2(b)は，w_0/w_1 が十分に強い場合に相当する．なお，(a)と(b)の両図とも，曲線 $\hat{p}_x=0$ と曲線 $\hat{e}=0$ の交点 (δ, π) が，準均衡点 (δ_0, π_0) に一致す

36　　　　　　　　第1部　構造主義マクロ経済学

る場合を表す.

1.3.2　寡占企業の投資行動

さて,寡占企業の投資行動(g)や労働者の賃金要求行動(w_0, w_1)が為替レートπ, eや稼働率δなどのマクロ経済変数に及ぼす影響について検討しよう. (1-37)～(1-38)式を$\dot{\delta}=0$, $\hat{\pi}=0$とし,全微分して行列表示すれば,

$$(1\text{-}49) \quad \begin{bmatrix} -a_{11} & -a_{12} \\ a_{21} & a_{22} \end{bmatrix} \begin{bmatrix} d\delta \\ d\pi \end{bmatrix} = \begin{bmatrix} 1 & c_0 i^* \\ 0 & 0 \end{bmatrix} \begin{bmatrix} dg \\ df \end{bmatrix} + \begin{bmatrix} 0 & 0 \\ 1 & \delta_0 \end{bmatrix} \begin{bmatrix} dw_0 \\ dw_1 \end{bmatrix}$$

を得る. (1-49)式左辺の係数行列$[a_{ij}]$の行列式をΔとすれば,次式を得る.

$$(1\text{-}50) \quad \Delta = \begin{vmatrix} -a_{11} & -a_{12} \\ a_{21} & a_{22} \end{vmatrix} = a_{12}a_{21} - a_{11}a_{22} = -A_1 < 0.$$

寡占企業の資本蓄積率gの上昇が,稼働率δと実質為替レートπに与える効果は,次式で示される.

$$(1\text{-}51) \quad \partial\delta/\partial g = a_{22}/\Delta > 0,$$
$$(1\text{-}52) \quad \partial\pi/\partial g = -a_{21}/\Delta < 0.$$

資本蓄積率gの上昇は,稼働率δを上昇させ,実質為替レートπを増価させる. 資本蓄積率gの上昇は,生産物市場において超過需要を生じる. 寡占企業は,この生産物市場の不均衡に対して稼働率δの引き上げによって対応する. 稼働率δの上昇は,貨幣需要を増大させ,貨幣市場に超過需要をもたらすので,為替レートeを増価させる. と同時に,失業率を低下させるので,貨幣賃金率wを上昇させ,生産物価格p_xを上昇させる. この結果,実質為替レートπは増価する. ただし,準均衡におけるe, w, p_x, pなどの名目変数の運動は不確定である. その理由は,第1に,実質為替レートπが増価すれば,実質貨幣供給が増大し,他方,為替レートの予想減価率$\hat{e}^e$の上昇によって利子率iが上昇し,貨幣需要が減少する. その結果,貨幣市場の超過需要が

---

15)　本章のモデルでは,実質為替レートπ,為替レートe,生産物価格p_xの関係は,マクロ経済的にまず実質為替レートπが決定され,それに対応して為替レートeと生産物価格p_xが決定される.

(a) w_0/w_1 が十分小さい場合　　　(b) w_0/w_1 が十分大きい場合

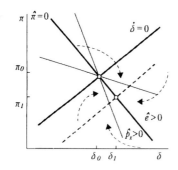
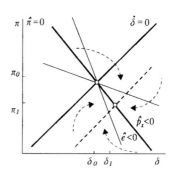

図1.3　寡占企業の投資行動

緩和され，為替レート e に減価圧力が加わるからである．第2に，実質為替レート π の増価は，実質賃金率 ω を上昇させ，労働者の賃金上昇圧力を低下させ，生産物価格 p_x に下方圧力を加えるからである[15]．

寡占企業の資本蓄積率 g の上昇が，為替レート e，貨幣賃金率 w，生産物価格 p_x，一般物価水準 p に与える効果は，次式のように得られる．

(1-53) $\partial \hat{e}/\partial g = \psi[-\alpha m(\partial \pi/\partial g) - \beta_1 \theta \sigma \delta_0 (\partial \pi/\partial g)$
$\qquad - [\beta_0 - \beta_1(i^* + \theta(\pi_{eq} - \pi_0))]\sigma(\partial \delta/\partial g)]$
$\qquad = (\psi/\Delta)\{w_0[\beta_0 - \beta_1(i^* + \theta(\pi_{eq} - \pi_0))]\sigma$
$\qquad - w_1(\alpha m + \beta_1 \theta \sigma \delta_0)\} \gtreqless 0,$

(1-54) $\partial \hat{w}/\partial g = w_0(\partial \pi/\partial g) + w_1(\partial \delta/\partial g)$
$\qquad = (\psi/\Delta)\{w_0[\beta_0 - \beta_1(i^* + \theta(\pi_{eq} - \pi_0))]\sigma$
$\qquad - w_1(\alpha m + \beta_1 \theta \sigma \delta_0)\} \gtreqless 0,$

(1-55) $\partial \hat{p}/\partial g = \partial \hat{p}_x/\partial g = \partial \hat{w}/\partial g.$

したがって，つぎの関係を得る．

(1-56) $\left.\begin{array}{l}\partial \hat{e}/\partial g \gtreqless 0 \\ \partial \hat{w}/\partial g = \partial \hat{p}_x/\partial g = \partial \hat{p}/\partial g \gtreqless 0\end{array}\right\} \Leftrightarrow w_0/w_1 \lesseqgtr \dfrac{\alpha m + \beta_1 \theta \sigma \delta_0}{[\beta_0 - \beta_1(i^* + \theta(\pi_{eq} - \pi_0))]\sigma}$

為替レート e は，(1-56)式より，労働者の賃金要求行動 w_0/w_1 が十分に弱い場合には減価し，それが十分に強い場合には増価する．労働者の賃金要求行

動 w_0/w_1 が十分に弱い場合には，自国貨幣市場において，稼働率 δ の上昇による超過需要効果よりも実質為替レート π の増価による超過供給効果の方が大きいからである．逆は逆(図1.3を参照)．

貨幣賃金率 w や生産物価格 p_x および一般物価水準 p は，労働者の賃金要求行動 w_0/w_1 が十分に弱い場合には上昇し，それが十分に強い場合には低下する．労働者の賃金要求行動 w_0/w_1 が十分に弱い場合には，実質為替レート π の増価が，実質賃金率 ω を上昇させ，貨幣賃金率 w を低下させる効果よりも，稼働率 δ の上昇が，失業率を低下させ，貨幣賃金率 w を上昇させる効果の方が大きいからである．逆は逆．

以上の結果をつぎのような命題1.1にまとめる．

命題 1.1 寡占企業の投資の増大は，稼働率を上昇させ，実質為替レートを増価させる．しかし，その名目為替レート・貨幣賃金率・生産物価格・一般物価水準に及ぼす効果は労働者の賃金要求行動に依存する．賃金要求行動が十分に弱い場合には，名目為替レートを減価させ，貨幣賃金率や生産物価格および一般物価水準を上昇させる．しかし，労働者の賃金要求行動が十分に強い場合には，名目為替レートを増価させ，貨幣賃金率や生産物価格および一般物価水準を低下させる．

ここで興味深いのは，(1-53)～(1-55)式より

$$(1\text{-}57) \quad \partial \hat{e}/\partial g = \partial \hat{p}_x/\partial g,$$

となり，為替レート e の変動が，貨幣市場の不均衡を反映して決定されるだけではなく，購買力平価説をも満たしているという点である．これは，このモデルでは，準均衡において実質為替レート π が一定の値をとれば，外国生産物価格 p_x^* が所与であるかぎり，為替レート e の変動は生産物価格 p_x の変化率に等しくなるからである[16]．

---

16) 為替レート決定理論において，アセット・アプローチと購買力平価説との関係についての1つの解釈は，前者を短期理論，後者を長期理論とするものである．例えば，Dornbusch(1976)を参照のこと．

第 1 章　階級対立のマクロ経済学　　　　39

つぎに，寡占企業の資本蓄積率 g の上昇が利子率 i や実質純輸出比率 ex および経常収支比率 ca に与える効果は，つぎのように得られる．

(1-58)　$\partial i / \partial g = \theta a_{21} / \Delta > 0,$

(1-59)　$\partial ex / \partial g = ex_0 (\partial \pi / \partial g) - ex_1 (\partial \delta / \partial g)$

$\qquad\qquad = -(1/\Delta)(ex_0 a_{21} + ex_1 a_{22}) < 0,$

(1-60)　$\partial ca / \partial g = ex(\eta - 1)(\partial \pi / \partial g) - ex_1 (\partial \delta / \partial g)$

$\qquad\qquad = -(1/\Delta)[ex(\eta - 1) a_{21} + ex_1 a_{22}] < 0, \qquad \because \eta = ex_0 / ex.$

寡占企業の資本蓄積率 g の上昇は，利子率 i を上昇させ，実質純輸出比率 ex や経常収支比率 ca を低下させるだろう．寡占企業の資本蓄積率 g の上昇によって，実質為替レート π が長期均衡予想レート π_{eq} を下回り，為替レートの予想減価率 $\hat{e}^e$ が上昇するので，利子率 i は上昇する．また，資本蓄積率 g の上昇は，実質為替レート π を増価させ，稼働率 δ を上昇させるので，実質純輸出比率 ex を低下させる．このとき，実質純輸出比率 ex の実質為替レート π に対する弾力性 η が十分に大きければ，経常収支比率 ca も低下する[17]．

外国政府債券比率 f が上昇する場合やポピュリズム政権下の政府支出増大の場合も，基本的には寡占企業の資本蓄積率 g が上昇する場合と同じ経済効果を及ぼす．

1.3.3　労働者の賃金要求行動

つぎに，労働者の賃金要求行動 w_0 の強化がマクロ経済変数に及ぼす影響について検討しよう(図 1.4 を参照)．労働者の賃金要求行動 w_0 の強化が稼働率 δ と実質為替レート π に与える効果は，次式のように得られる．

(1-61)　$\partial \delta / \partial w_0 = a_{12} / \Delta < 0,$

(1-62)　$\partial \pi / \partial w_0 = -a_{11} / \Delta < 0.$

労働者の賃金要求行動 w_0 の強化は，稼働率 δ を低下させ，実質為替レート π を増価させる．労働者の賃金要求行動 w_0 の強化は貨幣賃金率 w を上昇させ，

---

17)　為替レートと経常収支との関係については，Dornbusch and Fischer(1980)を参照のこと．

(a) w_0/w_1 が十分小さい場合   (b) w_0/w_1 が十分大きい場合

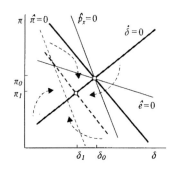
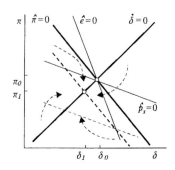

図1.4 労働者の賃金要求行動

寡占企業はこの賃金コストの上昇に対して生産物価格 p_x を上昇させるので，実質為替レート π は増価する．この実質為替レート π の増価は，実質民間可処分所得 X_d や実質純輸出比率 ex を低下させ(稼働率 δ の低下は実質純輸出比率 ex を上昇させる効果をもつので，実質純輸出比率 ex への最終的効果は不確定)，有効需要を減少させるので，寡占企業は稼働率 δ を引き下げる．開放経済下では，不完全雇用下で投資関数が稼働率に依存するとしても，貨幣賃金率の上昇は，稼働率を低下させるので，必ずしも賃金主導型成長(植村・磯谷・海老塚，1998，185頁)を得ることはできない．

労働者の賃金要求行動 w_0 の強化が，為替レート e, 貨幣賃金率 w, 生産物価格 p_x, 一般物価水準 p に与える効果はつぎのように得られる．

(1-63) $\partial \hat{e}/\partial w_0 = \psi[-\alpha m(\partial \pi/\partial w_0) - \beta_1 \theta \sigma \delta_0 (\partial \pi/\partial w_0)$
$\qquad -[\beta_0 - \beta_1(i^* + \theta(\pi_{eq} - \pi_0))]\sigma(\partial \delta/\partial w_0)] > 0,$

(1-64) $\partial \hat{w}/\partial w_0 = 1 + w_0(\partial \pi/\partial w_0) + w_1(\partial \delta/\partial w_0)$
$\qquad = (1/\Delta)[a_{12}(a_{21} + w_1) - a_{11}(a_{22} + w_0)] > 0,$

(1-65) $\partial \hat{p}/\partial w_0 = \partial \hat{p}_x/\partial w_0 = \partial \hat{w}/\partial w_0 > 0.$

為替レート e は，労働者の賃金要求行動 w_0 の強化によって減価する．実質為替レート π の増価は，実質貨幣供給量を増加させると共に，為替レートの予想減価率 $\hat{e}^e$ の上昇によって利子率 i を上昇させ，貨幣需要を減少させる．また稼働率 δ の低下も貨幣需要を減少させる．したがって，労働者の賃金要

求行動 w_0 の強化は，実質為替レート π の増価と稼働率 δ の低下によって，貨幣市場に超過供給を生じ，為替レート e を減価させる．

　貨幣賃金率 w の上昇率は，労働者の賃金要求行動 w_0 の強化によって上昇する．ただし，実質為替レート π の増価のために実質賃金率 ω が上昇し，また稼働率 δ の低下によって失業率が上昇するので，その上昇率は下方修正をうける．生産物価格 p_x と一般物価水準 p は，労働者の賃金要求行動 w_0 の強化によって貨幣賃金率 w と同様に上昇する．

　以上の結果をつぎのような命題1.2にまとめる．

命題 1.2　労働者の賃金要求行動の強化は，稼働率を低下させ，実質為替レートを増価させる．また名目為替レートを減価させ，貨幣賃金率や生産物価格および一般物価水準を上昇させる．

　つぎに，労働者の賃金要求行動 w_0 の強化が利子率 i や実質純輸出比率 ex および経常収支比率 ca に与える効果はつぎのようになる．

$(1\text{-}66)\quad \partial i/\partial w_0 = \theta a_{11}/\Delta > 0,$

$(1\text{-}67)\quad \partial ex/\partial w_0 = ex_0(\partial\pi/\partial w_0) - ex_1(\partial\delta/\partial w_0)$
$\qquad\qquad\qquad = -(1/\Delta)(ex_0 a_{11} + ex_1 a_{12}) < 0,$

$(1\text{-}68)\quad \partial ca/\partial w_0 = ex(\eta-1)(\partial\pi/\partial w_0) - ex_1(\partial\delta/\partial w_0)$
$\qquad\qquad\qquad = -(1/\Delta)[ex(\eta-1)a_{11} + ex_1 a_{12}] < 0.$

　労働者の賃金要求行動 w_0 の強化は，実質為替レート π を増価させ，為替レートの予想減価率 $\hat{e}^e$ を上方修正させるので，利子率 i を上昇させる．労働者の賃金要求行動 w_0 の強化が実質純輸出比率 ex と経常収支比率 ca に与える効果は，実質為替レート π 増価の負の効果と，稼働率 δ 低下の正の効果との相対的大きさに依存し不確定である．経常収支比率 ca への効果は，実質純輸出比率 ex の実質為替レート π に対する弾力性 η にも依存する．(1-67)式と(1-68)式の符号は，弾力性 ex_0 と η が十分に大きい場合を示す．失業率に対する貨幣賃金率の反応係数 w_1 の上昇が経済変数に与える効果についても，基本的には同様に考えることができる．

第 I 部　構造主義マクロ経済学

表 1.1　マクロ経済変数の関係

	δ	π	$\hat{e}$	$\hat{w}$	$\hat{p}_x$	$\hat{p}$	i	ex	ca
g	+	−	+	+	+	+	+	−	−
			(−)	(−)	(−)	(−)			
f	+	−	+	+	+	+	+	−	−
			(−)	(−)	(−)	(−)			
w_0	−	−	+	+	+	+	+	−	−
w_1	−	−	+	+	+	+	+	−	−

(注)（ ）内は賃金要求行動 w_0/w_1 が十分に強い場合の効果を表す.

ここでつぎの点に注意しよう. 寡占企業の投資決定行動 g(および外国政府債券比率 f)が e, w, p_x, p などの名目変数の運動に与える効果は, 労働者の賃金要求行動 w_0/w_1 や, 寡占企業の価格決定行動(このモデルでは, マークアップ率 τ を維持しようとする行動)に大きく依存しているということである.

表 1.1 は, 以上の結果を要約している. ＋は正の相関を, －は負の相関を表す. g, f と e, w, p_x, p との相関については, 労働者の賃金要求行動 w_0/w_1 が十分に弱い場合について示し, （ ）内は, w_0/w_1 が十分に強い場合について示す. 実質純輸出比率 ex と経常収支比率 ca については, 実質為替レート π に対する弾力性 ex_0 と η が十分に大きい場合について表す.

1.4　資本蓄積と対外不均衡

前節では, 短期におけるマクロ経済変数の変動が, 寡占企業や労働者の行動様式によって規定されていることを明らかにした. 本節では, 寡占企業の資本蓄積率 g や外国政府債券比率 f がどのように運動するかについて検討しよう. ここで特に注目するのは, 対外不均衡の累積過程[18]が, 寡占企業の投資決定行動や労働者の賃金要求行動およびマクロ経済構造の相違によってどのような影響を受けるかという点である.

代表的寡占企業の資本蓄積率 g と外国政府債券比率 f の運動は, (1-35)～(1-36)式によって決定される. 対外不均衡は外国政府債券比率 f で表される.

第1章 階級対立のマクロ経済学　43

(1-35)　$\dot{g} = g_1(\delta - \delta^*) - g_2(i - \hat{p}^e) + g_3,$

(1-36)　$\dot{f} = ca - fg.$

(1-35)〜(1-36)式を均衡点(g_0, f_0)の近傍でテーラー展開し，線形近似して一次の項のみをとり，行列表示すれば，次式を得る．

(1-69)　$\begin{bmatrix} \dot{g} \\ \dot{f} \end{bmatrix} = \begin{bmatrix} b_{11} & b_{12} \\ b_{21} & b_{22} \end{bmatrix} \begin{bmatrix} g - g_0 \\ f - f_0 \end{bmatrix}$

(1-70)　$b_{11} = g_1(\partial\delta/\partial g) - g_2(\partial i/\partial g - \partial\hat{p}^e/\partial g) \gtrless 0,$

(1-71)　$b_{12} = g_1(\partial\delta/\partial f) - g_2(\partial i/\partial f - \partial\hat{p}^e/\partial f) \gtrless 0,$

(1-72)　$b_{21} = \partial ca/\partial g - f_0 < 0,$

(1-73)　$b_{22} = \partial ca/\partial f - g_0 < 0.$

以下，偏微係数$b_{ij}(i, j=1, 2)$の符号について検討しよう．(1-70)式は，寡占企業の資本蓄積率gの上昇がその変化$\dot{g}$に及ぼす3つの効果を表している．第1に，資本蓄積率gの上昇は，稼働率δを上昇させるので，寡占企業は市況の好転に対して資本蓄積率gをさらに引き上げる．第2に，資本蓄積率gの上昇は，実質為替レートπを増価させ，為替レートの予想減価率$\hat{e}^e$を上方修正させ，利子率iを上昇させるので，寡占企業の資本蓄積率gに負の効果を与える．第3に，資本蓄積率gの上昇は，労働者の賃金要求行動w_0/w_1が十分に弱い場合には，一般物価水準pを上昇させ，期待インフレ率$\hat{p}^e$を上昇させる．逆は逆．したがって，労働者の賃金要求行動w_0/w_1が十分に弱い場合には，資本蓄積率gの上昇は，期待インフレ率$\hat{p}^e$を上昇させ，実質利子率$i - \hat{p}^e$を低下させるので，寡占企業の資本蓄積率gに正の効果を与える．

以上の点を考慮すると，寡占企業の資本蓄積率gの上昇がその変化$\dot{g}$に及ぼす効果b_{11}は，つぎの3つの場合に分けられる．第1に，寡占企業の投資決定行動が，実質利子率$i - \hat{p}^e$よりも稼働率δに対して十分に強く反応する(g_1がg_2に対して十分に大きい)場合，b_{11}の符号は正となる．第2に，労働者の

---

18)　これは，リピエッツ(Lipietz, 1991)のいう周辺部フォード主義の対外債務への依存と関係している．

賃金要求行動 w_0/w_1 が十分に弱く，期待インフレ率 $\hat{p}^e$ が十分に上昇し，実質利子率 $i-\hat{p}^e$ が低下する場合，b_{11} は正となる．第3に，労働者の賃金要求行動 w_0/w_1 が十分に強く，期待インフレ率 $\hat{p}^e$ が低下し，実質利子率 $i-\hat{p}^e$ が上昇し，かつ寡占企業の投資決定行動が，稼働率 δ よりも実質利子率 $i-\hat{p}^e$ に対して十分に強く反応する（g_2 が g_1 よりも十分に大きい）場合，b_{11} は負となる．

(1-71)式は，外国政府債券比率 f の上昇が，寡占企業の資本蓄積率 g に及ぼす効果を表す．上の場合と同様に，第1に，寡占企業の投資決定行動が，実質利子率 $i-\hat{p}^e$ よりも稼働率 δ に対して十分に強く反応する場合には，b_{12} は正となる．第2に，労働者の賃金要求行動 w_0/w_1 が十分に弱く，期待インフレ率 $\hat{p}^e$ が十分に上昇し，実質利子率 $i-\hat{p}^e$ が低下する場合には，b_{12} は正となる．第3に，労働者の賃金要求行動 w_0/w_1 が十分に強く，期待インフレ率 $\hat{p}^e$ が低下し，実質利子率 $i-\hat{p}^e$ が上昇し，かつ寡占企業の投資決定行動が，稼働率 δ よりも実質利子率 $i-\hat{p}^e$ に対して十分に強く反応する場合には，b_{12} は負となる．

(1-72)式は，寡占企業の資本蓄積率 g の上昇が外国政府債券比率の変化，すなわち対外不均衡 $\dot{f}$ に与える効果を表す．第1に，寡占企業の資本蓄積率 g の上昇は，実質為替レート π を増価さる．このとき，実質為替レート π に対する弾力性が十分に大きいとすれば，経常収支比率 ca を低下させ，対外不均衡 $\dot{f}$ を低下させる．第2に，寡占企業の資本蓄積率 g の上昇は，資本ストック1単位当たり外国債券比率 f を低下させ，対外不均衡 $\dot{f}$ を低下させる．したがって，寡占企業の資本蓄積率 g の上昇は，実質為替レート π に対する弾力性が十分に大きい場合には，対外不均衡 $\dot{f}$ を低下させるので，b_{21} は負となる．

(1-73)式は，外国政府債券比率 f の上昇が，対外不均衡 $\dot{f}$ に及ぼす効果を表す．第1に，外国政府債券比率 f の上昇は，実質為替レート π に対する弾力性が十分に大きい場合には，経常収支比率 ca を低下させ，対外不均衡 $\dot{f}$ を低下させる．第2に，外国政府債券比率 f の上昇は，資本蓄積率 g を通じて対外不均衡 $\dot{f}$ を低下させる．したがって，外国政府債券比率 f の上昇は，実質為替レート π に対する弾力性が十分に大きい場合には，対外不均衡 $\dot{f}$ を低下させるので，b_{22} は負となる．以下では，外国為替市場それ自体については，

第 I 章　階級対立のマクロ経済学　　45

表 1.2　マクロ経済構造

		寡占企業の投資決定行動	
		稼働率に強く反応	実質利子率に強く反応
労働者の賃金要求行動	十分弱	**マクロ経済構造 I** $b_{11} > 0,\ b_{12} > 0,\ b_{21} < 0,\ b_{22} < 0$	**マクロ経済構造 I** $b_{11} > 0,\ b_{12} > 0,\ b_{21} < 0,\ b_{22} < 0$
	十分強	**マクロ経済構造 I** $b_{11} > 0,\ b_{12} > 0,\ b_{21} < 0,\ b_{22} < 0$	**マクロ経済構造 II** $b_{11} < 0,\ b_{12} < 0,\ b_{21} < 0,\ b_{22} < 0$

実質為替レート π に対する弾力性が十分に大きく，安定的であるとしよう．

　偏微係数 $b_{ij}(i,\ j=1,\ 2)$ の符号は以上のように，①寡占企業の投資決定行動と②労働者の賃金要求行動によって確定する．この偏微係数 $b_{ij}(i,\ j=1,\ 2)$ の符号の組み合わせによって経済は 2 つのマクロ経済構造に分けられる（表 1.2 を参照）．

　マクロ経済構造 I：$b_{11} > 0,\ b_{12} > 0,\ b_{21} < 0,\ b_{22} < 0,$

　マクロ経済構造 II：$b_{11} < 0,\ b_{12} < 0,\ b_{21} < 0,\ b_{22} < 0.$

　マクロ経済構造 I は，寡占企業の投資決定行動が，実質利子率 $i - \hat{p}^e$ よりも稼働率 δ に対して十分に強く反応するか，あるいは労働者の賃金要求行動 w_0/w_1 が十分に弱く，実質利子率 $i - \hat{p}^e$ が低下する場合である．

　マクロ経済構造 II は，労働者の賃金要求行動 w_0/w_1 が十分に強く，実質利子率 $i - \hat{p}^e$ が上昇し，かつ寡占企業の投資決定行動が稼働率 δ よりも実質利子率 $i - \hat{p}^e$ に対して十分に強く反応する場合である．

　(1-69)式右辺の係数行列 $[b_{ij}]$ を B とし，特性根を $\gamma_i(i=1,\ 2)$ とすれば，特性方程式は，

$$(1\text{-}74) \quad |\gamma I - B| = \begin{vmatrix} \gamma - b_{11} & -b_{12} \\ -b_{21} & \gamma - b_{22} \end{vmatrix} = 0,$$

となる．これを展開して整理すれば，

(1-75) $\quad \gamma^2 + B_0 \gamma + B_1 = 0$; $B_0 = -(b_{11} + b_{22})$, $B_1 = b_{11}b_{22} - b_{12}b_{21}$,

を得る．B_0 と B_1 の符号の組み合わせについては，マクロ経済構造 I について
さらにつぎの３つの場合に分けられる．

マクロ経済構造 I ①：$B_0 \gtreqless 0$, $B_1 < 0$,
マクロ経済構造 I ②：$B_0 < 0$, $B_1 > 0$,
マクロ経済構造 I ③：$B_0 > 0$, $B_1 > 0$.

マクロ経済構造 II についてはつぎの２つの場合に分けられる．

マクロ経済構造 II ①：$B_0 > 0$, $B_1 > 0$,
マクロ経済構造 II ②：$B_0 > 0$, $B_1 < 0$.

特性根 γ_i は，つぎの判別式

(1-76) $\quad B_0{}^2 - 4B_1 = (b_{11} - b_{22})^2 + 4b_{12}b_{21}$,

より，マクロ経済構造 I ①，II ①，II ② については異なる２実根となる．マク
ロ経済構造 I ② と I ③ の場合には虚根となる可能性がある．さらに，

(1-77) $\quad \gamma_1 \gamma_2 = B_1$,

より，マクロ経済構造 I ① と II ② については，１根は正，他の１根は負となり，

(1-78) $\quad \gamma_1 + \gamma_2 = -B_0$,

より，マクロ経済構造 I ② については実数部分は正，I ③ については実数部分
は負となり，マクロ経済構造 II ① については２根とも負となる．
図 1.5〜図 1.9 は，以上の５つのマクロ経済構造についての位相図を表す．
以上の分析の結果をつぎのような命題 1.3 にまとめる．

命題 1.3 つぎの場合には対外不均衡が累積する．

第1章 階級対立のマクロ経済学

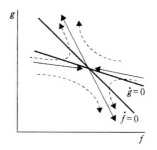

図1.5 マクロ経済構造I①：$B_0 \lessgtr 0$, $B_1 < 0$

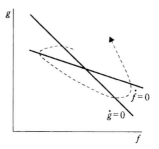

図1.6 マクロ経済構造I②：$B_0 < 0$, $B_1 > 0$

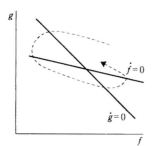

図1.7 マクロ経済構造I③：$B_0 > 0$, $B_1 > 0$

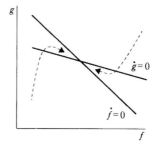

図1.8 マクロ経済構造II①：$B_0 > 0$, $B_1 > 0$

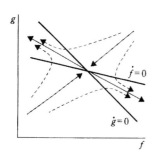

図1.9 マクロ経済構造II②：$B_0 > 0$, $B_1 < 0$

48　　　第1部　構造主義マクロ経済学

①寡占企業の投資決定行動が，実質利子率よりも稼働率に対して十分に強く反応する場合(マクロ経済構造Ⅰ①とⅠ②)．

②労働者の賃金要求行動が十分に弱い場合(マクロ経済構造Ⅰ①とⅠ②)．

③労働者の賃金要求行動が十分に強く，かつ寡占企業の投資決定行動が稼働率よりも実質利子率に対して十分に強く反応し，さらに外国利子率が十分に高い場合(マクロ経済構造Ⅱ②))[19]．

1.5　ポピュリズムと経済成果

階級対立とマクロ経済成果という点から，ラテンアメリカにおけるポピュリズム政権のマクロ政策運営について検討しよう．権威主義体制が労働者階級の要求を抑圧するのに対して，ポピュリズムはそれを擁護する傾向がある．チリのアジェンデ(Salvador　Allende:1970-73年)，アルゼンチンのペロン(Juan Perón:1973-76年)，ペルーのガルシア(Alán García:1985-90年)．ブラジルのサルネイ(José Sarney:1985-90年)，メキシコのエチェベリア(Luis Echeverría:1970 -76年)，ベネズエラのペレス(Carlos Andrés Pérez:1974-78年)などがラテンアメリカの最近のポピュリズム政権である(Kaufman and Stallings, 1991, p. 16)．

ポピュリズムは，政治目標として，第1に，組織労働者や中産階級のなかでの支持の拡大，第2に，国内市場志向型の産業との同盟，第3に，農村オルガルキー・外国企業・国内大企業のエリートの排除などを掲げる．ポピュリズムの経済政策には特定の経済理論があるわけではなく，多様な思想が混在している(Bazdresch and Levy, 1991, p. 230)．歴史的には輸入代替工業化政策と密接な関係を維持してきた．その政策的特徴は，経済成長と所得分配を重視するが，インフレーションや財政制約および国際収支制約を軽視していることである．それゆえ，その経済政策はしばしば持続不可能となる．

ポピュリズムの特徴的な経済政策には，①名目賃金の引き上げ，②国内需要

---

19)　$B_1 = [g_1(\partial \delta/\partial g) - g_2((\partial i/\partial g) - (\partial \hat{p}^e/\partial g))][i^*(1+c_0 f_0) - g_0]$．マクロ経済構造Ⅱでは，$[g_1(\partial \delta/\partial g) - g_2((\partial i/\partial g) - (\partial \hat{p}^e/\partial g))]$は負であるので，$i^* > [g_0/(1+c_0 f_0)]$であれば，$B_1$は負となる．よって，マクロ経済構造Ⅱにおいて外国利子率i^*がこの条件を満たす場合には，Ⅱ②となる可能性がある．

の拡大，③為替レート切り下げの回避などがある．このような政策の前提には，ラテンアメリカにおける深刻な所得分配の不平等という現実がある．ポピュリズムは，所得再分配を基本的な政策とし，都市の労働者や中産階級の生活条件の改善のために，名目賃金の引き上げや国内需要の拡大を実施してきた(Sachs, 1989)．為替レートの切り下げは，通貨下落によるインフレーションや実質生活水準の切り下げを懸念し，回避する傾向がある．ただし，再分配政策は，都市や農村のインフォーマル部門における貧困層には向けられず，その利益を享受できたのは都市の労働者や中産階級である．農村や農業は都市の労働者や中産階級の犠牲になった．

ポピュリズムの政策は，財政赤字やインフレーションおよび実質為替レートの過大評価，さらに対外債務をもたらし，その結果多くの場合 IMF の経済安定化政策を受け入れる権威主義体制に移行していった．本章の命題 1.2 から，労働者の賃金要求行動はインフレーションや実質為替レートの過大評価をもたらし，また命題 1.3 から，労働者の賃金要求行動が強く，マクロ経済構造が II ②の場合には対外不均衡を拡大させることが分かる．ラテンアメリカのポピュリズムは，これまでマクロ経済運営において必ずしも成功しているとは言えないだろう．ドーンブッシュやカルドーソは，その政策的教訓として，国内の貯蓄制約や対外制約と整合的な政策運営をしなければ，マクロ経済的な混乱をもたらすという点を指摘している(Dornbusch and Edwards, 1991; Cardoso and Helwege, 1992, p. 207)．

1.6　むすび

本章では，ラテンアメリカの新興工業諸国の経済開発において，寡占企業や労働者の行動様式の相違がインフレーションや為替レートおよび対外不均衡などのマクロ経済変数に及ぼす影響について検討した．簡単に結論を要約しよう．

第 1 に，寡占企業の投資の増大は，稼働率を上昇させ，実質為替レートを増価させる．しかし，その名目為替レート・貨幣賃金率・生産物価格・一般物価水準に及ぼす効果は労働者の賃金要求行動に依存する．賃金要求行動が十分に弱い場合には，名目為替レートを減価させ，貨幣賃金率や生産物価格および一

般物価水準を上昇させる．しかし，労働者の賃金要求行動が十分に強い場合には，名目為替レートを増価させ，貨幣賃金率や生産物価格および一般物価水準を低下させる．

第2に，労働者の賃金要求行動の強化は，稼働率を低下させ，実質為替レートを増価させる．また名目為替レートを減価させ，貨幣賃金率や生産物価格および一般物価水準を上昇させる．

第3に，対外不均衡が累積するかどうかはマクロ経済構造に依存する．以下のような場合には対外不均衡が累積する．第1に，寡占企業の投資決定行動が，実質利子率より稼働率に対して十分に強く反応する．第2に，労働者の賃金要求行動が十分に弱い．第3に，寡占企業の投資決定行動が稼働率よりも実質利子率に対して十分に強く反応し，かつ労働者の賃金要求行動が十分に強く，さらに外国利子率が十分に高い場合である．

以上の結論は多くの前提に依存している．例えば，寡占企業の価格決定行動について，つねにマークアップ率を維持する行動を前提している．このような仮定は，生産物市場の状況や労働分配率などを考慮したマークアップ関数を定式化することによって拡張することができる．また，労働者の要求実質賃金率についても，労働分配率や，本章では所与とした労働生産性の動向(Lipietz, 1991)を考慮して拡張することができるだろう．

第2章　経済開発の2部門モデル

2.1　はじめに

　ラテンアメリカ諸国では，国家は，経済発展の制度的枠組みを形成し，その政策的誘導を行うだけではなく，経済過程に積極的に介入し経済開発を主導してきた．例えば，メキシコは 1940-70 年に「メキシコの奇跡」と呼ばれる経済成長を達成したが，これを可能にした国家主導型の輸入代替工業化政策(Fiz-Gerald, 1978; 1985)のもとで総固定資本形成の中で公共投資の比率はつねに 30-40％を占めた．また，それに伴う財政赤字も大きく，1980 年代には対 GDP 財政赤字比率は 10％を超えている．同様の状況はブラジルでも観察される (Bacha, 1977; 1982; Malan and Bonelli, 1977)．このような国家主導型の経済開発戦略のもとで，ラテンアメリカ諸国の経済成長率は比較的高い水準を維持したが，他方では，インフレ率の上昇や対外債務の増大といった問題を抱えている．

　本章の目的は，ラテンアメリカ諸国における経済開発の2部門モデルを構成し，政府支出の増大や財政赤字がインフレーションや債務累積に及ぼす影響について，寡占企業や労働者の行動様式やマクロ経済構造の相違を重視する構造主義マクロ経済学の視点から検討することである．特に注目するのは，寡占企業や労働者の行動様式やマクロ経済構造の相違がマクロ経済成果とどのように関係しているのかという点である．

　本章では，このような問題を分析するために簡単なマクロ経済モデルを構成する．このモデルはつぎのような特徴を持っている．

　第1に，ラテンアメリカのインフレーションの分析において構造主義が重視する基礎的食糧供給の停滞という点に留意し，農業部門と工業部門の2部門か

52　　　第Ⅰ部　構造主義マクロ経済学

らなるマクロ経済モデル(Taylor, 1978; 1982; Chichilnisky and Taylor, 1981; Cardoso, 1981)を構成する．ラテンアメリカ諸国では農業部門は今なお重要な役割を果たしている．例えば，メキシコの農業部門は 1988 年には GDP の約 8 ％を占め，農業労働力は総労働力の約 28％を占める(Barkin, 1990, 邦訳 116 頁)．しかし，農業部門の成長率は工業部門よりも低い．輸入代替工業化政策は，政府介入や輸入代替産業の保護と共に，農業余剰の利用を重要な柱の 1 つにしていた．農業部門の停滞は，基礎的食糧の供給不足や，農産物輸出による外貨獲得を困難にすると共に，農村の疲弊による社会不安を回避するために政府支出を増大させてきた[1]．

　第 2 に，構造主義マクロ経済学がインフレーションの分析において重視する賃金・為替のインデクセーションに留意する．ラテンアメリカ諸国のインフレーションにおいて賃金・為替のインデクセーションは，財政赤字と共に注目され，慣性インフレの重要な原因と考えられている(Lopes and Bacha, 1983; Lopes and Modiano, 1983; Velasco, 1991)．構造主義はインフレーションの基礎的要因である食糧供給の停滞を指摘したが，構造主義マクロ経済学はその波及機構であるインデクセーションをマクロモデルに明示的に取り入れた．

　本章の主要な結論は，インフレーションが寡占企業や労働者および政府などの行動様式の相違に依存するということであり，債務累積の成長がマクロ経済構造の相違に依存するということである．本章では特に，つぎの点について明らかにする．

　第 1 に，政府支出比率の上昇は，稼働率を上昇させ，農産物交易条件を改善する．また，貨幣賃金率・工業製品価格・農産物価格・インフレ率を上昇させるが，実質賃金率は低下する．政府支出比率の上昇は，工業部門の稼働率を上昇させ，その労働者や利潤所得者の実質可処分所得を増大させる．その結果，農産物の超過需要圧力が高まり，インフレーションを発生させる．このインフレーションは，労働者の実質賃金率を低下させ，賃金インデクセーションのもとで貨幣賃金率を上昇させ，工業製品価格を上昇させる．また，このインフレーションによる実質為替レートの増価は，クローリングペッグ制下で名目為替

---

1)　工業化と農業の関係については「リカードの罠」――農業投資を怠り，農業余剰の工業部門への移転を続ければ，工業化それ自体が困難になること――がある(速水, 1995, 83 頁)．

第2章 経済開発の2部門モデル   53

レートを減価させ，インフレーションをさらに加速する．

　第2に，経済は長期には，つぎの条件のもとで定常状態に収束し，債務残高比率も一定の値に収束する．第1に，国内利子率は十分に低いが，インフレ率が十分に高い．第2に，農産物交易条件の資本ストック比率に対する弾力性が十分に小さい．第3に，外国利子率が十分に低い．しかし，定常状態において，財政赤字比率が名目資本蓄積率を超えれば，貿易収支赤字比率は正値をとり，対外債務残高を定着させる．

　以下，本章はつぎのように構成される．2.2節では，ラテンアメリカ諸国における経済開発の2部門モデルを構成する．2.3節では，この2部門モデルにもとづいて経済開発とインフレーションとの関係について分析する．2.4節では，経済開発と債務累積との関係について分析し，最後に2.5節で結論を要約する．

2.2　2部門経済モデル

　ラテンアメリカ諸国のインフレーションや債務累積の問題を検討するために，工業部門と農業部門の2部門からなる貨幣的成長モデルを構成しよう[2]．本章のモデルも，不完全雇用・不完全稼働・階級対立を特徴とするカレツキー・マルクス型である．

2.2.1　生産部門

　生産部門は工業部門と農業部門の2部門から構成される．輸入代替工業化政策のもとで，国内工業製品は消費財とし，中間財・資本財はすべて輸入されるものとする(Casar and Ros, 1983)．工業消費財は寡占企業によって供給され，その生産関数と労働雇用量の決定を

---

[2]　以下のモデルは，基本的に第1章の注1)で要約したリピエッツ(Lipietz, 1991)の周辺部フォード主義のマクロ経済的特徴を持つ．2部門経済モデルの先駆的研究には，Lewis(1954)，Ranis and Fei(1961)，Fei and Ranis(1964)がある．

(2-1)　$X_i{}^S = \sigma_i K_{iop}$; $\sigma_i = \mathrm{const.} > 0$,

(2-2)　$N_i{}^D = b_i X_i{}^S < N_i{}^S$; $b_i = \mathrm{const.} > 0$,

としよう. $X_i{}^S$ は工業製品の生産量, σ_i は工業部門の稼働資本1単位当たりの生産量(所与), $N_i{}^D$ は工業部門の労働雇用量, b_i は工業部門の労働投入係数(所与), $N_i{}^S$ は工業部門の労働供給量を表す. 工業部門の労働市場は不完全雇用を想定する. K_{iop} は工業部門の稼働資本設備を表し,

(2-3)　$K_{iop} = \delta K_i$,

である. K_i は工業部門の資本ストックで, δ は資本設備の稼働率を示す. $\delta < 1$ とし, 工業部門の遊休資本設備の存在を想定する. 寡占企業は, 生産物市場の不均衡に対し, 稼働率 δ の調整によって対応し,

(2-4)　$\dot{\delta} = \xi[(X_i{}^D - X_i{}^S)/K_i]$; $\xi = \mathrm{const.} > 0$,

とする. $\dot{\delta} = d\delta/dt$ で, ドット(・)は時間微分を表し, $X_i{}^D$ は工業製品の有効需要, ξ は調整係数(所与)を表す.

　経済開発において農業部門は, ①工業部門に対する余剰労働力の供給, ②工業部門に対する国内貯蓄や外貨による余剰資金の提供, ③食糧の供給, ④工業部門に対する国内市場の提供などの役割を果たす(Johnston and Meller, 1961). 農産物の供給 $X_a{}^S$ と農業部門の労働雇用量 $N_a{}^D$ の決定は,

(2-5)　$X_a{}^S = \sigma_a K_a$; $\sigma_a = \mathrm{const.} > 0$,

(2-6)　$N_a{}^D = b_a X_a{}^S < N_a{}^S$; $b_a = \mathrm{const.} > 0$,

のように表す. 農産物は, 基礎的食糧(例えばトウモロコシや豆など)と輸出農産物(例えば小麦やソルガムなど)の合成財とする[3]. (2-5)式は農業部門の生産関数を表し, σ_a は産出資本係数(所与), K_a は農業部門の資本ストックで完全稼働を想定する. b_a は農業部門の労働投入係数(所与), $N_a{}^S$ は農業部門の労働供給量で, 農業部門の労働市場はルイス(Lewis, 1954)の無制限的労働供給

---

3)　メキシコでは, 国内消費用の基礎的食糧は小農が生産し, 輸出用農産物は近代的農業部門が生産する(Barkin, 1990, 邦訳 46 頁).

を想定する.

2.2.2 投資(資本蓄積)部門

工業部門と農業部門の投資については,

$$(2\text{-}7) \quad \begin{cases} g_i = g_{i0} + g_{i1}(\delta - \delta^*) - g_{i2}(i - \hat{p}^e) \; ; g_{i0}, \; g_{i1}, \; g_{i2}, \delta^*, \; i, \; \hat{p}^e = \text{const.} > 0, \\ g_a = \text{const.} > 0, \end{cases}$$

のように想定しよう. $g_i (= \dot{K}_i / K_i, \; \dot{K}_i = I_i, \; I_i$ は工業部門の新投資量)は工業部門の寡占企業の資本蓄積率, g_{i0} は長期期待資本蓄積率(所与), g_{i1} と g_{i2} は反応係数(所与), δ^* は寡占企業の要求する正常稼働率(所与), i は国内利子率(所与), $\hat{p}^e$ は期待インフレ率(所与)を表す. (2-7)式は, 工業部門の寡占企業が, 生産物市場の需要状況(稼働率)と実質利子率 $i - \hat{p}^e$ に応じて長期期待資本蓄積率 g_{i0} を修正することを表す. $g_a (= \dot{K}_a / K_a, \; \dot{K}_a = I_a, \; I_a$ は農業部門の新投資量)は農業部門の資本蓄積率で所与とする.

農業部門の工業部門に対する資本ストック比率を $\lambda \, (= K_a / K_i)$ とすれば, λ の運動は,

$$(2\text{-}8) \quad \dot{\lambda} = \lambda (g_a - g_i),$$

のように表される.

2.2.3 価格・賃金部門

寡占企業の工業製品については, マークアップ方式による価格設定を想定し,

$$(2\text{-}9) \quad p_i = (1 + \tau)(w_i b_i + e p_0^* b_0) \; ; \tau, \; b_0, \; p_0^* = \text{const.} > 0,$$

としよう. ここで, p_i は工業製品価格, τ はマークアップ率(所与), w_i は工業部門の貨幣賃金率, e は自国通貨建て為替レート, p_0^* は輸入中間財価格, b_0 は輸入中間財投入係数(所与)を表す. 寡占企業はマークアップ率 τ を一定に維持する価格設定を行うものとする.

工業部門の貨幣賃金率 w_i は, 制度的に決定される実質賃金率 ω_i^* を満たすインデクセーションを考慮し,

$$(2\text{-}10)' \quad \hat{w}_i = k(\omega_i{}^* - \omega_i) + w_{i1}(\delta - \delta_u) + w_{i2}\hat{p}^e \; ; \; k, \; w_{i1}, \; w_{i2}, \; \omega_i{}^* = \text{const.} > 0,$$

としよう. これはカレツキー・マルクス型の資本蓄積モデルの1つの特徴を表す. $\hat{w}_i = \dot{w}_i/w_i$ で, (^)は変化率を表す. δ_u は工業部門の自然失業率に対応する稼働率, k, w_{i1}, w_{i2} は調整係数を表す. (2-10)′式右辺第1項は, 貨幣賃金率のインデクセーションを表す[4]. 第2項は, 工業部門の失業率が自然失業率以下に低下した場合の貨幣賃金率の上方修正を表し, 第3項は, インフレ期待 $\hat{p}^e$ による上方修正を表す.

ここで, 工業労働者の消費バスケットで測った実質賃金率 ω_i を

$$(2\text{-}11)' \quad \omega_i = w_i/p,$$

と定義しよう. 消費バスケットにおける農産物のウェイトを α_1（所与）, 工業製品のウェイトを $1 - \alpha_1$ とし, 一般物価水準 p を

$$(2\text{-}12) \quad p = p_a{}^{\alpha_1} p_i{}^{1-\alpha_1} \; ; \; 0 < \alpha_1 = \text{const.} < 1,$$

で表すとすれば, (2-11)′式は,

$$(2\text{-}11) \quad \omega_i = (w_i/p_i)(p_a/p_i)^{-\alpha_1}$$
$$= [1 - \pi p_0{}^* b_0(1+\tau)]/[\phi^{\alpha_1} b_i(1+\tau)],$$

のように書き換えられる. w_i/p_i は工業部門の生産物賃金, p_a は農産物価格を表す. ϕ は農産物交易条件を表し, 次式のように定義される.

$$(2\text{-}13) \quad \phi = p_a/p_i.$$

為替レート e は, クローリングペッグ制のもとで工業製品で測った実質為替レート π が一定になるようにつねに調整されるとしよう[5].

$$(2\text{-}14)' \quad \pi = e p_i{}^*/p_i = \text{const.} > 0 \; ; \; p_i{}^* = \text{const.} > 0.$$

---

4) ブラジルの賃金・為替のインデクセーションについては, Bacha(1979), Baer and Beckerman (1980), Lopes and Bacha(1983), Lopes and Modiano(1983), Simonsen(1983)などを参照のこと.
5) クローリングペッグ制の理論的検討については, Levin(1975), Dornbusch(1982a)などを参照のこと.

第2章　経済開発の2部門モデル　　57

p_i^* は工業製品の国際価格(所与)を表す．ここで，$\pi=1$と想定すれば，次式を得る．

(2-14)　$ep_i^* = p_i$.

実質賃金率 ω_i は，(2-11)式より，農産物交易条件 ϕ の減少関数である．他の条件を所与とすれば，制度的実質賃金率 ω_i^* に対応する農産物交易条件 ϕ^* が存在する．これを考慮すれば，(2-10)′式は，

(2-10)　$\hat{w}_i = w_{i0}(\phi - \phi^*) + w_{i1}(\delta - \delta_u) + w_{i2}\hat{p}^e$; $w_{i0}, \phi^* = \text{const.} > 0$,

のように書き換えられる．w_{i0} は調整係数(所与)を表す．貨幣賃金率 w_i の変動が，労働市場の需給動向よりも賃金インデクセーションによって基本的に決定されるとすれば，w_{i0} の値は w_{i1} の値より十分に大きいと想定される．

農産物価格 p_a については，農産物市場の需給状態によって決定され，

(2-15)　$\hat{p}_a = \psi(Ed_a/p_iK_i)$; $\psi = \text{const.} > 0$,

としよう[6]．Ed_a は農産物の超過需要，ψ は調整係数(所与)を表す．農産物市場に超過需要 Ed_a が存在すれば，農産物価格 p_a は上昇する[7]．逆は逆．

農業労働者の農産物で測った実質賃金率 $\omega_a(=w_a/p_a$，w_a は農業部門の貨幣賃金率)は，無制限的労働供給経済の想定のもとで生存維持水準に決定され所与とする[8]．

2.2.4　需要部門

工業製品の有効需要 X_i^D と農産物の超過需要 Ed_a の構成は，それぞれ

---

6)　国内資本ストックを現在価格で評価する場合，資本財はすべて輸入されると想定しているので，$ep_i^*K_i$ となるが，(2-14)式を考慮すれば，p_iK_i のように書き換えられる．

7)　このような工業製品と農産物との対照的な価格決定については，Robinson(1979, 邦訳115頁)を参照のこと．メキシコでは実際には，国内の農産物価格の決定に国際価格が影響し(Barkin, 1990, 邦訳19頁)，また，基礎的食糧価格の設定には食糧供給公社CONASUPOが重要な役割を果たしてきた．

8)　メキシコの基礎的食糧の保証価格は農民や農業労働者の賃金所得を決定し，これが農民の生活水準を規定する(Aboites, 1989, 邦訳81頁)．と同時に，この保証価格は農民の営農インセンティブに影響を及ぼす．

$(2\text{-}16)$ $\quad p_i X_i{}^D = p_i C_i + p_i vG + ep_i{}^* EX_i$; $v = \text{const.} > 0$,

$(2\text{-}17)$ $\quad Ed_a = p_a C_a + ep_a{}^* EX_a - p_a X_a{}^S$; $p_a{}^* = \text{const.} > 0$,

のように想定する．$(2\text{-}16)$式右辺の C_i は工業製品の実質消費需要，G は実質政府支出，v はそのうち自国工業製品に対する比率(所与)，EX_i は工業製品の純輸出量を表す．$(2\text{-}17)$式右辺の C_a は農産物の実質消費需要，$p_a{}^*$ は農産物の国際価格(所与)，EX_a は農産物の純輸出量を表す．

工業製品と農産物の消費需要 $p_i C_i$ と $p_a C_a$ は，利潤所得者の消費需要 $p_i C_i{}^\pi$ と $p_a C_a{}^\pi$ と労働者の消費需要 $p_i C_i{}^W$ と $p_a C_a{}^W$ からなり，それぞれ

$(2\text{-}18)$ $\quad p_i C_i = p_i C_i{}^\pi + p_i C_i{}^W$,

$(2\text{-}19)$ $\quad p_a C_a = p_a C_a{}^\pi + p_a C_a{}^W$,

である．利潤所得者の総消費支出額 C^π は，可処分所得 $X_d{}^\pi$ の増加関数，実質利子率 $i - \hat{p}^e$ の減少関数とし，

$(2\text{-}20)$ $\quad C^\pi = c_0{}^\pi X_d{}^\pi - c_1{}^\pi (i - \hat{p}^e)$; $c_0{}^\pi$, $c_1{}^\pi = \text{const.} > 0$,

としよう．$c_0{}^\pi$ と $c_1{}^\pi$ は反応係数(所与)を表す．利潤所得者の可処分所得 $X_d{}^\pi$ は，

$(2\text{-}21)$ $\quad X_d{}^\pi = \tau (w_i b_i + ep_0{}^* b_0) X_i{}^S + (p_a - \omega_a p_a b_a) X_a{}^S + iD_p - T^\pi - \hat{p}^e A$,

のように想定する．右辺第1項と第2項は，工業部門と農業部門の利潤所得，D_p は利潤所得者の国債保有残高を表し，第3項はその利子受取，第4項の T^π は利潤・利子課税(一括税)，第5項の A は利潤所得者の保有する総金融資産を表し，$\hat{p}^e A$ は期待インフレ課税を表す．

利潤所得者は，総消費支出額 C^π のうち $100\alpha_2$(所与)％を農産物に，その残りを工業製品に支出するとしよう．このとき，工業製品と農産物の消費需要 $p_i C_i{}^\pi$ と $p_a C_a{}^\pi$ は，それぞれ

第 2 章　経済開発の 2 部門モデル　　　59

(2-22)　$p_i C_i{}^\pi = (1 - \alpha_2) C^\pi$; $0 < \alpha_2 = \text{const.} < 1$,

(2-23)　$p_a C_a{}^\pi = \alpha_2 C^\pi$,

となる.

　労働者は貯蓄せず, 工業労働者は, 可処分所得のうち $100\alpha_1$％を農産物に, その残りを工業製品に支出するものとする. 農業労働者は, その所得のすべてを農産物に支出するものとしよう. このとき, 労働者の工業製品と農産物の消費需要 $p_i C_i{}^w$ と $p_a C_a{}^w$ は, それぞれ

(2-24)　$p_i C_i{}^w = (1 - \alpha_1)(w_i N_i{}^D - T^w)$,

(2-25)　$p_a C_a{}^w = \alpha_1 (w_i N_i{}^D - T^w) + \omega_a p_a N_a{}^D$,

となる. T^w は工業労働者の所得税(一括税)を表す.

　実質政府支出 G と工業製品の純輸出量 EX_i および農産物の純輸出量 EX_a の資本ストック K_i に対する比率を, それぞれ

$$x = G/K_i = \text{const.} > 0, \ ex_i = EX_i/K_i = \text{const.} > 0, \ ex_a = EX_a/K_i = \text{const.} > 0,$$

のように表し所与とする. したがって, 実質政府支出 G と工業製品および農産物の純輸出量 EX_i と EX_a は, 資本ストック K_i が所与の短期には一定の水準に与えられるが, 長期には資本蓄積率 g に比例して成長する.

$$\hat{G} = \hat{EX}_i = \hat{EX}_a = g_i.$$

　工業製品と農産物の純輸出量 EX_i と EX_a については, 一般的には短期的にも実質為替レートの影響を受けると考えられる. しかし本章では, クローリングペッグ制によって工業製品で測った実質為替レート π を所与としているので, 工業製品の輸出についてはその効果は生じない. 農産物については, 実質為替レート変動の輸出効果を捨象する.

2.2.5　政府部門
政府部門の予算制約式は

(2-26) $\quad \dot{M} + \dot{D}_p + e(\dot{F} + \mu F) + T = p_i v G + e p_i^*(1-v) G + i D_p + (i^* + \mu) e F,$

のように想定する[9]. M は自国貨幣のストック額, D_p は民間部門(=利潤所得者)が保有する自国通貨で表した内国債ストック額, F は外国通貨で表した外国債ストック額, $(1-v)$ は実質政府支出 G に占める輸入中間財・資本財の比率, i^* は外国利子率, μ は対外債務の元本償還比率を表す. (2-26)式右辺の第1項と第2項は, フローの政府総支出額, 第3項は内国債利子支払額, 第4項は対外債務の元利返済額を表す. 以上の歳出は, 自国貨幣供給の増大 $\dot{M}$, 内国債の発行 $\dot{D}_p$, 外国債の発行 $e(\dot{F} + \mu F)$, 租税 T によってファイナンスされる. ここで, 貨幣 M と内国債 D_p の発行比率は, 国内利子率 i に依存し,

(2-27) $\quad D_p/M = h/(1-h) ; h = h(i) = \text{const.} > 0,$

としよう. 国内利子率 i を所与とすれば, この比率 $h/(1-h)$ も所与となる. 租税 T は $T = T^\pi + T^w$ であり, 租税 T, T^π, T^w の資本ストック K_i に対する比率をそれぞれ

$$t = T/p_i K_i = \text{const.} > 0, t^\pi = T^\pi/p_i K_i = \text{const.} > 0, \quad t^w = T^w/p_i K_i = \text{const.} > 0,$$

と表し所与とする. したがって, 租税 T, T^π, T^w は短期には工業製品価格 p_i のみに依存するが, 長期には工業製品価格 p_i の上昇率と資本蓄積率 g_i に比例して成長する.

$$\hat{T} = \hat{T}^\pi = \hat{T}^w = \hat{p}_i + g_i.$$

2.2.6 外国部門

民間部門は外国債券や外国通貨を保有せず[10], また中央銀行の外貨準備に変動がないものとすれば, 国際収支の均衡条件は,

---

9) インフレ課税については 2.6.1 を参照のこと.

10) このような想定は, メキシコのような債務国については問題がある. というのは, 民間資本の流出が対外債務を増大するという点について無視することになるからである(Barkin, 1990, 邦訳 99 頁; Khan and UlHaque, 1985). 民間部門の資本移動を考慮した国際収支の均衡条件については第6章を参照のこと.

第2章　経済開発の2部門モデル　　　　61

$$(2\text{-}28)\quad e(\dot{F}+\mu F)=(EM_i-ep_i^*EX_i-ep_a^*EX_a)+(i^*+\mu)eF,$$

のように表される．貿易収支赤字（$EM_i-ep_i^*EX_i-ep_a^*EX_a$）と対外債務の元利返済（$(i^*+\mu)eF$）は，外国債 F の発行によってファイナンスされる．EM_i は中間財・資本財の輸入総額を表し，この EM_i の資本ストック p_iK_i に対する比率を

$$(2\text{-}29)\quad em_i=EM_i/p_iK_i,$$

と表せば，中間財・資本財の輸入比率 em_i は次式のように決定される．

$$(2\text{-}30)\quad em_i=(1-v)x+g_i+g_a\lambda+p_0^*b_0\sigma_i\delta.$$

2.2.7　民間部門の金融資産

　民間部門（＝利潤所得者）の保有する金融資産は，自国通貨 M と内国債 D_p の2種類のみとし，外国通貨や外国債券を保有しないとする．このとき，民間部門の金融資産総額 A は，

$$(2\text{-}31)'\quad A=M+D_p,$$

である．金融資産 A の構成は，国内利子率 i のみに依存するものとする．$(2\text{-}31)'$式より，

$$(2\text{-}31)''\quad \dot{A}=\dot{M}+\dot{D}_p,$$

であるので，$(2\text{-}26)$式と$(2\text{-}28)$式を利用すれば，金融資産の蓄積 $\dot{A}$ は，

$$(2\text{-}31)\quad \dot{A}=(p_ivG+ep_i^*(1-v)G+iD_p-T)-(EM_i-ep_i^*EX_i-ep_a^*EX_a),$$

となる．$(2\text{-}31)$式より，インフレ課税を控除する前の民間部門の金融資産の蓄積 $\dot{A}$ は，財政赤字（右辺第1項）と貿易収支赤字（右辺第2項）に依存することになる[11]．

---

11)　インフレ課税と真の財政赤字については 2.6.2 を参照のこと．

2.2.8 モデルの集約

以上のモデルは，(2-1)〜(2-31)の31本の方程式と，$X_i{}^s$，$N_i{}^D$，K_{iop}，δ，$X_a{}^s$，$N_a{}^D$，g_i，λ，p_i，w_i，ω_i，p，ϕ，e，p_a，$X_i{}^D$，Ed_a，C_i，C_a，C^π，$X_d{}^\pi$，$C_i{}^\pi$，$C_a{}^\pi$，$C_i{}^w$，$C_a{}^w$，M，D_p，F，EM_i，em_i，A の31個の内生変数からなる．

ここで新たに，$f=F/K_i$，$a=A/p_iK_i$ と定義し，簡単化のために $\alpha_1=\alpha_2=\alpha$，$p_i{}^*=p_a{}^*=1$とすれば，以上のモデルはつぎのように集約される．

$$(2\text{-}32) \quad \dot{\delta}=\zeta\{[(1-\alpha)/(1+\tau)][1-p_0{}^*b_0(1+\tau)+c_0{}^\pi\tau]\sigma_i\delta$$
$$+(1-\alpha)c_0{}^\pi(1-\omega_ab_a)\phi\sigma_a\lambda+(1-\alpha)[c_0{}^\pi(iha-\hat{p}^ea-t^\pi)$$
$$-t^w]-(1-\alpha)c_1{}^\pi(i-\hat{p}^e)+vx+ex_i-\sigma_i\delta\},$$

$$(2\text{-}33) \quad \hat{p}_a=\psi\alpha\{[1/(1+\tau)][1-p_0{}^*b_0(1+\tau)+c_0{}^\pi\tau]\sigma_i\delta+c_0{}^\pi(iha-\hat{p}^ea-t^\pi)$$
$$-t^w-c_1{}^\pi(i-\hat{p}^e)\}+\psi ex_a+\psi(1-\alpha c_0{}^\pi)(1-\omega_ab_a)\phi\sigma_a\lambda,$$

$$(2\text{-}34) \quad \hat{\phi}=\hat{p}_a-\hat{p}_i,$$

$$(2\text{-}35) \quad \hat{p}_i=\hat{w}_i,$$

$$(2\text{-}36) \quad \hat{w}_i=w_{i0}(\phi-\phi^*)+w_{i1}(\delta-\delta_u)+w_{i2}\hat{p}^e,$$

$$(2\text{-}37) \quad \hat{p}=\alpha\hat{\phi}+\hat{p}_i,$$

$$(2\text{-}38) \quad d=x+iha-t,$$

$$(2\text{-}39) \quad b=(1-v)x+(g_a\lambda+g_i)+p_0{}^*b_0\sigma_i\delta-ex_i-ex_a,$$

$$(2\text{-}40) \quad g_i=g_{i0}+g_{i1}(\delta-\delta^*)-g_{i2}(i-\hat{p}^e),$$

$$(2\text{-}41) \quad \dot{a}=d-b-a(\hat{p}_i+g_i),$$

$$(2\text{-}42) \quad \dot{\lambda}=\lambda(g_a-g_i),$$

$$(2\text{-}43) \quad \dot{f}=b+(i^*-g_i)f.$$

(2-38)式の d と(2-39)式の b は，それぞれ資本ストック p_iK_i に対する財政赤字比率と貿易収支赤字比率を表す．以上の体系は，12本の方程式と，δ，p_a，ϕ，p_i，w_i，p，d，b，g_i，a，λ，f の12個の内生変数によって構成される．表2.1は経済開発の2部門モデルの経済連関表を，図2.2はこのモデルのフローチャートを表す．

表 2.1 経済開発の2部門モデルの経済連関表

	生産部門		労働者		利潤所得者		投資部門		政府部門	外国部門
	工業部門	農業部門	工業部門	農業部門	工業部門	農業部門	工業部門	農業部門		
工業製品	$-\sigma_i\delta$	·	$\{(1-a)[-l^w+[1-p_a^* b_a(1+\tau)+\tau]\}\sigma_i\delta/(1+\tau)\}$	·	$(1-a)\{c_i^\pi[\tau/(1+\tau)]\sigma_i\delta+c_a^\pi(1-\omega_a b_a)\phi\sigma_a\lambda-c_i^\tau(i-p_i^\pi)\}$	·	·	·	vx	ex_i
農産物	·	$-\phi\sigma_a\lambda$	$a\{-l^w+[1-p_a^* b_a(1+\tau)]\}\sigma_i\delta/(1+\tau)$	·	$a\{c_i^\pi[\tau/(1+\tau)]\sigma_i\delta+c_a^\pi(iha-p_i f^\pi)-p_i^\pi\}$	·	·	·	·	ex_a
輸入中間財・資本財	$p_0^* b_0\sigma_i\delta$	$\phi\omega_a b_a\sigma_a\lambda$	·	·	·	·	g_i	$g_a\lambda$	$(1-v)x$	$-em_i$
賃金	$\{[1-p_0^* b_0(1+\tau)]/(1+\tau)\}\sigma_i\delta$	$(1-\omega_a b_a)\phi\sigma_a\lambda$	$-W_i$	$-W_a$	·	·	·	·	·	·
利潤	$[\tau/(1+\tau)]\sigma_i\delta$	·	·	·	$-\Pi_i^1$	$-\Pi_a^1$	$-\Pi_i^2$	$-\Pi_a^2$	·	·
租税	·	·	t^w	·	$t^\pi-iha$		·	·	$iha+i^*f-t$	$-i^*f$
自国貨幣	·	·	·	·	$s+\hat{p}\cdot a$		·	·	$-\dot{m}$, $-m(\dot{p}_i+g_i)$	·
内国債	·	·	·	·	·	·	·	·	$-\dot{d}_p$, $-d_p(\dot{p}_i+g_i)$	·
外国債（借款）	·	·	·	·	·	·	·	·	$-(\dot{f}+g_i f)$, $-\mu f$	$(\dot{f}+g_i f)+\mu f$
元本償還	·	·	·	·	·	·	·	·	μf	$-\mu f$

注) $m=M/p_i K_i$, $d_p=D_p/p_i K_i$

64 第1部 構造主義マクロ経済学

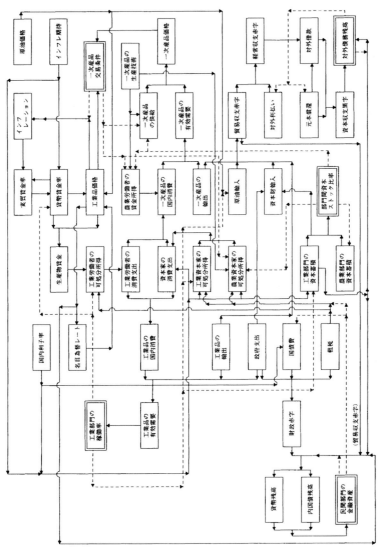

図2.1 経済開発の2部門モデルのフローチャート

第 2 章　経済開発の 2 部門モデル　　　65

2.3　経済開発とインフレーション

資本ストック比率 λ や金融資産(負債)比率 a と f を所与とした短期におい
て，政府支出比率 x の上昇が稼働率やインフレーションなどに与える効果に
ついて検討しよう．

2.3.1　体系の安定性

短期モデルは，(2-44)〜(2-45)の 2 式に集約され，工業部門の稼働率 δ と
農産物交易条件 ϕ の 2 つの変数の運動が決定される．

$(2\text{-}44)$
$$\dot{\delta} = \xi\{[(1-\alpha)/(1+\tau)][1-p_0{}^*b_0(1+\tau)+c_0{}^\pi\tau]\sigma_i\delta$$
$$+ (1-\alpha)c_0{}^\pi(1-\omega_a b_a)\phi\sigma_a\lambda + (1-\alpha)[c_0{}^\pi(iha-\hat{p}^e a-t^\pi)-t^w]$$
$$- (1-\alpha)c_1{}^\pi(i-\hat{p}^e)+vx+ex_i-\sigma_i\delta\},$$

$(2\text{-}45)$
$$\hat{\phi} = \psi\alpha\{[1/(1+\tau)][1-p_0{}^*b_0(1+\tau)+c_0{}^\pi\tau]\sigma_i\delta+c_0{}^\pi(iha-\hat{p}^e a-t^\pi)$$
$$- t^w-c_1{}^\pi(i-\hat{p}^e)\}+\psi ex_a-\psi(1-\alpha c_0{}^\pi)(1-\omega_a b_a)\phi\sigma_a\lambda$$
$$- w_{i0}(\phi-\phi^*)-w_{i1}(\delta-\delta_u)-w_{i2}\hat{p}^e.$$

$\dot{\delta}=0$ と $\hat{\phi}=0$ で定義される短期準均衡の安定性を検討しよう．(2-44)〜(2-
45)式を均衡点$(\delta_0,\ \phi_0)$の近傍でテーラー展開し，一次の項のみをとり行列表
示すれば，次式を得る(ただし，調整係数 $\xi=1$ とし，反応係数 w_{i1} は十分に
小さいと想定する)．

$(2\text{-}46)$
$$\begin{bmatrix} \dot{\delta} \\ \hat{\phi} \end{bmatrix} = \begin{bmatrix} a_{11} & a_{12} \\ a_{21} & a_{22} \end{bmatrix}\begin{bmatrix} \delta-\delta_0 \\ \phi-\phi_0 \end{bmatrix}$$

$\because\quad a_{11} = -\{1-[(1-\alpha)/(1+\tau)][1-p_0{}^*b_0(1+\tau)+c_0{}^\pi\tau]\sigma_i\} < 0,$

$\quad\ \ a_{12} = (1-\alpha)c_0{}^\pi(1-\omega_a b_a)\sigma_a\lambda > 0,$

$\quad\ \ a_{21} = [\psi\alpha\sigma_i/(1+\tau)][1-p_0{}^*b_0(1+\tau)+c_0{}^\pi\tau]-w_{i1} > 0,$

$\quad\ \ a_{22} = -\{\psi(1-\alpha c_0{}^\pi)(1-\omega_a b_a)\sigma_a\lambda+w_{i0}\} < 0.$

(2-46)式右辺の係数行列 $[a_{ij}]$ を A とし，特性根を $\gamma_i (i=1, 2)$ とすれば，特性方程式は，

$$(2\text{-}47) \quad |\gamma I - A| = \begin{vmatrix} \gamma - a_{11} & -a_{12} \\ -a_{21} & \gamma - a_{22} \end{vmatrix} = 0,$$

となる．これを展開して整理すれば，

$$(2\text{-}48) \quad \gamma^2 + A_0\gamma + A_1 = 0 \; ; \; A_0 = -(a_{11}+a_{22}) > 0, A_1 = a_{11}a_{22} - a_{12}a_{21} > 0,$$

を得る．短期準均衡が局所的に安定するためには，特性方程式のすべての解の実数部が負でなければならない．そのための必要十分条件は，

$$(2\text{-}49) \quad A_0 > 0, A_1 > 0,$$

であり，この条件は満たされている．

ここで，準均衡解 (δ_0, ϕ_0) について，つぎのような状態を想定しよう．

$$(2\text{-}50) \quad \delta_1 < \delta_0 < 1, \phi^* < \phi_0 < \phi_1.$$

これは，カレツキー・マルクス型の資本蓄積レジームを表している．δ_1 は，$\hat{p}_i = 0$ と $\hat{p}_a = 0$ を同時に満たすような稼働率 δ の値であり，ϕ_1 は $\dot{\delta} = 0$ と $\hat{p}_a = 0$ を同時に満たすような農産物交易条件 ϕ の値である．このような状態において，工業労働者は制度的実質賃金率 $\omega_i^*(\phi^*)$ が満たされないので，貨幣賃金率 w_i の引き上げを要求する．また寡占企業は，生産コストの上昇に対して工業製品価格 p_i を上昇させるので，インフレーションが発生する．このとき，農産物市場に超過需要が存在するので，農産物価格 p_a も上昇する．さらに，稼働率 δ が企業の要求水準 δ^* を下回れば，投資が停滞する．したがってこのような状態では，経済はインフレーションと不況が併存するスタグフレーションの状態に短期的には収束することになる．

さて，このような想定の下で，位相図を描けば，図2.2のようになる．$e_0(\delta_0, \phi_0)$ は準均衡点を示す．曲線 $\dot{\delta} = 0$，曲線 $\hat{\phi} = 0$，曲線 $\hat{p}_a = 0$，曲線 $\hat{p}_i = 0$ は，それぞれ次式のように表される．

第2章 経済開発の2部門モデル

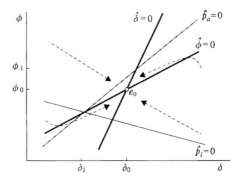

図2.2 経済開発の2部門モデルの位相図

曲線 $\dot{\delta}=0$

(2-51) $\phi = -(a_{11}/a_{12})\delta + (W/a_{12})$.

∵ $W = (1-\alpha)[c_0{}^\pi(iha - \hat{p}^e a - t^\pi) - t^w - c_1{}^\pi(i - \hat{p}^e)] + vx + ex_i$

曲線 $\hat{\phi}=0$

(2-52) $\phi = -(a_{21}/a_{22})\delta - (Y/a_{22})$.

∵ $Y = \psi ex_a + \alpha c_0{}^\pi(iha - \hat{p}^e a - t^\pi) - \alpha t^w - \alpha c_1{}^\pi(i - \hat{p}^e) + w_{i1}\phi^*$
$\quad - w_{i2}\hat{p}^e$

曲線 $\hat{p}_a = 0$

(2-53) $\phi = -[(a_{21}+w_{i1})/(a_{22}+w_{i0})]\delta - [Z/(a_{22}+w_{i0})]$.

∵ $Z = \psi ex_a + \alpha c_0{}^\pi(iha - \hat{p}^e a - t^\pi) - \alpha t^w - \alpha c_1{}^\pi(i - \hat{p}^e)$

曲線 $\hat{p}_i = 0$

(2-54) $\phi = -(w_{i1}/w_{i0})\delta + (w_{i1}/w_{i0})\delta_1 + \phi^* - (w_{i2}/w_{i0})\hat{p}^e$.

∵ $\phi^* = \left[\dfrac{1 - p_0{}^* b_0(1+\tau)}{\omega_i{}^* b_i(1+\tau)}\right]^{1/a}$

2.3.2 稼働率とインフレーション

国家主導型の輸入代替工業化政策のもとで，政府支出は増大する傾向があった(寺西, 1995, 82頁)．工業化の促進のために必要な資本財や中間財の輸入や，都市部の実質購買力を維持するために必要な安価な消費財の輸入のために為替レートを割高に設定したり，また農産物に輸出税を課したりしたために，農産物輸出が停滞した．その結果，農村経済が疲弊し，またそれによって都市に大量の未就業労働者が流出した．このような農村や都市の貧困層の拡大は政治不安を増大する傾向があるために，農村や都市での社会的支出が増大することになった．

政府支出比率 x が上昇した場合に，稼働率やインフレーションなどに及ぼす影響について検討しよう．(2-44)式と(2-45)式を $\hat{\delta}=0$, $\hat{\phi}=0$ とし，全微分して行列表示すれば，

$$(2\text{-}55) \quad \begin{bmatrix} -a_{11} & -a_{12} \\ a_{21} & a_{22} \end{bmatrix} \begin{bmatrix} d\delta \\ d\phi \end{bmatrix} = \begin{bmatrix} a_{13} \\ a_{23} \end{bmatrix} dx + \begin{bmatrix} a_{14} & a_{15} \\ a_{24} & a_{25} \end{bmatrix} \begin{bmatrix} da \\ d\lambda \end{bmatrix}$$

$$\because \quad a_{13} = v,$$
$$a_{14} = (1-\alpha) c_0{}^\pi (ih - \hat{p}^e),$$
$$a_{15} = (1-\alpha) c_0{}^\pi (1 - \omega_a b_a) \phi_0 \sigma_a,$$
$$a_{23} = 0,$$
$$a_{24} = -\psi \alpha c_0{}^\pi (ih - \hat{p}^e),$$
$$a_{25} = \psi (1 - \alpha c_0{}^\pi)(1 - \omega_a b_a) \phi_0 \sigma_a,$$

を得る．(2-55)式左辺の係数行列 $[a_{ij}]$ の行列式を Δ とすれば，次式を得る．

$$(2\text{-}56) \quad \Delta = -A_1 < 0.$$

政府支出比率 x が上昇した場合に，工業部門の稼働率 δ や農産物交易条件 ϕ に与える効果は次式で得られる．

$$(2\text{-}57) \quad \partial \delta / \partial x = a_{13} a_{22} / \Delta > 0,$$
$$(2\text{-}58) \quad \partial \phi / \partial x = -a_{13} a_{21} / \Delta > 0.$$

政府支出比率 x の上昇は，稼働率 δ を上昇させ，農産物交易条件 ϕ を改善

する．政府支出比率 x の上昇は，工業製品の有効需要を増大させるので，工業部門の稼働率 δ を上昇させる．稼働率 δ の上昇は，工業部門の労働雇用量の増大を伴い，同部門の労働者の賃金所得を増大させ，また工業部門の利潤率を上昇させるので，同部門の利潤所得を増大させる．このような工業部門の労働者や利潤所得者の実質可処分所得の増大は，農産物の国内消費需要を増大させる．その結果，農産物の超過需要圧力が高まり，農産物価格 p_a を上昇させ，農産物交易条件 ϕ を改善し，インフレーションを引き起こす．このような農産物の超過需要圧力に伴うインフレーションは，ラテンアメリカのインフレ論争(西向, 1964; Canavese, 1982)において構造主義が強調した点である．

つぎに，政府支出比率 x の上昇が，実質賃金率 ω_i に与える効果は，

(2-59)　$\partial \omega_i / \partial x = - \omega_{i0} (\alpha / \phi_0)(\partial \phi / \partial x) < 0,$

となる．ω_{i0} は初期の実質賃金率を表す．農産物に対する超過需要圧力のもとで農産物価格 p_a が上昇し，一般物価水準 p が上昇するので，実質賃金率 ω_i は低下する．このような実質賃金率 ω_i の低下は，制度的に保証された実質賃金率 ω_i^* との乖離を拡大させ，また工業部門の稼働率 δ の上昇によって同部門の失業率が低下するので，次式のように貨幣賃金率 w_i を上昇させる．

(2-60)　$\partial \hat{w}_i / \partial x = w_{i0}(\partial \phi / \partial x) + w_{i1}(\partial \delta / \partial x) > 0.$

この賃金インデクセーションや工業部門の労働市場の逼迫による貨幣賃金率 w_i の上昇は，寡占企業の側からみれば生産コストの上昇であるので，次式のように，

(2-61)　$\partial \hat{p}_i / \partial x = \partial \hat{w}_i / \partial x > 0,$

工業製品価格 p_i を上昇させる．このような工業製品価格の上昇によるインフレーションは，生産コストの上昇によるものであり，構造主義マクロ経済学が注目するインフレーションである．このインフレーションは，さらにクローリングペッグ制のもとで輸入中間財の自国通貨建て価格 ep_0^* の上昇によって加速される．

農産物価格 p_a が上昇し，工業製品価格 p_i も上昇するので，インフレ率 $\hat{p}$ は

表 2.2　マクロ経済変数の関係

	δ	ϕ	$\hat{w}_i$	$\hat{p}_i$	$\hat{p}_a$	$\hat{p}$	ω_i	g_i	d	b
x	+	+	+	+	+	+	−	+	+	+
a	+	+	+	+	+	+	−	+	+	+
	(−)	(−)	(−)	(−)	(−)	(−)	(+)	(−)	(−)	(−)
λ	±	−	−	−	−	−	+	±	0	±

(注)金融資産比率 a については，$i>\hat{p}^e/h$ の場合について表し，（　）内は $i<$ $\hat{p}^e/h$ の場合について表す。

上昇する．このとき，次式のように，

$$(2\text{-}62)\quad \partial\hat{p}/\partial x = \alpha(\partial\hat{p}_a/\partial x) + (1-\alpha)(\partial\hat{p}_i/\partial x) = \partial\hat{p}_i/\partial x > 0,$$

インフレ率 $\hat{p}$ の上昇は，準均衡では工業製品価格 p_i の上昇に等しくなる．

以上の結果をつぎのような命題2.1 にまとめる．

命題 2.1　政府支出比率の上昇は，稼働率を上昇させ，農産物交易条件を改善する．また，貨幣賃金率・工業製品価格・農産物価格・一般物価水準を上昇させる．しかし，一般物価水準の上昇のもとで実質賃金率を低下させる．

政府支出比率 x の上昇が工業部門の資本蓄積率 g_i と貿易収支赤字比率 b に与える効果は，

$$(2\text{-}63)\quad \partial g_i/\partial x = g_{i1}(\partial\delta/\partial x) > 0,$$
$$(2\text{-}64)\quad \partial b/\partial x = (1-v) + g_{i1}(\partial\delta/\partial x) + p_0{}^*b_0\sigma_i(\partial\delta/\partial x) > 0,$$

である．寡占企業は，工業部門の稼働率 δ が上昇するので，資本蓄積率 g_i を上昇させる．政府支出比率 x の上昇や稼働率 δ の上昇によって，資本財や中間財の輸入が増大するので，貿易収支赤字比率 b は上昇する．

次節の準備として，金融資産比率 a や資本ストック比率 λ の上昇が工業部門の稼働率 δ や農産物交易条件 ϕ に及ぼす効果を表せば，表2.2 のようになる．＋は正の相関を，−は負の相関を，0は無相関を表す．金融資産比率 a については，$i>\hat{p}^e/h$ の場合について表し，（　）内は $i<\hat{p}^e/h$ の場合を表す．

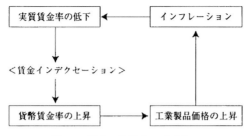

図2.3 賃金・物価のスパイラル

2.3.3 賃金・為替・物価のスパイラル

政府支出比率 x の上昇は, 2つの経路によってインフレーションを発生させる. 1つは基礎的食糧品の超過需要にもとづくインフレーションであり, もう1つは貨幣賃金率や輸入中間財価格の上昇にもとづくインフレーションである. 後者は, 賃金インデクセーションや為替レートのクローリングペッグ制という制度的要因によってインフレ・スパイラルを引き起こす可能性がある.

賃金インデクセーションのもとで, 賃金・物価のスパイラルの発生は図2.3のように表される[12]. ここで, 実質賃金率の低下を貨幣賃金率の上昇によって相殺しようとするフィードバック(feed back)効果は, 賃金インデクセーションによって保証される. しかし, その定量的効果の大きさは, 基本的には労働者の賃金要求行動あるいは交渉力に依存する. また, 貨幣賃金率の上昇を工業製品価格に転化させる浸透(pass through)効果の大きさは, 寡占企業の市場支配力を基礎にした価格設定行動に依存している.

他方, クローリングペッグ制下の為替・物価のスパイラルの発生は, 図2.4で表される[13]. インフレーションによって実質為替レートが増価すれば, 目

---

12) ブラジルでは, 1968年8月にクローリングペッグ制が導入され, 為替レートは, ほぼ購買力平価が満たされるように調整された. また, 賃金インデクセーションについては, 政府系機関の賃金については1964年7月以降, 民間企業の賃金についても1965年11月以降, 過去24ヶ月の平均実質賃金や過去12ヶ月の生産性上昇率および次年度の政府期待インフレ率の50%を考慮して, 貨幣賃金率を決定することが制度化された. また, 1986年2月28日に大統領令2283号として実施された「クルザード計画」では, 過去6ヶ月の平均実質賃金プラス8%の水準で年1回賃金調整を行い, インフレ率が20%を超えた場合には賃金は自動調整され, 20%以下の場合には, インフレ率の60%を自動調整し, 40%を労使交渉によって決定する, とされた(『ラテン・アメリカレポート』第3巻第2号, 1986年; Cardoso and Dornbusch, 1987).

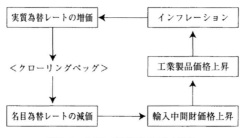

図2.4 為替・物価のスパイラル

標実質為替レートとの乖離が生じるので，名目為替レートが切り下げられる．この名目為替レートの減価は，輸入中間財の自国通貨建て価格を上昇させるので，寡占企業はこのような生産コストの上昇に対して工業製品価格を上昇させ，さらにインフレーションを加速することになる[14]．

2.4 経済開発と債務累積

本節では，経済開発と債務累積との関係について検討しよう．まず，金融資産(負債)比率 a と f や資本ストック比率 λ を所与とした短期について検討し，その後，それらの経済諸変数が変動する長期について検討する．

2.4.1 政府支出の増大と対外債務

政府支出比率 x の上昇と債務累積との短期における関係は，つぎのようになる．政府支出比率 x の上昇は，一方では政府部門の中間財・資本財の輸入増大のために直接的に貿易収支赤字比率 b を高める．また他方では，工業部門の稼働率 δ を上昇させ，同部門の資本蓄積率 g_i を上昇させることによって，民間部門の中間財・資本財の輸入を増大させる．その結果，貿易収支赤字比率 b をさらに上昇させ，経常収支赤字比率を上昇させる．このような経常収支赤

---

13) このモデルでは，実質為替レート π を工業製品価格で評価しているので，モデルに即して図2.4 の関係を示せば，工業製品価格の上昇→実質為替レートの増価となる．
14) 為替レートとハイパー・インフレーションとの関係については Dornbusch (1985) を，また為替レート切り下げと経済目標との関係については Taylor (1978) を参照のこと．

第2章 経済開発の2部門モデル　　73

字は，外国債の発行によってファイナンスされ(対外借款)，資本収支を黒字に
すると共に，対外債務残高を増大させる．政府支出比率 x の上昇は，このよ
うに短期的には対外債務残高を増大させる要因になる．

2.4.2 マクロ経済構造と長期均衡の安定性

つぎに，金融資産比率 a や資本ストック比率 λ が変動する長期において，
政府支出比率 x の上昇が債務残高比率 f に与える効果について検討しよう．
政府支出比率 x の上昇は，工業部門の稼働率 δ や農産物交易条件 ϕ を変動さ
せる．この稼働率 δ や農産物交易条件 ϕ の変動は，つぎには民間部門(＝利潤
所得者)の金融資産比率 a や資本ストック比率 λ を変動させる．さらに，この
ような経済変数の変動は，貿易収支赤字比率 b や資本蓄積率 g_i を変動させ，
債務残高比率 f を変動させる．金融資産比率 a と資本ストック比率 λ および
債務残高比率 f の運動は，(2-41)〜(2-43)式によって確定される．

$$(2\text{-}41) \quad \dot{a} = [d - a(\hat{p}_i + g_i)] - b$$
$$= (x + iha - t) - a(\hat{p}_i + g_i) - [(1-v)x + g_a\lambda$$
$$+ g_i + p_0{}^* b_0 \sigma_i \delta - ex_i - ex_a],$$
$$(2\text{-}42) \quad \dot{\lambda} = \lambda(g_a - g_i),$$
$$(2\text{-}43) \quad \dot{f} = b + (i^* - g_i)f$$
$$= [(1-v)x + g_a\lambda + g_i + p_0{}^* b_0 \sigma_i \delta - ex_i - ex_a] + (i^* - g_i)f.$$

この動学モデルでは，債務残高比率 f の運動は，金融資産比率 a や資本ス
トック比率 λ に応じて決定され，(2-41)〜(2-42)式と(2-43)式は分離可能で
ある．そこで，経済成長過程に拡張されたマッキノン＝オーツの長期均衡条件
を，$\dot{a} = 0$，$\dot{\lambda} = 0$ としよう[15]．まず，このように定義された均衡近傍での局所
的安定性を分析し，つぎに，そのような長期均衡が安定的な場合について長期
均衡における債務残高比率 f の運動について検討しよう．

(2-41)式と(2-42)式を均衡点 (a_0, f_0) の均傍でテーラー展開し，線型近似し
て1次の項のみをとり，行列表示すれば，次式を得る．

---

15) マッキノン＝オーツ(McKinnon and Oates, 1966)の長期均衡条件は，本章の記号で示せば，
　$\dot{A} = 0$ である．

74　第1部　構造主義マクロ経済学

$$(2\text{-}65)\quad \begin{bmatrix} \dot{a} \\ \dot{\lambda} \end{bmatrix} = \begin{bmatrix} b_{11} & b_{12} \\ b_{21} & b_{22} \end{bmatrix} \begin{bmatrix} a - a_0 \\ \lambda - \lambda_0 \end{bmatrix}$$

$(2\text{-}66)\quad b_{11} = ih - (\hat{p}_{i0} + g_{i0}) - a[(\partial \hat{p}_i / \partial a) + g_{i1}(\partial \delta / \partial a)]$
$\qquad\qquad - g_{i1}(\partial \delta / \partial a) - p_0{}^* b_0 \sigma_i (\partial \delta / \partial a) \gtreqless 0,$

$(2\text{-}67)\quad b_{12} = -a[(\partial \hat{p}_i / \partial \lambda) + g_{i1}(\partial \delta / \partial \lambda)] - g_a$
$\qquad\qquad - g_{i1}(\partial \delta / \partial \lambda) - p_0{}^* b_0 \sigma_i (\partial \delta / \partial \lambda) \gtreqless 0,$

$(2\text{-}68)\quad b_{21} = -\lambda g_{i1}(\partial \delta / \partial a) \gtreqless 0,$

$(2\text{-}69)\quad b_{22} = -\lambda g_{i1}(\partial \delta / \partial \lambda) \gtreqless 0.$

以下，(2-66)〜(2-69)式の偏微係数 $b_{ij}(i, j=1, 2)$ の符号について検討しよう．(2-66)式は，金融資産比率 a の上昇がその変化 $\dot{a}$ に与える効果を表す．右辺第1項は，金融資産比率 a の上昇に伴う利子受取の増大を示し，財政赤字比率の上昇効果を表す[16]．第2項と第3項は，金融資産比率 a の上昇が工業部門の名目資本蓄積率に与える効果を表す（$\hat{p}_{i0}$ と g_{i0} は初期値）．第4項と第5項は，金融資産比率 a の上昇が貿易収支赤字比率 b に与える効果を表す．金融資産比率 a の上昇が工業製品価格 p_i や稼働率 δ に与える効果は，

$(2\text{-}70)\quad i \gtreqless \hat{p}^e / h \Leftrightarrow \partial \delta / \partial a \gtreqless 0,\ \partial \hat{p}_i / \partial a \gtreqless 0,$

である[17]．したがって，金融資産比率 a の上昇がその変化 $\dot{a}$ に及ぼす効果（b_{11} の符号）は，国内利子率 i に依存し，一般的には不確定である．

(2-67)式は，資本ストック比率 λ の上昇が，金融資産比率の変化 $\dot{a}$ に与える効果を表す．右辺第1項は，資本ストック比率 λ の上昇が工業部門の名目資本蓄積率に与える効果を表す．第2項から第4項はその貿易収支赤字比率 b に与える効果を表す．資本ストック比率 λ の上昇は，農産物交易条件 ϕ を悪化させ，実質賃金率 ω_i を上昇させるので，貨幣賃金率 w_i の上昇率を低下させ，工業製品価格の上昇率 $\hat{p}_i$ を低下させる．

---

16)　$d = x + iha - t$ より，$\partial d / \partial a = ih$ である．

17)　$i > \hat{p}^e / h$ の場合には，金融資産比率 a の上昇は，利潤所得者の可処分所得を増大させ，消費支出を増大させるので，工業部門の稼働率 δ は上昇する．逆は逆．

第2章　経済開発の2部門モデル 75

(2-71)　$\partial \hat{p}_i / \partial \lambda < 0$.

　資本ストック比率 λ の上昇が稼働率 δ に与える効果は，農産物交易条件 ϕ の資本ストック比率 λ に対する弾力性 $\eta_\phi (= (\partial \phi / \partial \lambda)(\lambda / \phi))$ に依存する．この弾力性 η_ϕ が十分に大きい場合には，資本ストック比率 λ の上昇は，農産物交易条件 ϕ を十分に悪化させ，農業部門の利潤所得を減少させる．その結果，同部門の利潤所得者の工業製品需要が減少するので，工業部門の稼働率 δ は低下する．逆は逆．したがって，農業部門の資本蓄積率 g_a が十分に小さく，農産物交易条件 ϕ の資本ストック比率 λ に対する弾力性 η_ϕ が十分に大きい場合には，b_{12} は正となる．しかし，この弾力性 η_ϕ が十分に小さい場合には，b_{12} の符号は一般的には不確定である．

　(2-68)式は，金融資産比率 a の上昇が，資本ストック比率の変化 $\dot{\lambda}$ に与える効果を表す．(2-70)式を考慮すれば，つぎの関係が得られる．

(2-72)　$i \gtrless \hat{p}^e / h \Leftrightarrow b_{21} \gtrless 0$.

　(2-69)式は，資本ストック比率 λ の上昇が，その変化 $\dot{\lambda}$ に与える効果を表す．この効果は，農産物交易条件 ϕ の資本ストック比率 λ に対する弾力性 η_ϕ に依存する．この弾力性 η_ϕ が十分に大きい場合には，資本ストック比率 λ の上昇が工業部門の稼働率 δ を低下させ，工業部門の資本蓄積率 g_i を低下させるので，b_{22} は正となる．逆は逆．

　以上のように，偏微係数 $b_{ij} (i, j=1, 2)$ の符号は一般的には確定できない．ここでは，①国内利子率 i とインフレ率 $\hat{p}_i$ との関係と，②農産物交易条件 ϕ の資本ストック比率 λ に対する弾力性 η_ϕ を基準に4つのマクロ経済構造に区別し，偏微係数の符号について検討しよう(表2.3を参照)．ここで国内利子率 i を重視するのは，輸入代替工業化政策のもとで低金利政策が実施されたり，またその後金利自由化が実施されたりしたからである．輸入代替工業化政策のもとでは低金利政策[18]は，政府系金融機関の設立やインフレ課税と共に，工業

---

18)　この政策は，マッキンノンやショウの金融抑圧モデル(McKinnon, 1973; Shaw, 1973)によって批判され，金融自由化が奨励された．メキシコの金融自由化の検証については，Warman and Thirlwall(1994)を参照のこと．

第 I 部　構造主義マクロ経済学

表 2.3　マクロ経済構造

		国内利子率 i とインフレ率 $\hat{p}_i$ との関係	
		i は十分に高いが，$\hat{p}_i$ は十分に低い	i は十分に低いが，$\hat{p}_i$ は十分に高い
農産物交易条件の弾力性 η_ϕ	十分大	**マクロ経済構造 I** $b_{11}>0$, $b_{12}>0$, $b_{21}<0$, $b_{22}>0$	**マクロ経済構造 II** $b_{11}<0$, $b_{12}>0$, $b_{21}>0$, $b_{22}>0$
	十分小	**マクロ経済構造 III** $b_{11}>0$, $b_{12}<0$, $b_{21}<0$, $b_{22}<0$	**マクロ経済構造 IV** $b_{11}<0$, $b_{12}<0$, $b_{21}>0$, $b_{22}<0$

部門へ資金を供給するための重要な政策手段であった．

　マクロ経済構造 I：①国内利子率 i は十分に高いが，インフレ率 $\hat{p}_i$ は十分に低い．②農産物交易条件 ϕ の資本ストック比率 λ に対する弾力性 η_ϕ は十分に大きい．このような経済構造の場合には，偏微係数 $b_{ij}(i, j=1, 2)$ の符号はつぎのようになる．

　$b_{11}>0$, $b_{12}>0$, $b_{21}<0$, $b_{22}>0$.

　マクロ経済構造 II：①国内利子率 i は十分に低いが，インフレ率 $\hat{p}_i$ は十分に高い．②農産物交易条件 ϕ の資本ストック比率 λ に対する弾力性 η_ϕ は十分に大きい．このような経済構造の場合には，つぎのようになる．

　$b_{11}<0$, $b_{12}>0$, $b_{21}>0$, $b_{22}>0$.

　マクロ経済構造 III：①国内利子率 i は十分に高いが，インフレ率 $\hat{p}_i$ は十分に低い．②農産物交易条件 ϕ の資本ストック比率 λ に対する弾力性 η_ϕ は十分に小さい．このような経済構造の場合には，つぎのようになる．

　$b_{11}>0$, $b_{12}<0$, $b_{21}<0$, $b_{22}<0$.

　マクロ経済構造 IV：①国内利子率 i は十分に低いが，インフレ率 $\hat{p}_i$ は十分に高い．②農産物交易条件 ϕ の資本ストック比率 λ に対する弾力性 η_ϕ は十分に小さい．このような経済構造の場合には，つぎのようになる．

　$b_{11}<0$, $b_{12}<0$, $b_{21}>0$, $b_{22}<0$.

第2章　経済開発の2部門モデル　　　　77

(2-65)式右辺の係数行列 $[b_{ij}]$ を B とし，特性根を $\gamma_i(i=1, 2)$ とすれば，特性方程式は，

$$(2\text{-}73)\quad |\,\gamma I - B\,| = \begin{vmatrix} \gamma - b_{11} & -b_{12} \\ -b_{21} & \gamma - b_{22} \end{vmatrix} = 0,$$

となる．これを展開して整理すれば，

$$(2\text{-}74)\quad \gamma^2 + B_0\gamma + B_1 = 0 \; ; \; B_0 = -(b_{11} + b_{22}),\; B_1 = b_{11}b_{22} - b_{12}b_{21},$$

を得る．それぞれのマクロ経済構造における B_0 と B_1 の符号はつぎのようになる．

マクロ経済構造 I ： $B_0 < 0,\; B_1 > 0,$
マクロ経済構造 II ： $B_0 \gtrless 0,\; B_1 < 0,$
マクロ経済構造 III ： $B_0 \gtrless 0,\; B_1 < 0,$
マクロ経済構造 IV ： $B_0 > 0,\; B_1 > 0.$

特性根 $\gamma_i(i=1, 2)$ はつぎの判別式

$$(2\text{-}75)\quad B_0{}^2 - 4B_1 = (b_{11} - b_{22})^2 + 4b_{12}b_{21},$$

より，マクロ経済構造 II と III については異なる2実根となる．マクロ経済構造 I と IV の場合には虚根となる可能性がある．また，

$$(2\text{-}76)\quad \gamma_1\gamma_2 = B_1,$$

より，マクロ経済構造 II と III については，1根は正，他の1根は負となる．さらに，

$$(2\text{-}77)\quad \gamma_1 + \gamma_2 = -B_0,$$

より，マクロ経済構造 I については実数部分は正，マクロ経済構造 IV については実数部分が負となる．

図2.5から図2.8は，以上の4つのマクロ経済構造についての位相図を表す．

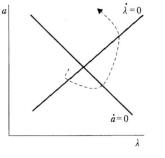

図2.5 マクロ経済構造Ⅰ：$B_0<0$, $B_1>0$　　図2.6 マクロ経済構造Ⅱ：$B_0 \gtreqless 0$, $B_1<0$

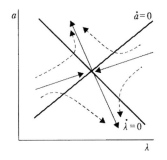
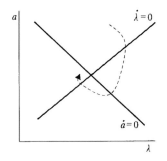

図2.7 マクロ経済構造Ⅲ：$B_0 \gtreqless 0$, $B_1<0$　　図2.8 マクロ経済構造Ⅳ：$B_0>0$, $B_1>0$

以上の結果をつぎのような命題2.2にまとめる．

命題2.2　金融資産比率 a や資本ストック比率 λ は，つぎの条件(マクロ経済構造Ⅳ)のもとで長期均衡に収束する．①国内利子率 i は十分に低いが，インフレ率 $\hat{p}_i$ は十分に高い．②農産物交易条件 ϕ の資本ストック比率 λ に対する弾力性 η_ϕ は十分に小さい．このような条件が満たされなければ(マクロ経済構造ⅠとⅡとⅢ)，長期均衡に収束せず発散する．このとき，貿易収支赤字比率 b や資本蓄積率 g_i が変動し，債務残高比率 f も変動する．

このように，マクロ経済構造Ⅳにおいては，経済は，経済成長過程に拡張されたマッキノン＝オーツの長期均衡($\dot{a}=0$, $\dot{\lambda}=0$)に収束することがわかる．

2.4.3 債務残高比率の運動

それでは，このマクロ経済構造IVの場合に，長期均衡において債務残高比率 f はどのような運動を示すだろうか．(2-43)式を f で偏微分すれば，

$$(2\text{-}80) \quad \partial \dot{f}/\partial f = i^* - g_{i0} \gtrless 0,$$

となる．したがって，債務残高比率 f の運動は，外国利子率 i^* と初期の長期均衡資本蓄積率 g_{i0} の大きさに依存する．外国利子率 i^* が十分に低い場合には，債務残高比率 f は一定の値に収束する．そうでなければ，債務残高比率 f は持続的に上昇することになる．

ここで，マクロ経済構造IVのような国内経済構造に加えて，外国利子率 i^* が十分に低い場合を想定しよう．このような場合には，経済は定常状態に収束する．この定常状態では，$\dot{\delta} = 0$，$\hat{\phi} = 0$ に加えて，つぎのような経済変数間の関係が成立する．

$$(2\text{-}81)' \quad \dot{a} = d - b - a(\hat{p}_i + g_i) = 0,$$
$$(2\text{-}82)' \quad \dot{\lambda} = \lambda(g_a - g_i) = 0,$$
$$(2\text{-}83)' \quad \dot{f} = b + (i^* - g_i)f = 0.$$

(2-82)′式より，つぎの関係が得られる．

$$(2\text{-}82) \quad g_i = g_a.$$

したがって，定常状態では工業部門と農業部門の資本蓄積率 g_i と g_a は等しくなる．

(2-81)′式と(2-83)′式より

$$(2\text{-}81) \quad b = a[(d/a) - (\hat{p}_i + g_i)],$$
$$(2\text{-}83) \quad f = b/(g_i - i^*),$$

を得る．(2-81)式を(2-83)式に代入すれば，

$$(2\text{-}84) \quad f = [a/(g_i - i^*)][(d/a) - (\hat{p}_i + g_i)],$$

を得る．(2-84)式より，定常状態において財政赤字比率 d の金融資産比率 a

に対する比率 d/a が，工業部門の資本蓄積率 $\hat{p}_i+g_i$ を上回れば，債務残高比率 f は正値をとり，定常状態において債務残高は一定の値で成長することになる．これは，定常状態においては，財政赤字が国内貯蓄制約のために国内資金によってファイナンスできないので，外国債の発行によって賄われるためである．この結果をつぎの命題 2.3 のようにまとめる．

命題 2.3　経済は長期には，つぎの条件のもとで定常状態に収束し，債務残高比率 f も一定の値に収束する．①国内利子率 i は十分に低いが，インフレ率 $\hat{p}_i$ が十分に高い．②農産物交易条件 ϕ の資本ストック比率 λ に対する弾力性 η_ϕ が十分に小さい．③外国利子率 i^* が十分に低い．しかし，定常状態において，財政赤字比率 d/a が名目資本蓄積率 $\hat{p}_i+g_i$ を超えれば，貿易収支赤字比率 b は正値をとり，対外債務残高を定着させる．

2.5　むすび

本章では構造主義マクロ経済学の視点から，ラテンアメリカ諸国におけるインフレーションや債務累積について分析するために経済開発の 2 部門モデルを構成し，政府支出の増大やその結果発生する財政赤字がインフレーションや債務累積に及ぼす影響について検討した．簡単に結論を要約しよう．

第 1 に，政府支出比率の上昇は，稼働率を上昇させ，農産物交易条件を改善する．また，貨幣賃金率・工業製品価格・農産物価格・インフレ率を上昇させるが，実質賃金率を低下させる．

第 2 に，経済は長期には，つぎの条件のもとで定常状態に収束し，債務残高比率も一定の値をとる．①国内利子率は十分に低いが，インフレ率は十分に高い．②農産物交易条件の資本ストック比率に対する弾力性が十分に小さい．③外国利子率が十分に低い．しかし，定常状態において，財政赤字比率が名目資本蓄積率を超えれば，貿易収支赤字比率は正値をとり，対外債務残高を定着させることになる．

最後に，残された課題を指摘して結びとしよう．本章では，政府支出の増大が需要側からマクロ経済変数に与える効果については示されたが，その生産効

果については捨象されている．また債務累積についても，順調に対外借款が可能な局面が想定され，外貨制約から債務累積問題が発生する局面については捨象されている．さらに，民間資本の資本逃避についても分析されていない．

2.6 補論　インフレ課税と真の財政赤字

2.6.1　インフレ課税

実質貨幣残高 $m^*(=M/p)$ の変化額と，実質内国債残高 $d_p^*(=D_p/p)$ の変化額の和 $(p\,\dot{m}^*+p\,\dot{d}_p^*)$ を国内資金によってファイナンスされる財政赤字とすれば，$m^*=M/p$，$d_p^*=D_p/p$ より，$\dot{M}=p\,\dot{m}^*+\hat{p}M$，$\dot{D}_p=p\,\dot{d}_p^*+\hat{p}D_p$ を得る．したがって，$\dot{M}+\dot{D}_p=p\,\dot{m}^*+p\,\dot{d}_p^*+\hat{p}A$ となり，(2-26)式は，

$$(2\text{-}26)'\quad p\,\dot{m}^*+p\,\dot{d}_p^*+\hat{p}A+e(\dot{F}+\mu F)+T=p_i vG+ep_i^*(1-v)G+ihA$$
$$+(i^*+\mu)eF,$$

のように書き換えられる．ここで，左辺第3項の $\hat{p}A$ は，貨幣残高や内国債残高にかかるインフレ課税を表す．メキシコでは，名目 GDP 比のインフレ課税は，1982 年に 5.5％，1980-90 年の平均では 2.4％である (Ros, 1994, p. 77)．同様に，$f^*=eF/p$ とすれば，$e\dot{F}=p\,\dot{f}^*+\hat{p}(eF)-\hat{e}(eF)$ を得る．したがって，海外資金によってファイナンスされる財政赤字については，インフレ課税 $\hat{p}(eF)$ による便益と為替減価 $\hat{e}(eF)$ によるコストが伴うことになる．

2.6.2　真の財政赤字

民間部門の貯蓄計画 S は，可処分所得についての恒等式，

$$(2\text{-A-}1)\quad X_d^\pi+X_d^w=C^\pi+p_i C_i^w+p_a C_a^w+ep_i^* I+S,$$

から，

$$(2\text{-A-}2)\quad S=\dot{A}-\hat{p}^e A,$$

となる．X_d^w は労働者の可処分所得である．民間部門の貯蓄計画 S は，期待インフレ課税を控除した金融資産の蓄積に等しい．ここで，一般物価水準 p

で測った実質金融資産 a^* を

(2-A-3) $a^* = A/p$,

で定義するとすれば，この定義式から

(2-A-4) $p\dot{a}^* = \dot{A} - \hat{p}A$,

を得る．この(2-A-2)式と(2-A-4)式から，民間部門の事後的に実現される金融資産の蓄積 $p\dot{a}^*$ は，

(2-A-5) $p\dot{a}^* = S + (\hat{p}^e - \hat{p})A$,

となる．右辺第2項 $(\hat{p}^e - \hat{p})A$ は，金融資産の保有に伴うキャピタルゲイン（ロス）の予想されなかった部分を表す．ここで，a^* は，民間部門の側から見れば実質金融資産であるが，政府部門から見れば国内資金によってファイナンスされた政府の実質債務残高である．a^* の増分 $\dot{a}^*$ を「真の財政赤字」とすれば，(2-A-4)式より国内資金でファイナンスされる「真の財政赤字」$p\dot{a}^*$ は，「通常の財政赤字」$\dot{A}$ からインフレ課税 $\hat{p}A$ を控除したものに等しい．

第3章 南北経済と資源価格の変動

3.1 はじめに

1970年代から80年代にかけて，石油価格は大幅に変動し，そのたびに世界経済に深刻な影響を与えてきた(Nordhaus, 1980; Balassa, 1981; Sachs, 1981; Khan and Knight, 1983)．1970年代初期において，国際石油資本＝メジャーに代わって石油価格の決定権を掌握したOPECは，国際石油市場における需給逼迫を背景として，二度にわたって石油価格を大幅に引き上げた．このような石油価格の高騰は，先進資本主義国にインフレーションと不況の併存するスタグフレーションを引き起こし，非産油途上国の債務累積を形成しただけではなく，国際石油市場における構造変化をも引き起こすことになった．

本章の目的は，先進資本主義国と非産油途上国および石油輸出国からなる南北経済モデルを構成し，石油価格のような資源価格の変動が南北経済に及ぼす影響について，先進資本主義国の寡占企業や労働者および発展途上国政府のような経済主体の行動様式や南北経済構造の相違を重視する構造主義マクロ経済学の視点から検討することである．

本章のモデルの特徴は，資本蓄積と債務累積を考慮した先進資本主義国と非産油途上国および石油輸出国からなる南北経済モデルという点にある．資源輸出国を考慮した3国モデルは，テイラー(Taylor, 1981)，アダムスとマルケス(Adams and Marquez, 1983)，クルーグマン(Krugman, 1983)，サックス(Sachs, 1983)，マリオンとスベンソン(Marion and Svensson, 1986)などによって分析されている．クルーグマン(Krugman, 1983)は，石油価格の変動と先進資本主義諸国間の為替レートの変動との関係を問題にし，サックス(Sachs, 1983)やマリ

オンとスベンソン(Marion and Svensson, 1986)も南北経済を特徴化したモデル
を構成しているわけではない。テイラー(Taylor, 1981)やアダムスとマルケス
(Adams and Marquez, 1983)は南北経済を特徴化した3国モデルを構成してい
る。しかし、アダムスとマルケス(Adams and Marquez, 1983)は短期分析に焦
点を当てている。またテイラー(Taylor, 1981)は、資本蓄積を考慮した長期分
析を行っているが、短期において経常収支の均衡を仮定することによって債務
累積の可能性を排除している。本章では、短期の経常収支不均衡と長期の債務
累積の可能性を考慮した南北経済モデルを構成する。

　本章の主要な結論は、資源価格の変動が先進資本主義国の稼働率・価格変動
や非産油途上国の交易条件などに及ぼす影響は、先進資本主義国の寡占企業や
労働者および発展途上国政府の行動様式の相違に依存するということであり、
またその非産油途上国の債務累積への影響は南北経済構造の相違に依存すると
いうことである。本章では特に、以下の点について明らかにする。

　第1に、実質石油価格の下落は、先進資本主義国の稼働率・貨幣賃金率・工
業製品価格・生産物賃金を上昇させる。実質賃金率は、先進資本主義国の労働
市場の反応係数が十分に大きい場合には上昇し、それが十分に小さい場合には
低下する。

　第2に、実質石油価格の下落は、非産油途上国の債務サービス比率を低下さ
せる。先進資本主義国の労働市場の反応係数が十分に小さい場合には、一次産
品交易条件を改善し、一次産品超過需要や一次産品価格を低下させるが、それ
が十分に大きい場合には、一次産品交易条件を悪化させ、一次産品超過需要や
一次産品価格を上昇させる。非産油途上国の国際収支赤字比率に与える影響は
一般的には不確定である。

　第3に、実質石油価格の下落は南北資本ストック比率を低下させる。また、
実質石油価格の下落は、つぎのような場合には非産油途上国の債務残高比率を
持続的に上昇させる可能性がある。第1に、国際利子率が非産油途上国の資本
蓄積率よりも十分に高い場合。その上で、第2に、非産油途上国の一次産品交
易条件が実質石油価格の下落によって十分に改善する場合である。

　以下、本章はつぎのように構成される。3.2節では、先進資本主義国と非産
油途上国および石油輸出国の3国からなる南北経済モデルを定式化する。3.3

節では，南北資本ストックや非産油途上国の債務残高を所与とした短期におい
て，石油価格の変動が南北経済に及ぼす影響を検討し，3.4節では，南北資本
ストックが変動する長期において，非産油途上国の債務累積に与える効果を分
析する．最後に3.5節で，結論を要約する．

3.2 南北経済モデル

資源価格の変動が南北経済に及ぼす影響を検討するために，以下のような南
北経済モデルを構成しよう(図3.1を参照)．ここでの南北経済の図式は，北が
工業製品に特化し，南が一次産品に特化する古典的な部門間の国際分業である．
これに対して，新国際分業論(Fröbel, Heinrichs and Kreye, 1980)の特徴は，南
の工業化を積極的に評価しようとするものである．しかし，今日においても多
くの発展途上国は，古典的な国際分業の図式のなかにある．

(1)先進資本主義国：消費財や投資財として利用される工業製品を輸出し，消
費財として利用される一次産品や中間財として利用される石油資源を輸入する．
同国における生産(稼働率)，価格，投資(資本蓄積)などの諸決定は，寡占企業
によって行われる．家計は，賃金所得者と利潤所得者から成り，前者はその所
得のすべてを消費し，後者はその所得の一部を消費し，残りを貯蓄する．この
貯蓄の一部は国内投資に向けられるが，その他は国際金融市場において非産油
途上国が発行する債券の保有に向けられる．

(2)非産油途上国：石油以外の一次産品輸出途上国で，消費財として利用され
る一次産品を輸出し，工業製品や石油を輸入する．南の発展途上国は，北の先
進資本主義国の工業製品の輸出市場として重要な役割を果たす(Ominami, 1986,
邦訳90頁)．同国の経済的特徴は，ルイス(Lewis, 1954)の無制限的労働供給経
済である．労働者は一次産品のみを消費し，その実質賃金率は生存水準によっ
て決定される．利潤所得者は，デモンストレーション効果(Nurkse, 1953)によ
って先進資本主義国の工業製品のみを消費する．一次産品の供給は短期的には
所与とし，その価格は国際市場において決定される．国内の貯蓄不足のために
生じる投資資金の不足は，国際金融市場における債券の発行によって賄う．

(3)石油輸出国：中間財として利用される石油資源を輸出し，工業製品や石油

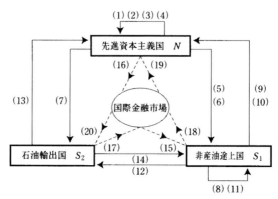

図3.1 南北経済の概念図

以外の一次産品を輸入する．石油の供給は需要によって決定され，実質石油価格はパラメーターとして扱う．国内投資を上回る貯蓄は，国際金融市場において非産油途上国が発行する債券の保有という形で行われる．以上のような基本的フレームワークの下で，南北経済モデルを定式化しよう．

3.2.1 先進資本主義国経済

先進資本主義国の資本蓄積モデルは，不完全雇用・不完全稼働・階級対立を想定するカレツキー・マルクス型レジームである．先進資本主義国の寡占企業の工業製品の供給から検討しよう．生産関数を

(3-1) $X_n^s = \sigma_n K_{nop}$; $\sigma_n = \mathrm{const.} > 0$,

とし，その雇用決定を

(3-2)　$N = b_n X_n{}^s$; $b_n = \text{const.} > 0$,

としよう．$X_n{}^s$ は工業製品の生産量，σ_n は稼働資本 1 単位当たりの工業製品の生産量(所与)，N は労働雇用量，b_n は労働投入係数(所与)，K_{nop} は稼働資本設備を表し，

(3-3)　$K_{nop} = \delta K_n$,

である．K_n は先進資本主義国の資本ストックで，δ は資本設備の稼働率を表す．寡占企業は，工業製品市場の不均衡(超過需要)に対し，稼働率 δ の調整(上方修正)によって対応し，

(3-4)　$\dot{\delta} = \xi[Ed_n / p_n K_n]$; $\xi = \text{const.} > 0$,

とする．$\dot{\delta} = d\delta / dt$ で，ドット(・)は時間微分を表し，Ed_n は工業製品の超過需要，ξ は調整係数(所与)を表す．

　寡占企業は，生産物 1 単位当たりの主要生産コストに利潤を加え，マークアップ方式によって工業製品の価格設定を行うものとする．マークアップ率を τ(所与)，貨幣賃金率を w_n，石油価格[1]を p_0，石油投入係数を b_m(所与)，固定為替レート[2]を 1 とすれば，工業製品価格 p_n は，

(3-5)　$p_n = (1 + \tau)(w_n b_n + p_0 b_m)$; τ, $b_m = \text{const.} > 0$,

のように表される．ここで，寡占企業はマークアップ率 τ を一定に維持する価格設定行動をとるものとする．

　寡占企業の資本蓄積行動については，

(3-6)　$g_n = g_{n0} + g_{n1} r_n$; g_{n0}, $g_{n1} = \text{const.} > 0$,

のように想定しよう (Robinson, 1962, 邦訳 71 頁)．$g_n (= \dot{K}_n / K_n$, $\dot{K}_n = I_n$, I_n は

---

1)　石油価格には，実際にはスポット価格，契約価格，ネットバック価格などの相違があるが，本章ではこれらの区別は行わない．短期のスポット価格と長期の契約価格との関係については，Hubbard(1986)を参照のこと．

2)　発展途上国の通貨の多くは，先進資本主義国の通貨とリンクしており，この想定は妥当と考えられる．

新投資量)は資本蓄積率，g_{n0} は長期期待にもとづく資本蓄積率(所与)，g_{n1} は利潤率に対する反応係数，r_n は利潤率でつぎのように定義される．

$$(3\text{-}7) \quad r_n = [p_n X_n^s - (w_n b_n + p_0 b_m) X_n^s]/p_n K_n.$$

先進資本主義国の貨幣賃金率 w_n は，寡占企業と労働者との対抗・交渉によって決定され，

$$(3\text{-}8)' \quad \hat{w}_n = k(\omega_n^* - \omega_n) + w_{n1}(\delta - \delta_u) \;;\; k,\; w_{n1} = \text{const.} > 0,$$

とする．$\hat{w}_n = \dot{w}_n/w_n$ で，(^)は変化率を表す．ω_n^* は労働者の要求実質賃金率，ω_n は現実の実質賃金率，δ_u は自然失業率に対応する稼働率，k，w_{n1} は反応係数(所与)を表す．(3-8)′ 式右辺の第1項は，現実の実質賃金率 ω_n が要求実質賃金率 ω_n^* を下回っている場合には，労働者が貨幣賃金率 w_n の引き上げを要求することを表す．第2項は，貨幣賃金率 w_n の運動が労働市場の需給状況を反映し，失業率が自然失業率を上回る場合には，貨幣賃金率 w_n の上昇率が下方修正を受けることを表す．

ここで，労働者の消費バスケットで測った実質賃金率 ω_n を

$$(3\text{-}9)' \quad \omega_n = w_n/p,$$

と定義しよう．消費バスケットにおける一次産品のウェイトを α，工業製品のウェイトを $1-\alpha$ とし，一般物価水準を

$$(3\text{-}10) \quad p = p_s^\alpha p_n^{1-\alpha} \;;\; 0 < \alpha = \text{const.} < 1,$$

で表すとすれば，(3-9)′式は

$$(3\text{-}9) \quad \omega_n = (w_n/p_n)(p_s/p_n)^{-\alpha}$$
$$= [1 - \theta b_m(1+\tau)]/[\phi^\alpha b_n(1+\tau)],$$

のように書き換えられる．w_n/p_n は生産物賃金，p_s は一次産品価格，ϕ は一次産品交易条件を表し，

$$(3\text{-}11) \quad \phi = p_s/p_n,$$

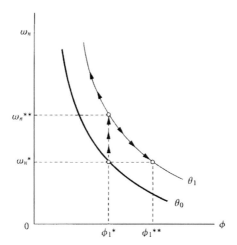

図3.2 実質賃金率 ω と一次産品交易条件 ϕ

である. θ は実質石油価格を表し

(3-12) $\quad \theta = p_0/p_n = \text{const.} > 0$,

所与とする[3]. 本章では, この実質石油価格 θ をパラメーターとして扱い, この θ の変動が南北経済に及ぼす影響を検討する.

(3-9)式より, 実質賃金率 ω_n は, 一次産品交易条件 ϕ と実質石油価格 θ の減少関数であり, 他の条件を所与とすれば, 労働者の要求実質賃金率 ω_n^* に対応する一次産品交易条件 ϕ_1^* が存在する(図3.2を参照)[4]. したがって, (3-9)式を考慮すれば, (3-8)′式は

---

[3] 実質石油価格 θ を所与とすることは, つねに石油価格 p_0 が工業製品価格 p_n にインデクセーションされることを想定することになる. OPECの価格設定についてはGriffin and Teece(1982), Verleger(1982)などを参照のこと.

[4] ここで, ϕ_1^* を所与とすることは, 労働者の賃金要求行動について特殊な想定をすることになる. 図3.2に示されているように, 実質石油価格 θ の下落は, 寡占企業が石油価格の低下に対してすみやかに工業製品価格 p_n を引き下げるとすれば, 実質賃金率 ω_n を上昇させる. ①もし労働者がこの実質賃金率上昇効果を認識し, 初期の要求実質賃金率 ω_n^* を要求するとすれば, それに対応する一次産品交易条件は ϕ_1^{**} となる. これに対して, ②労働者がこのような実質賃金率の上昇にもかかわらず, 初期の要求一次産品交易条件 ϕ_1^* を基準に貨幣賃金率 w_n の要求をするとすれば, その場合には労働者の要求実質賃金率が ω_n^{**} に上昇することになる.

(3-8)　$\hat{w}_n = w_{n0}(\phi - \phi_1{}^*) + w_{n1}(\delta - \delta_u)$；$w_{n0}, \phi_1{}^* = \text{const.} > 0$,

のように書き換えられる．w_{n0} と w_{n1} は先進資本主義国の労働者の要求実現態度(第1章の注6を参照)を表す．

　先進資本主義国の消費需要総額 C_n は，賃金所得がすべて消費され，利潤所得については，$100 s_n$(所与)％が貯蓄され，残りが消費される(Kalecki, 1971)としよう．このとき，

(3-13)　$C_n = [w_n b_n + (1-s_n)\tau(w_n b_n + p_0 b_m)]X_n{}^s$；$s_n = \text{const.} > 0$,

のように表される．ただし，先進資本主義国の債券保有にもとづく元利受取はすべて貯蓄され，この貯蓄は非産油途上国の発行する債券の保有という形で行われるものとする．消費需要総額 C_n のうち，100α％を一次産品に，残りを工業製品に支出するとすれば，先進資本主義国の一次産品と工業製品の消費需要額 $p_s C_n{}^s$ と $p_n C_n{}^n$ は，それぞれ

(3-14)　$p_s C_n{}^s = \alpha C_n$,

(3-15)　$p_n C_n{}^n = (1-\alpha)C_n$,

となる．$C_n{}^s$ と $C_n{}^n$ は，一次産品と工業製品の実質消費需要を表す．

3.2.2　非産油途上国経済

　非産油途上国は，オミナミ(Ominami, 1986，邦訳163-168頁)の分類では前工業的蓄積体制の諸国である．その生産関数と資本蓄積率を

(3-16)　$X_s{}^s = \sigma_s K_s$；$\sigma_s = \text{const.} > 0$,

(3-17)　$g_s = g_{s0}$；$g_{s0} = \text{const.} > 0$,

としよう．$X_s{}^s$ は一次産品の生産量，σ_s は産出投入係数(所与)を表す．K_s は非産油途上国の資本ストックで完全稼働を想定する．資本蓄積率 $g_s(= \dot{K}_s/K_s$, $\dot{K}_s = I_s$, I_s は新投資量)は，長期の経済開発計画にもとづいて決定され所与とする．投資財は，先進資本主義国からすべて輸入される．

　非産油途上国の労働者は一次産品のみを消費し，利潤所得者は先進資本主義

国の工業製品のみを消費する(デモンストレーション効果)とすれば，同国の工業製品の消費需要額 $p_n C_s{}^n$ は

$$(3\text{-}18) \quad p_n C_s{}^n = p_n C_{s0} + (1-s_s)[p_s - p_s \omega_s b_s - p_0 b_0] X_s{}^s; s_s, \omega_s, b_s, b_0 = \text{const.} > 0,$$

のように表される．$C_s{}^n$ は工業製品の実質消費需要，C_{s0} は実質基礎消費需要，s_s は利潤所得者の貯蓄性向，b_s と b_0 は一次産品生産部門における労働投入係数(所与)と石油投入係数(所与)を表す．ω_s は，一次産品で測った実質賃金率であり，生存水準によって規定され所与とする．

　非産油途上国の国際収支赤字(経常収支赤字＋元本償還)B_p は，民間部門の自生的な資本移動や外貨準備の変動がないとすれば，先進資本主義国からの工業製品輸入 $p_n I_s + p_n C_s{}^n$，石油輸出国からの石油輸入 $p_0 b_0 X_s{}^s$，両国への一次産品輸出 $p_s C_n{}^s + \beta p_0 b_m X_n{}^s$(後述)，債務の元利返済 $(i^* + v) p_n F$ から決定され，

$$(3\text{-}19) \quad B_p = p_n I_s + p_n C_s{}^n + p_0 b_0 X_s{}^s - (p_s C_n{}^s + \beta p_0 b_m X_n{}^s)$$
$$+ (i^* + v) p_n F \ ; \ i^*, v = \text{const.} > 0,$$

となる．i^* は国際利子率(所与)，v は元本償還比率(所与)，F は過去に発行された債券のストック(数量)で，その価格は簡単化のために工業製品価格 p_n に等しいとする．非産油途上国の債務サービス比率 D_{sr} は，次式のように得られる．

$$(3\text{-}20) \quad D_{sr} = (i^* + v) p_n F / [p_s C_n{}^s + \beta p_0 b_m X_n{}^s].$$

3.2.3　石油輸出国経済

　石油輸出国は，オミナミ(Ominami, 1986，邦訳 169-174 頁)の分類では地代蓄積体制の諸国である．同国の石油生産量は，先進資本主義国と非産油途上国の石油需要量によって決定される．同国は，先進資本主義国への石油輸出所得のうち，100β(所与)％($= \beta p_0 b_m X_n{}^s$)を一次産品に，その残り($= (1-\beta) p_0 b_m X_n{}^s$)を工業製品に支出するとしよう[5]．同国は，非産油途上国への石油輸出所得や債券保有にもとづく元利受取 $\chi (i^* + v) p_n F$(χ は石油輸出国の債券保有比率)をすべて貯蓄し，この貯蓄は国際金融市場で非産油途上国が発行する債券の保

有によって行われる.

3.2.4 国際市場と一次産品価格

以上の想定から，工業製品と一次産品の国際市場における超過需要は，それぞれ，

$$(3\text{-}21) \quad Ed_n = p_n I_n + p_n C_n{}^n + p_n I_s + p_n C_s{}^n + (1-\beta) p_0 b_m X_n{}^s - p_n X_n{}^s,$$

$$(3\text{-}22) \quad Ed_s = p_s C_n{}^s + p_s \omega_s b_s X_s{}^s + \beta p_0 b_m X_n{}^s - p_s X_s{}^s,$$

のように表される．工業製品の国際市場に超過需要 Ed_n が存在すれば，(3-4)式から先進資本主義国の寡占企業は稼働率 δ を上方修正する．一次産品の国際市場に超過需要 Ed_s が存在すれば，短期的な供給制約のもとで一次産品価格 p_s が上昇する．工業製品と一次産品の調整機構の異なる想定は構造主義マクロ経済学の1つの特徴である[6]．非産油途上国の国際市場への介入を考慮して，一次産品価格 p_s の決定を

$$(3\text{-}23) \quad \hat{p}_s = \psi(Ed_s/p_n K_n) + \mu(\phi_2{}^* - \phi) ; \ \psi, \mu, \phi_2{}^* = \text{const.} > 0,$$

のように想定する．$\phi_2{}^*$ は非産油途上国の要求交易条件(所与)，μ は交渉力[7](所与)を表す．(3-23)式右辺第2項は，現実の一次産品交易条件 ϕ が要求交易条件 $\phi_2{}^*$ を下回る場合には，非産油途上国が一次産品価格 p_s の引き上げを要求することを表す．μ の値は，非産油途上国の市場支配力や結束力などに依存する．石油やスズのように国際カルテルの影響力が低下すれば，μ の値は低下し，一次産品価格の変動が市場の需給によって大きく左右される.

---

5) ここで，石油輸出国の支出行動はかなり単純化されている．例えば，同国の工業製品の投資需要 $p_n I_0$(あるいは資本蓄積率 g_0)は，$0 < p_n I_0 < p_0 b_m X_n{}^s$ の範囲に制約される．また，同国の投資の資本蓄積への効果も捨象されている．同国の支出のリサイクリング係数が世界経済に与える効果については，Adams and Marquez(1983)を参照のこと.

6) 国際市場における工業製品と一次産品の調整機構や価格決定機構の相違については，Kaldor(1976)を参照のこと.

7) 非産油途上国の現実の要求態度としては，$\mu > 0$, for $\phi \in (0, \phi_2{}^*)$, $\mu = 0$, for $\phi \in (\phi_2{}^*, +\infty)$ であろう．以下では，$\phi \in (0, \phi_2{}^*)$ の状態を想定し，$\mu > 0$ とする．一次産品市場やその価格変動については，Chu and Morrison(1986)を参照のこと.

3.2.5　モデルの集約

先進資本主義国と非産油途上国の資本ストック K_n と K_s や非産油途上国の債務残高 F を所与とする短期モデルは，(3-16)式と(3-17)式を除く以上の21本の方程式と，$X_n{}^s$, N, K_n, δ, p_n, g_n, r_n, w_n, ω_n, p, ϕ, p_0, C_n, $C_n{}^s$, $C_n{}^n$, $C_s{}^n$, B_p, D_{sr}, Ed_n, Ed_s, p_s の21個の内生変数から成る．

長期モデルは，短期の体系につぎの2式が加わる．

(3-24)　$p_n \dot{F} + v p_n F = B_p$,

(3-25)　$\dot{\lambda} = \lambda\,(g_s - g_n)$.

(3-24)式は，非産油途上国の国際収支の均衡条件[8]であり，国際収支の赤字が国際金融市場における債券の発行によって賄われることを表す[9]．$\lambda\,(=K_s/K_n)$ は，非産油途上国と先進資本主義国の資本ストック比率を表す．これを変化率の形に変形し $g_s = \dot{K}_s/K_s$, $g_n = \dot{K}_n/K_n$ を考慮すれば，(3-25)式が得られる．長期モデルでは，F と λ が内生変数として加わる．

ここで新たに変数を，$eds = Ed_s/p_n K_n$, $b_p = B_p/p_n K_n$, $f = F/K_n$, $c_{s0} = C_{s0}/K_n$, $h = p_0 b_m/w_n b_n$ と定義し，さらに $\alpha = \beta$ とすれば，(3-1)～(3-25)式は以下のように集約される．

(3-26)　$\dot{\delta} = \xi\{[(1-\alpha)/(1+\tau)][(1-\theta b_m(1+\tau)) + (1-s_n)\tau]\sigma_n\delta + g_n + c_{s0}$
$\qquad\qquad + (1-s_s)[(1-\omega_s b_s)\phi - \theta b_0]\sigma_s\lambda + g_{s0}\lambda + (1-\alpha)\theta b_m\sigma_n\delta - \sigma_n\delta\}$,

(3-27)　$g_n = g_{n0} + g_{n1} r_n$,

(3-28)　$r_n = [\tau/(1+\tau)]\sigma_n\delta$,

(3-29)　$\hat{\phi} = \hat{p}_s - \hat{p}_n$,

(3-30)　$\hat{p}_s = \psi eds + \mu\,(\phi_2{}^* - \phi)$,

(3-31)　$eds = [\alpha/(1+\tau)][(1-\theta b_m(1+\tau)) + (1-s_n)]\sigma_n\delta$

---

8)　非産油途上国の t−1 期末の債務残高を $p_n F_{t-1}$, t 期における債務償還を $v p_n F_{t-1}$ とすれば，t 期末の借入れ前の債務残高は，$(1-v)\,p_n F_{t-1}$ となる．t 期末の借入れ後の債務残高を $p_n F_t$ とすれば，t 期の借入れは，$p_n[F_t - F_{t-1} + v F_{t-1}]$ となり，これを連続形に直せば，$p_n \dot{F} + v p_n F$ を得る．

9)　非産油途上国の新規借入は(3-24)式によって決定されるが，この値は同国の経済構造に依存する．Marion and Selowsky (1984) は，発展途上国の経済構造を生産と消費における代替性や要素移動性などによって区別し，最適借入について検討している．

$$+ \alpha\theta b_m \sigma_n \delta - (1 - \omega_s b_s) \sigma_s \lambda \phi,$$

(3-32) $\quad \hat{p}_n = \hat{w}_n + h\hat{\theta},$

(3-33) $\quad \hat{w}_n = w_{n0}(\phi - \phi_1{}^*) + w_{n1}(\delta - \delta_u),$

(3-34) $\quad D_{sr} = (1 + \tau)(i^* + v)f/\alpha[1 + (1 - s_n)\tau]\sigma_n\delta,$

(3-35) $\quad b_p = c_{s0} + (1 - s_s)[(1 - \omega_s b_s)\phi - \theta b_0]\sigma_s\lambda + g_{s0}\lambda + \theta b_0\sigma_s\lambda - [\alpha/(1$
$\qquad + \tau)][(1 - \theta b_m(1 + \tau)) + (1 - s_n)\tau]\sigma_n\delta - \alpha\theta b_m\sigma_n\delta + (i^* + v)f,$

(3-36) $\quad \dot{f} = b_p - (v + g_n)f,$

(3-37) $\quad \dot{\lambda} = \lambda(g_s - g_n).$

(3-26)～(3-37)式のモデル体系における内生変数は,δ,g_n,r_n,ϕ,p_s,eds,p_n,w_n,D_{sr},b_p,f,λ の 12 個である.図 3.3 は,この南北経済モデルのフローチャートを表す.

3.3 北の稼働率と南の交易条件

非産油途上国の債務残高比率 f や南北資本ストック比率 λ が所与の短期において,資源価格の変動が北の稼働率や南の交易条件などにどのような影響を及ぼすかについて検討しよう.ここでの問題と関連した議論に一次産品の交易条件悪化論(Singer, 1950; Prebisch, 1959)がある.

3.3.1 体系の安定性

短期モデルは,(3-38)式と(3-39)式の 2 式に集約され,先進資本主義国の稼働率 δ と一次産品交易条件 ϕ の 2 つの変数の運動が決定される.

(3-38) $\quad \dot{\delta} = \xi\{-[\sigma_n/(1 + \tau)][(s_n - g_{n1})\tau + \alpha(1 + (1 - s_n)\tau)]\delta + g_{n0} + c_{s0}$
$\qquad + (1 - s_s)[(1 - \omega_s b_s)\phi - \theta b_0]\sigma_s\lambda + g_{s0}\lambda\},$

(3-39) $\quad \hat{\phi} = \psi\{[\alpha/(1 + \tau)][1 + (1 - s_n)\tau]\sigma_n\delta - (1 - \omega_s b_s)\sigma_s\lambda\phi\}$
$\qquad + \mu(\phi_2{}^* - \phi) - w_{n0}(\phi - \phi_1{}^*) - w_{n1}(\delta - \delta_u).$

$\dot{\delta} = 0$,$\hat{\phi} = 0$ で定義される短期準均衡の安定性を検討しよう.(3-38)式と(3-39)式を均衡点(δ_0, ϕ_0)の近傍でテーラー展開し,一次の項のみをとり行列表

第3章 南北経済と資源価格の変動

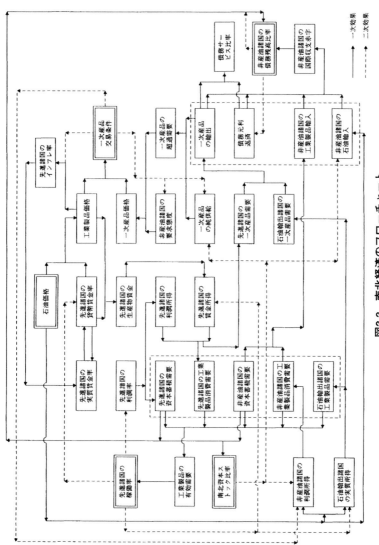

図3.3 南北経済のフローチャート

示すれば，次式を得る(ただし，調整係数 $\zeta=1$ とする).

$$(3\text{-}40) \quad \begin{bmatrix} \dot{\delta} \\ \dot{\phi} \end{bmatrix} = \begin{bmatrix} a_{11} & a_{12} \\ a_{21} & a_{22} \end{bmatrix} \begin{bmatrix} \delta - \delta_0 \\ \phi - \phi_0 \end{bmatrix}$$

$$\therefore \quad a_{11} = -[\sigma_n/(1+\tau)][(s_n - g_{n1})\tau + \alpha(1+(1-s_n)\tau] < 0,$$
$$a_{12} = (1-s_s)(1-\omega_s b_s)\sigma_s\lambda > 0,$$
$$a_{21} = [\sigma_n\psi\alpha/(1+\tau)][1+(1-s_n)\tau] - w_{n1} \gtrless 0,$$
$$a_{22} = -[\psi(1-\omega_s b_s)\sigma_s\lambda + \mu + w_{n0}] < 0.$$

(3-40)式右辺の係数行列 $[a_{ij}]$ を A とし，特性根を $\gamma_i (i=1, 2)$ とすれば，特性方程式は，

$$(3\text{-}41) \quad |\gamma I - A| = \begin{vmatrix} \gamma - a_{11} & -a_{12} \\ -a_{21} & \gamma - a_{22} \end{vmatrix} = 0,$$

となる．これを展開して整理すれば，

$$(3\text{-}42) \quad \gamma^2 + A_0\gamma + A_1 = 0 \,; A_0 = -(a_{11} + a_{22}), \ A_1 = a_{11}a_{22} - a_{12}a_{21},$$

を得る．短期準均衡が局所的に安定するためには，特性方程式のすべての解の実数部が負でなければならない．そのための必要十分条件は，

$$(3\text{-}43) \quad A_0 > 0, \ A_1 > 0,$$

である．この条件は

$$(3\text{-}44) \quad s_n - g_{n1} > 0,$$

が成立すれば，満たされる．これはロビンソンの安定条件(Marglin and Shor, 1990, 邦訳181頁)と呼ばれ，先進資本主義国において利潤率 r_n が上昇した場合に，資本蓄積反応 g_{n1} よりも貯蓄反応 s_n の方が大きいことを表している．以下，(3-44)式が成立し，体系が安定的であることを仮定しよう．

　ここで，準均衡解(δ_0, ϕ_0)は多様な値をとりうるが，以下では

第3章 南北経済と資源価格の変動

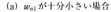
(a) w_{n1} が十分小さい場合

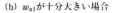
(b) w_{n1} が十分大きい場合

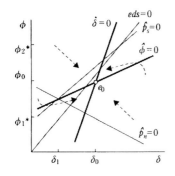

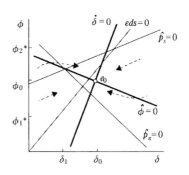

図3.4 南北経済モデルの位相図

(3-45)　$\phi_1^* < \phi_0 < \phi_2^*$, $\delta_1 < \delta_0 < \delta_u$,

の状態を想定しよう．δ_1 は，$\hat{p}_n = 0$ と $\hat{p}_s = 0$ を同時に満たすような稼働率 δ の値であり $\delta_1 > 0$ とする．このような準均衡では，先進資本主義国の労働者は要求実質賃金率 $\omega_n^*(\phi_1^*)$ が満たされないので，貨幣賃金率 w_n の引き上げを要求する．その結果，先進資本主義国にインフレーションが発生し，このとき稼働率 δ_0 も自然失業率水準 δ_u 以下にあるので，スタグフレーションになる可能性がある(カレツキー・マルクス型の資本蓄積レジーム)．また，このような状態では，非産油途上国の要求交易条件 ϕ_2^* も満たされないので，一次産品価格 p_s も上昇する．

さて以上の想定の下で，先進資本主義国の稼働率 δ と一次産品交易条件 ϕ の運動をみるために位相図を描けば，図3.4のようになる．$e_0(\delta_0, \phi_0)$ は準均衡点を示す．曲線 $\dot{\delta} = 0$ と曲線 $\hat{\phi} = 0$ は，それぞれつぎのように表される．

曲線 $\dot{\delta} = 0$

(3-46)　$\phi = -(a_{11}/a_{12})\delta - (W/a_{12})$, $\because W = g_{n0} + g_{s0}\lambda + c_{s0} - (1-s_s)\theta b_0 \sigma_s \lambda$.

曲線 $\hat{\phi} = 0$

(3-47)　$\phi = -(a_{21}/a_{22})\delta - (X/a_{22})$, $\because X = \mu\phi_2^* + w_{n0}\phi_1^* + w_{n1}\delta_u$.

ここで，曲線 $\hat{\phi}=0$ の傾きは，(a)と(b)の2つの場合に分けられ，

(3-48)　　$d\phi/d\delta|_{\hat{\phi}=0} \gtrless 0 \quad \Leftrightarrow \quad [\psi\alpha/(1+\tau)][1+(1-s_n)\tau]\sigma_n \gtrless w_{n1}$,

である．図3.4(a)は，先進資本主義国の労働市場における反応係数 w_{n1} が十分に小さい場合($a_{21}>0$)であり，図3.4(b)は，その反応系係数 w_{n1} が十分に大きい場合($a_{21}<0$)である．

曲線 $eds=0$，曲線 $\hat{p}_s=0$，曲線 $\hat{p}_n=0$ は，それぞれつぎのように表される．

曲線 $eds=0$

(3-49)　　$\phi=[Y/(1+\tau)(1-\omega_s b_s)\sigma_s\lambda]\delta, \because Y=\alpha[1+(1-s_n)\tau]\sigma_n$.

曲線 $\hat{p}_s=0$

(3-50)　　$\phi=(Y/Z)\delta+(1/Z)(1+\tau)\mu\phi_2{}^*, \because Z=(1+\tau)[\psi(1-\omega_s b_s)\sigma_s\lambda+\mu]$.

曲線 $\hat{p}_n=0$

(3-51)　　$\phi=-(w_{n1}/w_{n0})\delta+(w_{n1}/w_{n0})\delta_u+\phi_1{}^*$.

曲線 $eds=0$ は，一次産品国際市場が需給均衡するような稼働率 δ と一次産品交易条件 ϕ との関係を表す．曲線 $\hat{p}_s=0$ は，一次産品国際市場の需給状況と非産油途上国の市場介入によって，一次産品価格 $\hat{p}_s$ の運動がちょうど相殺されるような稼働率 δ と一次産品交易条件 ϕ との関係を表す．曲線 $\hat{p}_n=0$ は，技術 b_n と b_m，マークアップ率 τ，実質石油価格 θ などを所与として，労働市場の需給状況と労働者の賃金要求行動によって，工業製品価格 p_n の運動がちょうど相殺されるような稼働率 δ と一次産品交易条件 ϕ との関係を表す．

3.3.2　資源価格と稼働率および交易条件

実質石油価格 θ が変動した場合に，南北経済にどのような影響を及ぼすかについて検討しよう．(3-38)式と(3-39)式を，$\dot{\delta}=0$，$\hat{\phi}=0$ とし，全微分して行列表示すれば，

第3章　南北経済と資源価格の変動　　　99

$$(3\text{-}52)\quad \begin{bmatrix} -a_{11} & -a_{12} \\ a_{21} & a_{22} \end{bmatrix}\begin{bmatrix} d\delta \\ d\phi \end{bmatrix} = \begin{bmatrix} a_{13} \\ a_{23} \end{bmatrix} d\theta + \begin{bmatrix} a_{14} \\ a_{24} \end{bmatrix} d\lambda ,$$

$$\because\quad a_{13} = -(1-s_s)\,b_0\sigma_s\lambda < 0,$$
$$a_{14} = g_{s0} + (1-s_s)\,[\,(1-\omega_s b_s)\,\phi_0 - \theta_0 b_0\,]\sigma_s > 0,$$
$$a_{23} = h/\theta_0 > 0,$$
$$a_{24} = \psi\,(1-\omega_s b_s)\,\sigma_s\phi_0 > 0,$$

を得る[10]. (3-52)式左辺の係数行列 $[a_{ij}]$ の行列式を Δ とすれば，次式を得る.

$$(3\text{-}53)\quad \Delta = -A_1 < 0.$$

実質石油価格 θ が下落した場合 $(-d\theta < 0)$ に，先進資本主義国の稼働率 δ と一次産品交易条件 ϕ に及ぼす効果は，次式で表される.

$$(3\text{-}54)\quad -\partial\delta/\partial\theta = -(a_{13}a_{22} + a_{23}a_{12})/\Delta > 0,$$
$$(3\text{-}55)\quad -\partial\phi/\partial\theta = (a_{23}a_{11} + a_{13}a_{21})/\Delta$$
$$\begin{cases} >0, & \text{if}\quad w_{n1}\ \text{が十分に小さい,} \\ <0, & \text{if}\quad w_{n1}\ \text{が十分に大きい.} \end{cases}$$

実質石油価格 θ の下落は，実質所得のトランスファー効果(Metzler, 1973; Corden, 1986)によって先進資本主義国の稼働率 δ を上昇させるが，一次産品交易条件 ϕ に及ぼす効果は，一次産品価格 p_s と工業製品価格 p_n に及ぼす効果の大きさに依存する. 一次産品交易条件 ϕ に及ぼす効果は，先進資本主義国の労働市場における反応係数 w_{n1} に依存する. 反応係数 w_{n1} が十分に小さい場合には，一次産品交易条件 ϕ は改善される(図3.5(a)). しかし，反応係数 w_{n1} が十分に大きい場合には，一次産品交易条件 ϕ は悪化する可能性がある(図3.5(b)). 反応係数の相違は，労働者の交渉力や行動様式の相違を表す[11].

---

10) θ_0 は実質石油価格 θ の初期値を示す. a_{23} は，労働者が要求一次産品交易条件 $\phi_1{}^*$ を基準として賃金交渉をした場合を示す. もし労働者が初期の要求実質賃金率 $\omega_n{}^*$ を基準として行動すれば，a_{23} は，$a_{23}' = (h/\theta_0) + w_{n0}\phi_0{}^{1-\alpha}(1/\alpha)\,(b_m/\omega_n{}^*b_n)$ となる.

11) 交易条件の決定において，Prebisch(1959)は，先進資本主義国の寡占企業や労働組合の重要性

(a) w_{n1}が十分小さい場合　　(b) w_{n1}が十分大きい場合

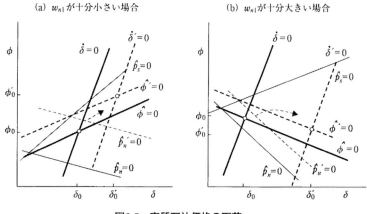

図3.5　実質石油価格の下落

　実質石油価格 θ の下落によって先進資本主義国の寡占企業は，マークアップ率を所与として，コストの低減に対して工業製品価格 p_n を引き下げる(ただし，新しい準均衡における工業製品価格 p_n の値は，稼働率 δ や一次産品交易条件 ϕ の均衡値に依存する)．工業製品価格 p_n の低下は，先進資本主義国の生産物賃金 w_n/p_n を上昇させ，労働者の工業製品需要を増大させる．この労働者の工業製品需要の増大は，このモデルでは，石油輸出国の石油輸出所得の減少によって生じる工業製品需要の減少によって相殺される．しかし，実質石油価格 θ の下落は，非産油途上国の利潤所得や工業製品需要を増大させるので，先進資本主義国の稼働率 δ を上昇させる．

　実質石油価格 θ の下落は，先進資本主義国の労働市場における反応係数 w_{n1} が十分に大きい場合には，一次産品の超過需要 eds や一次産品価格 p_s を上昇させるが，反応係数 w_{n1} が十分に小さい場合には，一次産品の超過需要 eds や一次産品価格 p_s を低下させる可能性がある．

(3-56) $\quad -\partial eds/\partial \theta = [\alpha \sigma_n/(1+\tau)][1+(1-s_n)\tau](-\partial \delta/\partial \theta)$
$\qquad\qquad -(1-\omega_s b_s)\sigma_s \lambda(-\partial \phi/\partial \theta)$

について指摘している．しかし，シンガー・プレビッシュ命題では，一次産品の交易条件の長期的悪化はおもに需要の所得弾力性によって説明された．

$$\begin{cases} >0, & \text{if} \quad w_{n1} \text{ が十分に大きい,} \\ \leqq 0 & \text{if} \quad w_{n1} \text{ が十分に小さい.} \end{cases}$$

(3-57) $\quad -\partial \hat{p}_s/\partial \theta = (-\partial eds/\partial \theta) - \mu(-\partial \phi/\partial \theta)$

$$\begin{cases} >0, & \text{if} \quad w_{n1} \text{ が十分に大きい,} \\ \leqq 0 & \text{if} \quad w_{n1} \text{ が十分に小さい.} \end{cases}$$

　実質石油価格 θ の下落による先進資本主義国の稼働率 δ の上昇は，同国の実質所得を増大させ，労働者や利潤所得者の一次産品需要を増大させ，また石油輸出国の一次産品需要も増大させる．その結果，一次産品国際市場に超過需要 eds が生じ，一次産品価格 p_s が上昇する．ただし，一次産品超過需要 eds や一次産品価格 p_s の均衡値は，一次産品交易条件 ϕ に依存する．というのは，一次産品交易条件 ϕ が改善すれば，一次産品の供給が増大し，その超過需要 eds が緩和されるからである．またこのとき，非産油途上国の一次産品価格 p_s の引き上げ要求も抑制されるからである．

　一方，実質石油価格 θ の下落は，貨幣賃金率 w_n や工業製品価格 p_n を上昇させる[12]．実質石油価格 θ の下落は，初期には工業製品価格 p_n の上昇を抑制するが，先進資本主義国の稼働率 δ が上昇し，失業率が低下すれば，貨幣賃金率 w_n を上昇させ，工業製品価格 p_n を上昇させる．もし一次産品交易条件 ϕ が改善されれば，先進資本主義国の実質賃金率 ω_n を低下させるので，労働者はさらに貨幣賃金率 w_n を引き上げ，寡占企業は工業製品価格 p_n を引き上げることになる．このとき，たとえ一次産品交易条件 ϕ が悪化したとしても，貨幣賃金率 w_n や工業製品価格 p_n の上昇を抑制する程十分な効果を持たない．

(3-58) $\quad -\partial \hat{w}_n/\partial \theta = w_{n0}(-\partial \phi/\partial \theta) + w_{n1}(-\partial \delta/\partial \theta) > 0,$

(3-59) $\quad -\partial \hat{p}_n/\partial \theta = (-\partial \hat{w}_n/\partial \theta) - a_{23} > 0.$

　実質石油価格 θ の下落は，生産物賃金 w_n/p_n を上昇させるが，実質賃金率 ω_n に及ぼす効果は一次産品交易条件 ϕ，したがって先進資本主義国の労働市

---

12)　(3-58)式と(3-59)式は，労働者が石油価格 θ の下落による実質賃金率の上昇効果を考慮しない場合を示す．もし労働者が，この効果を考慮して貨幣賃金率の交渉を行うとすれば，(3-58)式はつぎのようになる．$-\partial \hat{w}_n/\partial \theta = w_{n0}(-\partial \phi/\partial \theta) + w_{n1}(-\partial \delta/\partial \theta) - w_{n0}\phi_0^{1-a}(1/\alpha)(b_m/\omega_n{}^*b_n) \gtrless 0.$

場の反応係数 w_{n1} に依存する（図3.2を参照）．一次産品交易条件 ϕ が悪化すれば，実質賃金率 ω_n は上昇する．しかし，一次産品交易条件 ϕ が改善されれば，実質石油価格下落の実質賃金率上昇効果と一次産品交易条件改善の実質賃金率低下効果との相対的大きさに依存し，不確定となる．

(3-60) $\quad -\partial(w_n/p_n)/\partial\theta = b_m/b_n > 0,$

(3-61) $\quad -\partial\omega_n/\partial\theta = (1+\tau)\,b_m$
$$-[1-\theta_0 b_m(1+\tau)]\alpha/[b_n(1+\tau)\,\phi_0{}^{1+\alpha}](-\partial\phi/\partial\theta)$$
$$\begin{cases} >0, \text{ if } \quad w_{n1} \text{ が十分に大きい,} \\ \lessgtr 0, \text{ if } \quad w_{n1} \text{ が十分に小さい.} \end{cases}$$

実質石油価格 θ の下落が先進資本主義国の経済に及ぼす影響をつぎのような命題3.1にまとめる．

命題 3.1 実質石油価格の下落は，先進資本主義国の稼働率・貨幣賃金率・工業製品価格・生産物賃金を上昇させる．実質賃金率は，先進資本主義国の労働市場の反応係数が十分に大きい場合には上昇する．

実質石油価格 θ の下落は，非産油途上国の債務サービス比率 D_{sr} を低下させるが，国際収支赤字比率 b_p に及ぼす効果は一般的には不確定である．

(3-62) $\quad -\partial D_{sr}/\partial\theta = -\{(1+\tau)(i^*+v)f/[\alpha(1+(1-s_n)\tau)\sigma_n]\}(-\partial\delta/\partial\theta) < 0,$

(3-63) $\quad -\partial b_p/\partial\theta = -[\alpha\sigma_n/(1+\tau)][1+(1-s_n)\tau](-\partial\delta/\partial\theta) - b_0\sigma_s\lambda$
$$+ (1-s_s)b_0\sigma_s\lambda + (1-s_s)(1-\omega_s b_s)\sigma_s\lambda(-\partial\phi/\partial\theta) \gtrless 0.$$

先進資本主義国の稼働率 δ の上昇によって，同国や石油輸出国の実質所得が増大し，一次産品輸出が増大するので，債務サービス比率 D_{sr} は低下する．しかし，国際収支赤字比率 b_p に与える効果は不確定である．というのは，実質石油価格 θ の下落によって，石油輸入額が減少し，一次産品輸出が増大するが，他方では非産油途上国の利潤所得の増大が工業製品輸入を増大させるからである．また，一次産品交易条件 ϕ が改善されれば，この工業製品の輸入増大効果がさらに強められる．

第3章　南北経済と資源価格の変動　　103

表 3.1　実質石油価格下落の南北経済への影響

	先進資本主義国				非産油途上国				
	δ	$\hat{w}_n$	$\hat{p}_n$	w_n/p_n	ω_n	ϕ	eds	$\hat{p}_s$	D_{sr}	b_p
$-\theta$	+	+	+	+	±	±	±	±	−	±
					(+)	(−)	(+)	(+)		

(注)（　）内は w_n が十分に大きい場合を表す.

実質石油価格 θ の下落が非産油途上国の経済に及ぼす影響をつぎのような命題 3.2 にまとめる.

命題 3.2　実質石油価格の下落は, 非産油途上国の債務サービス比率を低下させる. 先進資本主義国の労働市場の反応係数が十分に小さい場合には, 一次産品交易条件 ϕ を改善するが, その反応係数が十分に大きい場合には, 一次産品交易条件を悪化させ, 一次産品超過需要や一次産品価格を上昇させる. 国際収支赤字比率に与える効果は一般的には不確定である.

実質石油価格 θ の下落が南北経済に与える効果は表 3.1 のように要約される. ＋は正の相関, −は負の相関, ±は不確定を表す.

3.3.3　資本ストック比率と稼働率および交易条件

長期分析の準備として南北資本ストック比率 λ の効果について検討しよう. 南北資本ストック比率 λ の上昇が, 先進資本主義国の稼働率 δ や一次産品交易条件 ϕ に及ぼす効果は, 次式で表される.

$$\partial\delta/\partial\lambda = (a_{14}a_{22}+a_{12}a_{24})/\Delta \gtrless 0,$$
$$\partial\phi/\partial\lambda = -(a_{11}a_{24}+a_{14}a_{21})/\Delta \gtrless 0,$$

南北資本ストック比率 λ の上昇は, 一方では, 非産油途上国の資本蓄積を増大させ, また一次産品交易条件 ϕ を所与として同国の利潤所得を増大させるので, 同国の工業製品需要を増大させ, 先進資本主義国の稼働率 δ を上昇させる. しかし他方では, λ の上昇は, 一次産品供給を増大させ, その超過需要を緩和させるので, 一次産品交易条件 ϕ を悪化させる. この ϕ の悪化は,

非産油途上国の利潤所得を減少させ，同国の工業製品需要を減少させるので，先進資本主義国の稼働率 δ を低下させる．したがって，先進資本主義国の稼働率 δ の変化は，一般的には不確定である．また，もし先進資本主義国の稼働率 δ が上昇すれば，先進資本主義国や石油輸出国の実質所得を増大させ，両国の一次産品需要を増大させるので，一次産品交易条件 ϕ を改善する効果をもつ．したがって，一次産品交易条件 ϕ の変化も一般的には不確定である．

先進資本主義国の稼働率 δ が上昇する1つの十分条件は，非産油途上国の資本蓄積率 g_s が十分に大きく，その工業製品需要が十分に大きいことである．また，一次産品交易条件 ϕ が悪化する1つの十分条件は，先進資本主義国や石油輸出国の一次産品支出が十分に小さく，その一次産品需要が十分に小さいことである．

3.4 南北経済構造と債務累積

前節では，非産油途上国の債務残高比率 f や南北資本ストック比率 λ を所与とした短期において，実質石油価格 θ の変動が南北経済に及ぼす影響について検討した．本節では，実質石油価格 θ の変動が，非産油途上国の債務残高比率 f や南北資本ストック比率 λ に及ぼす影響について検討しよう．

実質石油価格 θ の変動は，先進資本主義国の稼働率 δ や一次産品交易条件 ϕ に影響を及ぼす．これらの経済変数は，非産油途上国の国際収支赤字比率 b_p を変動させ，同国の債務残高比率 f を変動させる．また，先進資本主義国の稼働率 δ の変動は，同国の利潤率 r_n や資本蓄積率 g_n を変動させることによって，南北資本ストック比率 λ を変動させる．非産油途上国の債務残高比率 f や南北資本ストック比率 λ の運動は，(3-36)〜(3-37)式によって得られる．

(3-36)　$\dot{f} = b_p - (v + g_n)f,$

(3-37)　$\dot{\lambda} = \lambda\,(g_s - g_n)\,.$

(3-36)式と(3-37)式を均衡点 $(f_0,\ \lambda_0)$ の近傍でテーラー展開し，線型近似して一次の項のみをとり，行列表示すれば，次式を得る．

第3章　南北経済と資源価格の変動　　　　105

$$(3\text{-}64) \quad \begin{bmatrix} \dot{f} \\ \dot{\lambda} \end{bmatrix} = \begin{bmatrix} b_{11} & b_{12} \\ b_{21} & b_{22} \end{bmatrix} \begin{bmatrix} f - f_0 \\ \lambda - \lambda_0 \end{bmatrix}$$

$(3\text{-}65) \quad b_{11} = i^* - g_{n0},$

$(3\text{-}66) \quad b_{12} = -\left[\alpha\sigma_n/(1+\tau)\right]\left[1+(1-s_n)\tau\right](\partial\delta/\partial\lambda) + (1-s_s)(1$
$\qquad\qquad -\omega_s b_s)\sigma_s\lambda_0(\partial\phi/\partial\lambda) + (1-s_s)\left[(1-\omega_s b_s)\phi_0 - \theta_0 b_0\right]\sigma_s$
$\qquad\qquad +g_{s0} + \theta_0 b_0 \sigma_s - f_0 g_{n1}\left[\sigma_n\tau/(1+\tau)\right](\partial\delta/\partial\lambda),$

$(3\text{-}67) \quad b_{21} = 0,$

$(3\text{-}68) \quad b_{22} = -\lambda_0 g_{n1}\left[\sigma_n\tau/(1+\tau)\right](\partial\delta/\partial\lambda).$

　以下，(3-65)〜(3-68)式の偏微係数 $b_{ij}(i, j = 1, 2)$ の符号について検討しよう．(3-65)式の b_{11} は，非産油途上国の債務残高比率 f の上昇が，その変化 $\dot{f}$ に及ぼす効果を表す．債務残高比率 f の上昇は，一方では非産油途上国の利払いを増大させ，同国の国際収支赤字比率 b_p を上昇させるので，債務残高比率の変化 $\dot{f}$ を上昇させる．しかし他方では，それは，先進資本主義国の資本蓄積率 g_n を高め，その変化 $\dot{f}$ を低下させる効果を持つ．したがって，b_{11} の符号は，国際利子率 i^* と先進資本主義国における初期の資本蓄積率 g_{n0} の大きさに依存する．

　(3-66)式の b_{12} は，南北資本ストック比率 λ の上昇が非産油途上国の債務残高比率の変化 $\dot{f}$ に及ぼす効果を表す．右辺第1項は，先進資本主義国と石油輸出国の実質所得の変動による非産油途上国の一次産品輸出の効果を表す．第2項と第3項は，非産油途上国の利潤所得の変動による工業製品輸入の効果を表す．第4項は，非産油途上国の資本財の輸入増大効果を表し，第5項は，石油輸入増大効果を表す．第6項は，先進資本主義国の資本蓄積への効果を表す．第1項と第2項および第6項は，南北資本ストック比率 λ の上昇が，先進資本主義国の稼働率 δ や一次産品交易条件 ϕ に及ぼす効果などに依存し，不確定である．したがって，南北資本ストック比率 λ が上昇した場合に債務残高比率の変化 $\dot{f}$ に及ぼす効果も一般的には不確定となる．ただし，①非産油途上国の工業製品輸入や石油輸入が十分に大きな「非産油途上国成長輸入型」の南北経済構造の場合には，b_{12} は正となる．また，②同国の一次産品輸出が十分に大きい「非産油途上国成長輸出型」の南北経済構造の場合には，b_{12} は負

表 3.2 南北経済構造

		国際利子率 i^* と先進資本主義国の資本蓄積率 g_{n0} との関係	
		i^* は g_{n0} より十分に高い	i^* は g_{n0} より十分に低い
成長の型	非産油途上国 成長輸入型	南北経済構造 I $b_{11}>0,\ b_{12}>0,\ b_{21}=0,\ b_{22}<0$	南北経済構造 II $b_{11}<0,\ b_{12}>0,\ b_{21}=0,\ b_{22}<0$
	非産油途上国 成長輸出型	南北経済構造III $b_{11}>0,\ b_{12}<0,\ b_{21}=0,\ b_{22}<0$	南北経済構造IV $b_{11}<0,\ b_{12}<0,\ b_{21}=0,\ b_{22}<0$

となる.

(3-68)式の b_{22} は,南北資本ストック比率 λ の上昇がその変化 $\dot{\lambda}$ に与える効果を表す.南北資本ストック比率 λ の上昇は,非産油途上国の資本蓄積率 g_s が十分に大きい場合には,先進資本主義国の稼働率 δ を上昇させる.この稼働率 δ の上昇は,同国の利潤率 r_n や資本蓄積率 g_n を上昇させるので,b_{22} は負となる.b_{22} の符号については,このような状況を想定しよう.

以上の分析の結果,偏微係数 $b_{ij}(i, j=1, 2)$ の符号の組み合わせから,表3.2のように4つの南北経済構造が区別される.南北経済構造 I と II は,南北資本ストック比率 λ の上昇と共に,非産油途上国の工業製品や石油の輸入が十分に増大する非産油途上国成長輸入型の南北経済構造である.ただし,南北経済構造 I においては,国際利子率 i^* が先進資本主義国の資本蓄積率 g_{n0} より高く,南北経済構造 II においては,逆にその資本蓄積率 g_{n0} が国際利子率 i^* よりも高い.南北経済構造III と IV は,南北資本ストック比率 λ の上昇と共に,非産油途上国の一次産品輸出が十分に増大する非産油途上国成長輸出型の南北経済構造である.南北経済構造III は,国際利子率 i^* が先進資本主義国の資本蓄積率 g_{n0} より高い場合であり,南北経済構造IVは,その資本蓄積率 g_{n0} が国際利子率 i^* よりも高い場合である.

(3-64)式右辺の係数行列 $[b_{ij}]$ を B とし,特性根を $\gamma_i(i=1, 2)$ とすれば,特性方程式は,

$$(3\text{-}69) \quad |\gamma I - B| = \begin{vmatrix} \gamma - b_{11} & -b_{12} \\ -b_{21} & \gamma - b_{22} \end{vmatrix} = 0,$$

となり,これを展開して整理すれば

$$(3\text{-}70) \quad \gamma^2 + B_0\gamma + B_1 = 0 \; ; \; B_0 = -(b_{11}+b_{22}), \; B_1 = b_{11}b_{22} - b_{12}b_{21},$$

を得る．B_0 と B_1 の符号は，それぞれつぎのように表される．

南北経済構造 I と III：$B_0 \gtrless 0, \; B_1 < 0,$
南北経済構造 II と IV：$B_0 > 0, \; B_1 > 0.$

特性根 γ_i は，つぎの判別式

$$(3\text{-}71) \quad B_0{}^2 + 4B_1 = (b_{11}-b_{22})^2 > 0,$$

より，どの場合も 2 実根となることがわかる．また，

$$(3\text{-}72) \quad \gamma_1\gamma_2 = B_1,$$

より，南北経済構造 I と III については，1 根は正，他の 1 根は負となる．さらに，

$$(3\text{-}73) \quad \gamma_1 + \gamma_2 = -B_0,$$

より，南北経済構造 II と IV については，2 根とも負になる．

4 つの南北経済構造の均衡近傍の位相図を描けば，図 3.6 から図 3.9 のように表される．

以上のような 4 つの南北経済構造において実質石油価格 θ が下落した場合に，非産油途上国の債務残高比率 f と南北資本ストック比率 λ はどのような運動をするだろうか．実質石油価格 θ の下落が f と λ に及ぼす効果は，それぞれ次式のように得られる．

$$(3\text{-}74) \quad b_{13} = -\partial \dot{f}/\partial\theta = -[\alpha\sigma_n/(1+\tau)][1+(1-s_n)\tau](-\partial\delta/\partial\theta)$$
$$- s_s b_0 \sigma_s \lambda + (1-s_s)(1-\omega_s b_s)\sigma_s\lambda(-\partial\phi/\partial\theta)$$
$$- f_0 g_{n1}[\tau/(1+\tau)](-\partial\delta/\partial\theta)$$

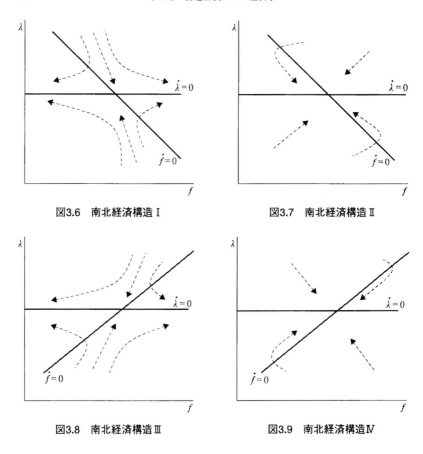

図3.6 南北経済構造Ⅰ 図3.7 南北経済構造Ⅱ

図3.8 南北経済構造Ⅲ 図3.9 南北経済構造Ⅳ

$$\begin{cases} >0, & \text{if 交易条件 } \phi \text{ が十分に改善}, \\ <0, & \text{if 交易条件 } \phi \text{ が悪化}, \end{cases}$$

(3-75) $\quad b_{23} = -\partial\dot{\lambda}/\partial\theta = -\lambda_0 g_{n1}[\tau/(1+\tau)]\sigma_n(-\partial\delta/\partial\theta) < 0.$

(3-74)式の右辺第1項は,実質石油価格 θ が下落した場合に,先進資本主義国や石油輸出国への一次産品輸出増大の効果を表す.第2項は石油輸入額の減少を表す.第3項は,一次産品交易条件 ϕ の変動が工業製品輸入に及ぼす効果を表し,第4項は,先進資本主義国の資本蓄積率 g_n への効果を表す.一次産品交易条件 ϕ が悪化し,非産油途上国の工業製品輸入が減少すれば,b_{13}

は負となる．しかし，一次産品交易条件 ϕ が十分に改善され，同国の工業製品輸入が十分に増大すれば，b_{13} は正となる．

(3-75)式は，実質石油価格 θ の下落が，先進資本主義国の資本蓄積率 g_n を上昇させ，南北資本ストック比率 λ の変化を低下させることを表す．

(3-64)〜(3-68)式と(3-74)〜(3-75)式を利用し，実質石油価格 θ が下落した場合に，曲線 $\dot{f}=0$，曲線 $\dot{\lambda}=0$ のシフトに及ぼす効果を表せば，つぎのようになる．

南北経済構造 I と III

$$-df/d\theta|_{\dot{f}=0} = -b_{13}/b_{11} > 0 \,(<0),$$
$$-d\lambda/d\theta|_{\dot{\lambda}=0} = -b_{23}/b_{22} < 0.$$

南北経済構造 II と IV

$$-df/d\theta|_{\dot{f}=0} = -b_{13}/b_{11} < 0 \,(>0),$$
$$-d\lambda/d\theta|_{\dot{\lambda}=0} = -b_{23}/b_{22} < 0.$$

経済は初期に定常状態 e_0 にあるとしよう．実質石油価格 θ の下落によって曲線 $\dot{\lambda}=0$ は，どの場合にも下方に移動する．しかし曲線 $\dot{f}=0$ は，①一次産品交易条件の悪化によって非産油途上国の工業製品輸入が減少する場合（$b_{13}<0$）には，南北経済構造 I と III のとき右方に移動し，南北経済構造 II と IV のとき左方に移動する．他方，②一産品交易条件の改善によって非産油途上国の工業製品輸入が十分に大きくなる場合（$b_{13}>0$）には，南北経済構造 I と III のとき左方に移動し，南北経済構造 II と IV のとき右方に移動する．図3.10 から図3.13 は，実質石油価格 θ が下落する場合の調整経路を表す．実線は $b_{13}<0$ の場合を表し，破線は $b_{13}>0$ の場合を表す．

国際利子率 i^* が先進資本主義国の資本蓄積率 g_{n0} より十分に高い場合には，南北経済構造が非産油途上国成長輸入型（南北経済構造 I，図3.10）の場合でも，非産油途上国成長輸出型（南北経済構造 III，図3.12）の場合でも，実質石油価格の下落が一次産品交易条件を改善し，非産油途上国の工業製品輸入を増大するときには，実質石油価格の下落によって非産油途上国の債務残高比率 f が持

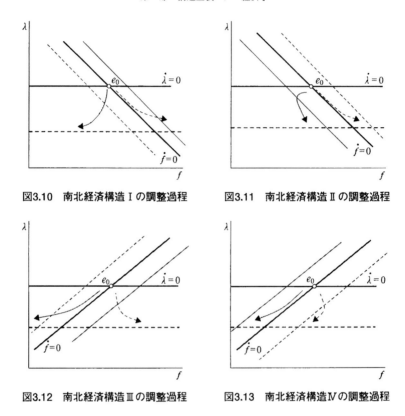

図3.10 南北経済構造Ⅰの調整過程　図3.11 南北経済構造Ⅱの調整過程

図3.12 南北経済構造Ⅲの調整過程　図3.13 南北経済構造Ⅳの調整過程

続的に上昇する可能性がある．

以上の分析の結果をつぎのような命題3.3にまとめる．

命題 3.3 第1に，実質石油価格の下落は南北資本ストック比率を低下させる．第2に，実質石油価格の下落は，①国際利子率が先進資本主義国の資本蓄積率よりも十分に高く(南北経済構造Ⅰ，Ⅲ)，かつ②実質石油価格の下落が一次産品交易条件を改善する場合には，非産油途上国の債務残高比率を持続的に上昇させる可能性がある．

3.5 むすび

本章では，構造主義マクロ経済学の視点から，先進資本主義国と非産油途上国および石油輸出国から成る南北経済モデルを構成し，資源価格が変動した場合に南北経済に及ぼす影響について検討した．主要な結論は，つぎのように要約される．

第1に，実質石油価格の下落は，先進資本主義国の稼働率・貨幣賃金率・工業製品価格・生産物賃金を上昇させるが，実質賃金率に及ぼす効果は先進資本主義国の労働市場の反応係数に依存する．

石油輸入国への実質所得のトランスファーは，工業製品需要を増大させ，先進資本主義国の稼働率を上昇させる．実質石油価格の下落は，初期には工業製品価格を低下させるが，稼働率の上昇と共に失業率が低下すれば，貨幣賃金率を上昇させ，工業製品価格を上昇させる．このとき，工業製品価格より貨幣賃金率の上昇率の方が高く，生産物賃金は上昇する．実質石油価格の下落によって一次産品交易条件が悪化し，一般物価水準が低下すれば，実質賃金率は上昇する．しかし，一次産品交易条件が改善されれば，実質石油価格の低下が実質賃金率に与える効果は不確定になる．

第2に，実質石油価格の下落は，非産油途上国の債務サービス比率を低下させるが，一次産品交易条件・一次産品超過需要・一次産品価格・国際収支赤字比率に及ぼす効果は不確定である．

実質石油価格の下落は，先進資本主義国の実質所得や一次産品需要を増大させるので，一次産品交易条件を改善する効果をもつ．このとき，先進資本主義国の工業製品価格が十分に上昇しなければ，一次産品交易条件は改善される．しかし，そうでなければ，一次産品交易条件は悪化する．実質石油価格の下落は，先進資本主義国の一次産品需要を増大させ，一次産品超過需要や一次産品価格を上昇させる．しかし，一次産品交易条件が改善されれば，一次産品供給を増大させるので，一次産品超過需要や一次産品価格に与える効果は不確定となる．

実質石油価格の下落は，一次産品輸出の増大によって非産油途上国の債務サ

ービス比率を低下させる．しかし，国際収支赤字比率に及ぼす効果は，一次産品輸出増大や石油輸入減少の効果と，実質所得増大による工業製品輸入増大の効果との相対的大きさに依存し不確定である．

第3に，実質石油価格の下落は，南北資本ストック比率を低下させ，つぎのような場合には非産油途上国の債務残高比率を持続的に上昇させる可能性がある．第1に，国際利子率が先進資本主義国の資本蓄積率よりも十分に高く，かつ第2に，実質石油価格の下落が一次産品交易条件を改善する場合である．

最後に，残された課題を指摘しむすびとしよう．本章では，一次産品輸出途上国の債務累積の問題について考察した．1980年代以降に債務累積問題に陥ったのは，一次産品輸出途上国よりもラテンアメリカやアジアの新興工業諸国である．このような新興工業諸国を明示的に組み入れた南北経済モデルを構成し検討する必要がある．また，一次産品輸出途上国の交易条件の改善や債務累積問題の解決に関する政策的な検討も行われていない．このような政策課題については，先進資本主義国の寡占企業や労働者の行動様式との関係で考察する必要があるだろう．

第 2 部

メキシコの構造主義マクロ経済分析

第4章　メキシコの経済開発戦略

4.1　はじめに

　メキシコ経済分析の課題は，アボイテス(Aboites, 1989)によればつぎのように
になる．戦後(1945-70年)のアメリカの経済成長の基礎には生産財部門と消費
財部門との動態的均衡が存在していた．しかし，同時期のメキシコの経済成長
(1945-54年の戦後期：年平均5.4％，1955-70年の安定成長期：年平均6.8％)
は，「メキシコの奇跡」と言われラテンアメリカでは目を見張るものではあっ
たが，アメリカのような両部門の動態的均衡どころか両部門の統合さえ欠如し
ていた．このような状況で，メキシコにおける安定的な経済成長はどのように
して可能になったのであろうか．

　このような課題は，具体的にはさらにつぎのような問題に答えることである．
第1に，生産財部門と消費財部門の低い統合度にもかかわらず，1940年から
1970年にかけてメキシコの経済成長を可能にした条件は何か．メキシコの奇
跡と言われた経済発展を可能にしたメキシコの蓄積体制とはどのようなもので
あったのか．第2に，1970年代以降のメキシコの経済危機はなぜ起きたのか．
メキシコの奇跡を可能にした経済開発モデルはなぜ幻想になったのであろうか．
第3に，そのような経済危機の克服のためにとられた開発戦略はどのようなも
のであったのか．

　本章の目的は，このようなメキシコ経済分析の課題について検討すると共に，
メキシコのマクロ経済構造や経済発展の制度的要因を明らかにすることによっ
て，次章以降のマクロ経済分析の基礎を提供することである．1970年代以降
のメキシコ経済は，古い蓄積体制の解体過程であり，また新しい蓄積体制の模

索過程でもある．ここで蓄積体制とは，生産条件の変化と消費条件の変化との間に一定の適合性を長期にわたり保証することができるような剰余生産物の体系的な分配様式のことである．メキシコ経済分析の課題に対する本章の仮説はつぎのようになる．

第1に，1940年代以降のメキシコの経済成長は，国家主導型の輸入代替工業化モデルによって可能になった．農産物を輸出し工業化のための資本財や中間財を輸入する農工関係と，労働者の実質賃金率を保証する賃労働関係を基礎にした輸入代替工業化がメキシコにおける蓄積体制である．このような蓄積体制の形成と維持に国家が積極的に介入し，また直接投資や対外借款などによって外国資本が国内の貯蓄や技術の不足を補った．

第2に，1970年代になると，農産物の国際価格が下落し，農産物輸出によって資本財や中間財の輸入を賄うという農工関係の維持が困難になってきた．また，賃労働関係が変容し，労働者の実質賃金率が低下し，消費財の国内市場が制約されるようになってきた．さらに，1980年代には債務危機が発生する．こうして国家主導型の輸入代替工業化モデルは十分に機能しなくなり，メキシコは経済危機に陥る．

第3に，このような経済危機脱出のためにとられた開発戦略は，ネオリベラリズムのもとでの民間主導型あるいは世界銀行＝IMF主導型の経済開発モデルである．この開発モデルは，国家介入の排除と経済自由化のもとで，農民や労働者を切り捨て，外国資本に依存しながら労働集約的工業製品を輸出し，資本財や中間財を輸入する輸出志向工業化である．

以下，本章はつぎのように構成される．4.2節では，1940年代以降のメキシコの経済成長を可能にした国家主導型の輸入代替工業化モデルについて検討する．その後4.3節で，1970年代以降のメキシコの経済危機と経済開発モデルの幻影化および新しい蓄積体制の模索について検討し，最後に4.4節で本章の結論を要約する．

4.2 国家主導型の輸入代替工業化

4.2.1 蓄積体制

リピエッツ(Lipietz, 1985; 1986)は,ブラジルや韓国の経済分析において「周辺部フォード主義」の経済開発モデルを提起した.これは,内包的蓄積と国内市場に基礎をおくが,生産財部門を外部に依存する開発モデルである.オミナミ(Ominami, 1986)は同様のモデルを「混合型蓄積体制」と呼んでいる.以下の議論は,基本的にはリピエッツやオミナミと同じであるが,アボイテス(Aboites, 1989)が構成したメキシコの経済開発モデルにもとづいている.

メキシコの奇跡を主導したのは国家主導型の輸入代替工業化モデル(Mosk, 1954; FitzGerald, 1978; 1985)である(図4.1を参照).1940年代から第2次世界大戦を経て1954年までは第1次輸入代替期,1955年から1970年までの安定成長期は第2次輸入代替期と呼ばれる.この開発モデルは,国家が経済過程に積極的に介入しながら,農産物輸出(図4.1のI)によって得た外貨をもとに資本財や中間財を輸入(図4.1のII)し,国内市場を関税や輸入許可制によって保護しながら,輸入消費財を国内生産で代替し工業化を進めるという戦略である.生産財の輸入を可能にするような農産物輸出の拡大と消費財の国内市場の拡大が経済成長の基礎である.工業化の基軸は,生産財部門ではなく,消費財部門や一部の中間財部門である.図4.1の点線以下の部分は,先進資本主義諸国とは異なるメキシコの経済開発における国際市場と農業部門の重要性を表す.先進資本主義諸国では,点線から上の部分で資本蓄積モデルは完結している.

ラテンアメリカでは,プレビッシュ(Prebisch, 1950)や国連ラテンアメリカ経済委員会(ECLA)の開発理論の影響を受けながら,輸入代替工業化が進められた[1].このような工業化を促進したラテンアメリカ諸国の事情にはつぎのような点がある(西向, 1981, 48-51頁).第1に,すでに第1次世界大戦以降,世界

---

1) 発展途上国は,一次産品輸出を軸にした伝統的な経済開発論に対する疑問からすでに工業化の必要性を認識していた.すなわち,①一次産品の所得弾力性が低いこと,②資源節約的な技術進歩,③人工的な代替品の開発,④先進資本主義国の保護主義などの要因から,伝統的な経済開発論は必ずしも有効ではないと考えられた.

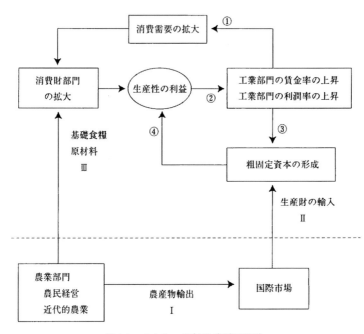

図4.1 メキシコの輸入代替工業化

恐慌や第2次世界大戦と幾度にもわたり工業製品輸入の途絶を経験し，経済的必要性から輸入代替工業化が行われていたことである．第2に，このような工業化のなかで各国政府が工業化の促進に必要な政策手段に習熟していたことである．第3に，第2次世界大戦後，政策的に工業化を検討するときに，なお十分に輸入代替の余地が残されており，あえて困難な輸出志向工業化へ転換する必要がなかったことである．当時，輸出競争力のある工業製品を生産する条件はラテンアメリカ諸国には不足していた．また，輸出需要についても悲観的な見解が支配していた．

このような背景のもとで，メキシコ政府が輸入代替工業化政策を擁護した要因にはつぎのような点が指摘されている(King, 1970, pp. 110-126)．第1に，特定の外国やその国の企業に対する対外的な経済依存度を低下させること，第2に，国内の余剰労働力に雇用を確保すること，第3に，農業部門から工業部門に労働力を移動することによって，農業における労働の限界生産力を上昇させ農業所得を増大すること，第4に，輸入を削減することによって国際収支制約

第4章 メキシコの経済開発戦略 119

を緩和することである．このうち第2と第3の点は，輸入代替に限らず一般に工業化に期待される役割である．

　輸入代替工業化において国家は，国内市場の保護，公共投資による経済基盤の整備，制度形態の形成という点で積極的に関わった．輸入代替の政策的手段には，割高な為替レートや輸入関税および輸入許可制がある．輸入代替工業化のもとでは資本財や中間財の輸入のために為替レートは割高に設定される．メキシコの為替レートは1954年から1976年にかけて1ドル＝12.5ペソに固定されていたが，インフレーションの昂進のもとで実質為替レートは割高に推移した．関税体系は1947年と1956年に改正・整備されていたが，国内市場の保護という点では，輸入許可制の方が重要であった．1947年に輸入許可制が開始された時その対象は輸入品目の18％であったが，1964年には総輸入の65％に拡大した(King, 1970, p. 76)．また，鉄道や電力を中心に公共投資が行われ[2]，総固定資本投資に対する公共投資の比率は1941-66年の平均で約43％を占めた(King, 1970, p. 48)．さらに，蓄積体制を支える農工関係や賃労働関係などの制度形態の形成に国家は積極的に介入した．

　輸入代替工業化は，1950年代には非耐久消費財の分野ではかなり進展し，1960年代になると耐久消費財からしだいに中間財や資本財部門がその対象になった(Aspra, 1977, p. 114)．自動車産業はそのような戦略的産業の1つである．自動車は20世紀初頭から輸入されたが，1925-58年に組立部門のメキシコ化が進められた．しかし，組立産業の拡大は部品輸入の増大につながる．そこで1958-69年には，部品生産の国産化が促進された．しかし，このような輸入代替工業化は，外国資本，特にアメリカ系多国籍企業への依存を深めた．1960年代の部品生産の国産化には，GM，フォード，クライスラー，日産などの外国企業が参加したが，純粋な民族企業は1社だけであった．民間総固定投資に対する直接投資の比率は約10％であるが(King, 1970, p. 62)，その影響力は技術や経営ノウハウの移転によってこの数字以上に大きかった．図4.2は，製造業に占める外国資本のシェアを表している．さらに，輸入代替工業化によって期待された輸入依存度の低下も，資本財や中間財の輸入増大のために十分な成果をあげることはできなかった(Ramírez, 1993a, p. 176)．

2)　1937年に鉄道，1938年に石油，1960年に電力が国有化された．

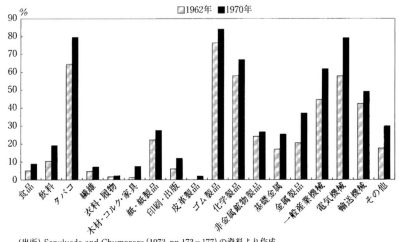

(出所) Sepulveda and Chumacero (1973, pp.173-177) の資料より作成。

図4.2 メキシコの製造業生産に占める外国企業の比率

経済開発モデルの蓄積体制の性質を決定するのは生産財部門と消費財部門の関係である．メキシコの生産財部門と消費財部門との生産的な相互依存関係は相対的に弱い．生産財部門は未成熟で本質的に対外依存的な性質をもち，先進資本主義諸国，特にアメリカの生産財部門と恒常的に結合している．外国からの機械・設備・中間投入財の輸入は，総輸入の大きな比率を占め，1955年から1970年の総輸入の80％以上を占めた(Aboites, 1989, 邦訳44頁)．メキシコの経済成長は，農産物輸出と共に，このような輸入資本財や中間財への依存という形でもつねに対外的に制約されてきた．

4.2.2 ポピュリズムと制度形態の形成

輸入代替工業化の形成と発展を可能にしたのは2つの制度形態である．ここで制度形態とは，社会的抗争や協調から歴史的に生み出され，社会的経済的な制度のうちに編成されている複合的な社会的諸関係のことである．メキシコの経済発展において重要な制度形態の1つは農工関係であり，もう1つは都市の賃労働関係である[3]．これらは1940年代以降のメキシコの蓄積体制を支えてきた基本的な制度形態である(Aboites, 1989, 邦訳36頁)．

このような制度形態は，カルデナス政権期(Lázaro Cárdenas：1934-40年)に

第4章　メキシコの経済開発戦略　　　121

確立された．メキシコ革命(1910-17年)後の動乱期を経て，メキシコの国家的
統一を進めたのはオブレゴン政権(Álzaro Obregón : 1920-24年)やカリェス政権
(Plutarco Elias Calles : 1924-28年)であったが，それを完成させたのはカルデナ
ス政権である(Cockcroft, 1983, pp. 115-141)．この政権はメキシコ革命によって
生まれた政権であり，その政策には，革命の影響が深く影を落としている．カ
ルデナス政権は，政府に対する農民・労働者・中間層などの不満を吸収し彼ら
を政権内部に組み入れると共に，従来の寡頭制的な支配階層内部の対立を解消
することを重要な課題にしていた．このような階級同盟からなる政治体制はポ
ピュリズムと呼ばれる(Laclau, 1977)．ポピュリズムの経済政策の特徴の1つ
は輸入代替工業化であり，カルデナス政権の意義は，1940年代以降における
メキシコの輸入代替工業化の社会経済的基盤を形成したことにある．

　ポピュリズムと輸入代替工業化には密接な相互依存関係が存在した(表4.1を
参照)．両者は共に，都市労働者や中産階級および農民を政治体制や工業化の
基礎にしている．工業化それ自体は，工業労働者や中産階級を生み出し，それ
を支持する階層を形成する．工業化が国内消費市場の拡大を基礎とする輸入代
替工業化戦略をとるとすれば，労働者や中産階級の賃金所得の増大や彼らの生
活基盤のための政府支出の増大を正当化することになる．また，国内工業の保
護のために輸入許可制や高関税政策および割高な為替レート政策も容認される．
さらに，国内市場向けの食糧供給や農産物輸出による外貨獲得のためには農民
層の支持も必要になるだろう．

　メキシコのポピュリズム政策の背景には，以下のような要因がある．第1に，
メキシコ革命から生まれた革命政権が政治目標の達成のために介入的意図を持
っていたことである．今日まで支配政党や政権は，メキシコ革命の正当な後継
者であることを表明している．第2に，政府介入を要請するような市場の失敗
や所得分配上の問題が存在していたことである．今日でもアジア諸国と比べメ
キシコの所得分配はきわめて不平等である(Sachs, 1989)．第3に，市場経済を

---

3)　アボイテス(Aboites, 1989)は，農民経営・近代的農業の接合と賃労働関係を重視する．一般に制
　度形態としては，①賃労働関係，②貨幣形態，③競争形態，④国家形態，⑤国際体制への参入が重
　視される(Boyer, 1986, 邦訳78-86頁)．メキシコの輸入代替工業化の制度形態の特徴は，①制度化
　された労使関係，②管理通貨制，③早熟的な独占化，④介入国家，⑤保護貿易主義にある．

第2部　メキシコの構造主義マクロ経済分析

表 4.1 メキシコの蓄積体制と政治体制

		輸入代替工業化	輸出志向工業化
蓄積体制	①賃労働・農工関係	制度化	変容・解体
	②貨幣形態	管理通貨制度	管理通貨制度
	③競争形態	早熟的独占化	早熟的独占化
	④国家形態	介入国家 (国家主導型)	国家介入の排除 (民間主導型)
	⑤国際レジーム	保護貿易	貿易自由化 (GATT/NAFTA)
政治体制	政治制度	ポピュリズム (ポピュリスト的コーポラティズム)	権威主義 (権威主義的コーポラティズム)
	権力基盤	労働者・中間層・農民	民間大企業 (IMF・世界銀行の支援)

抑制し市場以外の手段によって資源配分を達成しようとする要求が存在したことである．このような要求は特に組織労働者や中産階級から出された．ポピュリズム的な政策介入には，メキシコ革命後の支配的な政治体制が重要な役割を果たしていた(Bazdresch and Levy, 1991, p. 228)．

　カルデナスの社会経済改革の中で蓄積体制の基盤形成に貢献したのは，農地改革と都市の労働運動の擁護である．第1に，カルデナス政権は，大土地所有制アシエンダを解体し，農地改革を大幅に進め，約2,000万 ha の土地を約76万の農民に分配した．メキシコの農地改革は，私的所有の形態ではなくエヒードという共同所有の形態で農地を分配した．土地の所有権は共同体に帰属し，個々の農民(エヒダタリオ)はその用益権をもつにすぎない．この用益権は，相続可能ではあるが，賃貸・売買はできなかった[4]．第2に，カルデナスは農民・労働運動を積極的に擁護した[5]．1936 年のメキシコ労働者連合CTM (Confederación de los Trabajadores de México)の結成や，1938 年の全国農民連合CNC(Confederación Nacional Campesina)の結成を支援した．このような農地改革の前進や農民・労働運動の擁護は，農工関係の基礎になる農民経営を再建し，賃労働関係の確立を促した[6]．

---

4)　1992 年に憲法第 27 条が改正され，土地の賃貸・売買が可能になった．
5)　これらは，メキシコ革命後に制定された 1917 年憲法の第 27 条や第 123 条を具体化したものである．第 27 条は土地所有について規定している．第 123 条は，労働条件について規定し，1 日 8 時間労働，週 6 日労働，最低賃金，労働者の団体交渉権やストライキ権を明確にした．

4.2.3　農工関係

　国家主導型の輸入代替工業化を支えた制度形態の1つは，農業部門の貯蓄を工業部門の投資に向ける農工関係である．この制度形態は，農民経営と近代的農業の接合を軸に，非資本主義的な農民経営に特殊な役割を演じさせるものである．メキシコの農業部門はこのような制度形態を通じて工業部門の資本蓄積に重要な役割を果たした．そして国家は，農地改革や農産物価格の操作によってこの制度形態の形成に積極的に関わった．

　農業部門は，1940-70年には，農産物輸出(図4.1のI)による外貨の獲得，国内市場向けの基礎的食糧や工業投入財の供給(図4.1のIII)，都市部への労働力の供給という3つの重要な役割を果たした(Aboites, 1989, 邦訳60-62頁)．第1に，農産物輸出によって，農業は工業部門の資本蓄積の源泉としての役割を果たした．農産物輸出は，1940-50年には年平均12.3％，1950-60年には年平均8.9％で成長し，生産財輸入の最も重要な外貨の獲得源であった．第2に，農業総生産は1940-65年において年率4.5％以上の成長を示し，都市部へ供給される農産物の価格は安定していた．しかし，1950年から1963年にかけて農産物価格は工業製品に比べ相対的に低下した．これは，都市部の実質賃金率を上昇させ，工業製品に対する都市部の購買力を高めた．第3に，農地改革によって，農村から都市への労働力移動を促し，都市の労働需要を満たした．都市と農村の人口比率は，1940年には1：4であったが，1970年になると1：1になった．

　農民経営は，農業部門において近代的農業と共に輸入代替工業化の重要な役割を果たした(Aboites, 1989, 邦訳63-67頁)．1970年ごろ農民部門は，農村人口の約70％(約1,200万人)，農業生産単位の87％，耕作地の47％，農業総生産の41％を占めた．近代的農業は，生産単位の1.8％，耕作地の21％，農業総生産の33％である．農民経営は国内の基礎的食糧であるフリホール豆やトウモロコシなどを生産し，近代的農業は輸出用農産物の小麦や工業投入財を

---

6)　その他に金融制度の整備がある．1925年に中央銀行(Banco de México)が設立され，1934年には国立開発銀行(Nacional Financiera)が創設された．後者は輸入代替工業化を促進する社会的間接資本の整備のために長期の融資を行った．1930年代には他にも政府系金融機関がいくつか設立された．

生産した．また，近代的農業や都市の労働力の供給源として重要な役割を果た
したのは農民経営である．

国家は，農工関係の形成に2つの点で積極的に関わった．1つは農地改革で
ある．農地改革によって農民は生存水準を維持する上で十分な土地・資材を確
保できたわけではない．彼らは貨幣所得を得るために資本主義部門に依存しな
ければならなかった．貨幣所得は，労働力の供給や農産物の販売によって得ら
れる．もう1つは農産物価格政策である．食糧供給公社CONASUPO
(Compañía Nacional de Substencias Populares)は，基礎的な農産物価格の設定
に介入した．

基礎的食糧の保証価格の低下は3つの経済効果を持っている．1つは，都市
部の実質賃金率の上昇である．これは都市部の消費市場を拡大する．2つめは，
農業部門の賃金コストの低下である．トウモロコシの保証価格が低下すると，
農民は貨幣所得が減少するので，貨幣賃金を求めて農村の労働市場に参入する．
労働力の供給増大は，競争的労働市場のもとで労働者の貨幣賃金率を引き下げ，
近代的農業部門の賃金コストを低下させる．これは輸出農産物の対外競争力を
高める．しかし，第3に，保証価格の低下は農民の営農意欲を低下させ，長期
的には食糧の減産や農業の衰退をもたらす．農産物価格は，農民の営農意欲に
影響を及ぼすインセンティブの役割を持っている．

4.2.4　賃労働関係

輸入代替工業化を支えたもう1つの制度形態は賃労働関係である．賃労働関
係とは，労働力の使用と再生産を規定する総体である．1930年代になると，
メキシコの組織労働者は，最低賃金や団体交渉権および社会保障などの面で一
連の成果を獲得する．1931年に連邦労働法が制定（最低賃金制の確立など）さ
れ，1930年代末以降，国家が介入して編成した賃労働関係は，組織労働者の
賃金所得増大の基礎を形成した．1943年には社会保険庁が設立され，エチェ
ベリア政権期(Luis Echeverría Álvarez:1970-76年)には労働者住宅庁が設立され
た．また1945年には，メキシコ労働者連合CTMと全国製造業会議所
(Cámara Nacional de Industrias de Transformación)との間で労資協調を唱った
「産業労働協定」が締結された．このような労使間の社会的妥協は，賃金所得

第4章　メキシコの経済開発戦略　　125

を保証するとともに労働生産性を上昇させる基礎を与えた.

　メキシコの組織労働者は政権政党や国家と密接な関係を維持してきた. 制度的革命党 PRI(Partido Revolutionario Institucional)は, 結党以来 2000 年まで 71 年間政権を担当し[7], 組織労働者の多くはこの PRI の労働部会に属した. また国家は, 組織労働者に多様な特権を与える代わりに政権の支持基盤としての役割を期待した. これに対して政府系労働組合は, 1966 年以降, 労働議会 CT(Congreso de Trabajo)を結成し, PRI や政府の政策を支持してきた. このような政権政党と国家および労働組合の関係はメキシコに独特なネオ・コーポラティズム国家を形成した[8]. ポピュリズム政権にとって階級同盟の中心は労働者階級との関係である. メキシコでは PRI を媒介にして国家と労働組合が結びつき, ネオ・コーポラティズムが制度化されてきた. カルデナス以降のメキシコの政治体制は, ポピュリスト的コーポラティズムと呼ばれる(Kaufman, 1989).

　都市部の労働者の賃金所得の増大と消費ノルムは, 工業製品の国内市場の基礎を形成した(図 4.1 の①). 1940 年から 1970 年に国内総生産は年平均 6.4％上昇したが, この間, 都市部の労働者の賃金所得は農民経営部門に比べ相対的に大きく増大した. また, 国内総生産に占める賃金所得のシェアも, 1950 年の 25％から 1970 年には 40％に上昇した. さらに, 国内市場の拡大という点からみれば, この間, 家計の購買力は月平均 957 ペソから 1,834 ペソに約 2 倍になり, 家計の数も 1950 年の 500 万から 1970 年には 900 万に増大した(Aboites, 1989, 邦訳 89 頁).

　国内総生産増大の要因には労働生産性の上昇がある. 工業部門の労働生産性は, 1940-70 年に年平均 3.2％の上昇を示した. このような労働生産性の上昇

---

7)　PRI は, 1929 年に国民革命党 PNR(Partido Nacional Revolutionario)として結党され, 1938 年にカルデナスによってメキシコ革命党 PRM(Partido Revolutionario Mexicano)に再編された. その後, 1946 年に現在の PRI に改組された. 2000 年 7 月の大統領選挙で国民行動党 PAN（Partido de Acción Nacional）に敗れ, 長期政権に終止符を打った.

8)　発展途上国におけるネオ・コーポラティズムの成立には, ①経済開発過程における国家介入主義, ②労働者組織や資本家団体などの利益集団を媒介にした開発政策の決定, ③国家・労働組合・資本家団体の協調的集団主義などの要件がある. 協調的集団主義の主導権を軍や政治エリートおよび資本家団体が握れば権威主義的になり, 労働者組織が握ればポピュリスト的になる. ネオ・コーポラティズムについては加藤(1986)を参照のこと.

は，1つには資本形成と関係している(図4.1の④)．資本財は，国内では十分に調達できないので，多国籍企業によっておもにアメリカから輸入された．メキシコの再生産構造はアメリカに依存していた．労働生産性上昇のもう1つの要因は，工業部門の労働過程におけるテーラー主義あるいはフォーディズムである．労働過程の分割や熟練労働の解体は大量生産を可能にする．

　実質賃金率の上昇と労働生産性との正の相関関係(図4.1の②)は，安定的な蓄積過程を保証する基礎を与える．製造業の資本主義的企業は，1940-70年に，実質賃金率と労働生産性を急速に上昇させている．労働生産性/実質賃金指数(1960年=100)は1939年の55.2から1970年には118.6に上昇した．労働者の実質賃金率は上昇したが，それ以上に労働生産性が上昇した．それゆえ，企業の利潤率が上昇し，資本蓄積(図4.1の③)は安定的に行われた(Aboites, 1989, 邦訳94頁)[9]．

4.3　世界銀行＝IMF主導型の輸出志向工業化

4.3.1　国家主導型の輸入代替工業化の挫折

　1940年代以降の蓄積体制と制度形態は，1970年代以降，重要な変更を迫られた．蓄積体制は，国家主導型の輸入代替工業化を放棄し，世界銀行やIMFの指導のもとで輸出志向工業化を模索しはじめた．また制度形態は，第1に，農業と工業の結合関係が喪失し，賃労働関係が変容してきた．第2に，国家の主導的役割が後退し，経済自由化のもとで民間主導の経済活動が行われている．第3に，GATT(1986年加盟)やNAFTA(1994年発足)のもとで国際経済への新たな参入が試みられている[10]．1982年の債務危機以降，このような蓄積体制や制度形態を主導したのはネオリベラリズムの思想である(Ramírez, 1997)．

　1970年代以降の経済危機の要因には，農産物輸出の停滞，政治経済体制の正当性の危機，国際分業体制の変化がある．メキシコの蓄積体制が危機に陥った第1の要因は，農業が蓄積体制において果たしてきた輸出機能が停滞し(図

---

9)　メキシコのこの間の経済成長が，初期工業化(マルクス型＝資本分配率・貯蓄率は上昇するが，労働分配率は不変)なのか，あるいは高度工業化(クズネッツ型＝資本分配率・貯蓄率は低下するが，労働分配率は上昇)なのかについては十分な検討が必要である(速水, 1995, 144頁)．

第4章　メキシコの経済開発戦略　　127

4.1のⅠ，Ⅱの機能不全），農工関係に亀裂が生じたことである．1960年代後半以降の農産物の国際価格の下落は，基礎的食糧の国内生産から輸入への転換をもたらし，農産物輸入を増大させた（図4.1のⅢの機能不全）．他方，国際価格の下落は，農産物輸出による生産財輸入のための外貨獲得を困難にした．生産財部門が未成熟なメキシコ経済において，農産物輸出の停滞は，外貨不足から国内経済活動を制約するか，あるいは生産財輸入のために対外債務を増大する．

　第2に，都市部の諸階層を中心にメキシコの政治経済体制が深刻な正当性の危機に直面した．所得再分配を重要な政策目標とするポピュリズムのエチェベリア政権のもとで実質賃金率が急上昇した．しかし，労働生産性はそれほど上昇しなかったので，従来の賃金形成様式や賃労働関係に対して企業側から疑問が出された．製造業の実質賃金率は，1946-70年には年平均上昇率は2.7％であったが，1970-76年には年平均6.0％を記録した．しかもこの間，労働生産性の上昇率は3.3％から1.0％に低下した．労働生産性を上回る実質賃金率の上昇は企業の利潤率を圧縮し，資本蓄積を後退させる（図4.1の③→④→②の経路の機能不全）．このような状況のもとで全国商業会議所CONCANACO(Confederación Nacional de Cámaras Nacionales de Comercio)や1975年に結成された企業家調整委員会CCE(Cometē Coordinador Empresarial)など経営団体がエチェベリア政権の経済政策に反対の意思を表明した．

　経済危機は，インフレーションと共に姿を鮮明に現した．1970年代前半にインフレーションが加速した．これには食糧品や原油の国際価格の上昇による輸入インフレが関係している．政府は石油危機後の経済成長を回復するために財政赤字を拡大したが，これはインフレの加速を促進した．インフレーションはペソの対外通貨価値を過大評価し，為替の切り下げ期待を形成し，資本逃避を引き起こした．このような経済状況下で，1976年に経済危機が発生し，政府は通貨の大幅な切り下げに追い込まれた．経済危機が深刻化するなかでメキシコは，同年IMFの経済安定化政策を受け入れることになる．

　IMFの監視下で貨幣賃金率の引き上げは抑制され，1977年には戦後はじめ

---

10)　新しい蓄積体制のもとでの制度形態の特徴は，①農工関係の喪失と制度化された労使関係の変容，②管理通貨制，③早熟的な独占化，④国家介入の排除，⑤貿易自由化である．蓄積体制の変容のもとで特に，①④⑤の制度形態が変化した．

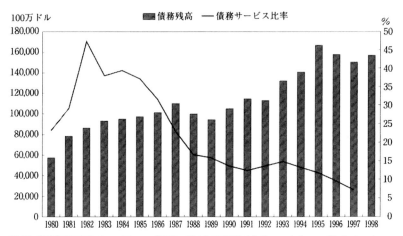

(出所) 債務残高はIDB, *Annual Report*, 債務サービス比率はECLAC, *Economic Survey of Latin America and the Caribbean* 各年版の資料より作成。

図4.3　メキシコの対外債務

て最低賃金の上昇率がマイナスになった。カルデナス政権期以降の政府と組織労働者とのポピュリスト的な関係は，ロペス・ポルティーリョ(José López Portillo:1976-82年)政権下でしだいに悪化し，デラマドリ(Miguel de la Madrid: 1982-88年)政権以降対立を深めることになる。

4.3.2　新しい蓄積体制＝輸出志向工業化の模索

1970年代以降の経済危機の第3の要因は国際分業体制の変化である。石油危機によって先進資本主義諸国は経済的に停滞し，国際分業体制も大きく変容した。1976年の経済危機後，メキシコの蓄積体制は，石油輸出を基礎にした公共投資主導型の輸出志向工業化を目指した。この蓄積体制の再編成は外国からの借款に依存していた。石油の国際価格が上昇するなか，1977-81年にはメキシコは石油ブームを迎える。メキシコ石油公社 PEMEX(Petroleos Mexicanos)は，1981年には輸出の76.1％を担っていた。農業は，外貨獲得や国内の基礎的食糧の供給という役割を後退させ，安定成長期の農工関係は完全に崩壊した。

石油輸出の増大につれ，資本形成も増大した。1976-81年の資本形成は年平均8.12％で増大した。このような高い資本形成率の結果，労働生産性は1976-

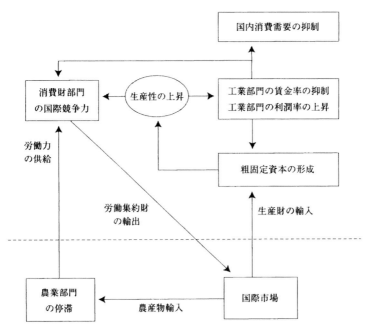

図4.4 メキシコの輸出志向工業化

81年に年平均3.5％上昇した．しかし，同期間に実質賃金率は年平均4.9％低下している．安定成長期には実質賃金率の上昇が国内消費市場の基礎を構成していた．したがって，このような実質賃金率の低下(図4.1①の経路の機能不全)は，賃労働関係の転換を意味するものであり，新たな蓄積体制の模索をも意味する．ただし，新しい蓄積体制はもはや国内市場に基礎をおくことはできない．

石油輸出を中心にした蓄積体制は，国際市場における金利の上昇や石油価格の下落によって動揺した．金利の上昇は対外債務を増大し，石油価格の下落はメキシコの対外信用度を低下させ対外借款を困難にした．債務サービス比率は1982年には50％近くまで上昇した(図4.3を参照)．1982年の債務危機はこのような状況のもとで発生し，メキシコは再びIMFの経済安定化政策(1983-85年)やさらに世界銀行の構造調整政策(1983年の輸出開発や1986年の貿易政策など)の管理下に入ることになる．

債務危機以降のメキシコの経済開発モデルは，経済自由化のもとで民間主導あるいは世界銀行＝IMF主導型の輸出志向工業化である(図4.4を参照)．マク

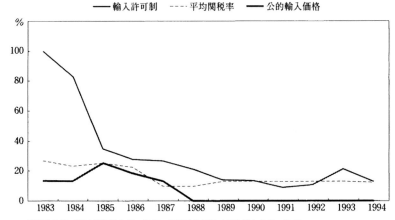

図4.5 メキシコの輸入自由化

ロ経済の安定化と共に，国営企業の民営化や貿易自由化が実施され，公共投資比率は急激に減少した．このようなネオリベラリズムによる蓄積体制は，デラマドリ政権下でIMFや世界銀行の主導のもとで模索され，サリーナス政権(Carlos Salinas de Gortari: 1988-94 年)下で全面的に展開され「サリーナストロイカ」と呼ばれ，さらにセディージョ政権(Ernest Zedillo Ponce de León: 1994-2000 年)に引き継がれた．

貿易自由化は，1985年7月の輸入許可制の漸進的廃止から始まり(図4.5を参照)，その後1986年3月の関税率の引き下げ，同年8月のGATT加盟，1987年12月の最高輸入関税率の引き下げ(45％から20％へ)などによって促進され(Kate, 1993, pp. 248-249)，さらに1994年のNAFTAの発効によって一応の到達を見る．金融自由化は，1988年以降実施され，信用規制や金利規制が廃止された(Warman and Thirlwall, 1994)．IMFや世界銀行は，メキシコに対する融資の条件にコンディショナリティーを課し，これをもとにメキシコの経済改革を誘導した．GATT加盟やNAFTA締結は，保護貿易政策への後退のコストを高め，貿易自由化政策に対する対外的信認を高めた[11]．新しい蓄積体制の模索と共に政治体制は，ポピュリスト的コーポラティズムから権威主義的コーポラティズムへ変容した[12]．

第4章 メキシコの経済開発戦略

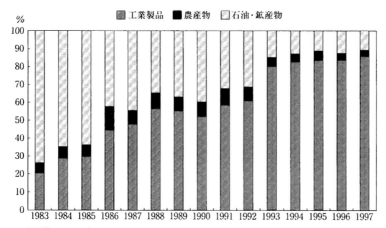

(出所) 1983-88年は Ramírez (1993a, p.184)、1989-97年は Indicadores Económicos (Banco de México)の資料より作成。

図4.6 メキシコの輸出構成の変化

　石油輸出に代わる外貨獲得源は，労働集約的な工業製品の輸出である(図4.6を参照)．債務危機後の1982年12月の緊急経済再編計画 PIRE(Programa Inmediato de Reordenación Económica)のもとで貨幣賃金率の引き上げは抑制された．この賃金抑制政策は，インフレ抑制と共に労働集約的な工業製品に対する海外需要の重視と関係している．賃金コストの削減によって，国際市場での工業製品の競争力が強化され，また外国企業が対メキシコ投資を促進することが期待された．賃金のコスト面が重視され，その所得やインセンティブの側面は軽視された．賃労働関係の変更は，工業製品輸出に依存した蓄積体制を推進するための最優先課題なのである．都市部の最低実質賃金率は1986年末には1982年の水準を30.3％も下回った．またこの間，マキラドーラの実質賃金率は年平均8.9％低下した．マキラドーラは，このような輸出志向工業化の戦略

---

11) メキシコのGATT加盟については Story (1982)を，また対外的信認を表す1つの指標である資本流入の拡大と経済改革の促進との関係については Ros (1994)を参照のこと．
12) IMF・世界銀行主導のオーソドックス型の経済調整政策と権威主義体制との対応関係は，1980年代にラテンアメリカの他の諸国でも観察される(Kaufman and Stallings, 1991, pp. 27-28)．PRIは，ネオリベラリズムあるいは社会自由主義のもとでコーポラティズムの性格を変容させ，労働者を切り捨て，大企業を擁護する方向に政策転換した(Gibson, 1997; Veltmeyer, Petras and Vieux, 1997)．

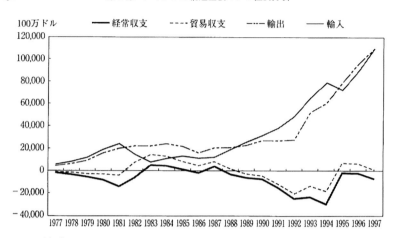

(出所) IFS (IMF), *Indicadores Económicos* (Banco de México) の資料より作成。

図4.7　メキシコの対外収支

的拠点であり[13]，1994年には約2,100の企業が進出し，メキシコの総輸出の43％を占めている(Zedillo, 1995)．

1980年代後半以降，メキシコの輸出は輸出志向工業化のもとで工業製品を中心に急激に増大している(図4.7を参照)．また輸入も，貿易自由化のもとで資本財や中間財を中心に急激に増大している．貿易収支や経常収支は，1990年代前半には赤字傾向が拡大し，1994年の通貨危機以降，輸入の削減で黒字に転換した．この間，輸出は持続的に増大している．

しかし，このような新しい蓄積体制には重要な問題がある．それは，メキシコの蓄積体制がいっそう国際市場の動向に左右されるということである．以前の農産物輸出と同様に，工業製品輸出が拡大しなければ，資本財や中間財の輸入が滞り，蓄積体制は動揺する．しかもこの蓄積体制は3つの点で重要な制約に直面する．第1に，先進資本主義諸国の保護主義がある．メキシコの貿易構造はアメリカへの依存から脱却できていない．アメリカの景気後退や保護主義は大きな制約条件になる(Ramírez, 1993a, p. 188)．第2に，技術革新による要

---

13) リピエッツの用語を用いれば，メキシコの蓄積体制はマキラドーラの全土的な展開とNAFTAによって周辺部フォード主義から流血的テーラー化へと転化した(Lipietz, 1985, 邦訳 88-89 頁)．マキラドーラの雇用関係については Wilson(1992) を参照のこと．

素集約性の逆転がある．技術革新は，労働集約的な工業製品の比較優位を先進資本主義国に移す可能性がある．雇用の確保や比較優位という点から資本集約的な輸入代替工業化から労働集約的な輸出志向工業化への転換が奨励された（Aspra, 1977）が，保護主義や要素集約性の逆転が進展すれば，発展途上国の雇用問題の解決の可能性は狭められるであろう．第3に，労働者の実質賃金率の切り下げは階級対立や社会的緊張を高めるという点がある．実質賃金率の引き下げは，生産コストを低下させるだけではなく，労働所得を減少させ，労働意欲を低下させるという側面がある[14]．

輸出志向工業化モデルに対する代替的な戦略がバーキン（Barkin, 1990）によって提起された．彼の戦時経済戦略はつぎの2つの政策からなっている．第1に，基礎的食糧価格を引き上げ，農村における農民や農業労働者の実質所得を引き上げ，農村経済を復興させることである．第2は，最低賃金を引き上げ，労働者の実質賃金率を引き上げることである．このような農民や労働者の実質所得の増大を基礎に国内消費市場を拡大し，内需主導型の経済成長を達成しようというものである．しかし，NAFTA によってリオグランデ川を渡ってしまったメキシコ政府に後戻りすることはできるだろうか．

4.4 むすび

本章は，1940 年以降のメキシコの経済開発戦略について検討した．以下簡単に本章の議論を要約しよう．

第1に，1940 年代以降のメキシコの経済成長は，国家主導型の輸入代替工業化モデルによって可能になった．この経済開発モデルは，国家が経済過程に積極的に介入しながら，農産物輸出によって得た外貨をもとに資本財や中間財を輸入し，輸入消費財を国内生産で代替し工業化を進めるという戦略である．この経済開発モデルを支える重要な柱は，農産物輸出によって工業化のための資本財や中間財を輸入する農工関係と，労働者の実質賃金率を保証する賃労働関係である．

---

14)　労働者の比率が高い都市部での PRI に対する支持は，1988 年の大統領選挙では 30 ％にまで低下している（Gibson, 1997, p. 351）．

第2部　メキシコの構造主義マクロ経済分析

　第2に，1970年代以降のメキシコの経済危機をもたらしたのは国家主導型の輸入代替工業化モデルの機能不全である．1970年代になると，農産物の国際価格が下落し，農産物の輸出によって資本財や中間財の輸入を賄うことが困難になってきた．また賃労働関係が変容し，労働者の実質賃金率が低下し，消費財の国内市場が制約されるようになってきた．こうして国家主導型の輸入代替工業化モデルは十分に機能しなくなり，メキシコは経済危機に陥った．

　第3に，経済危機脱出のためにメキシコがとったシナリオは，経済自由化のもとで外国資本に依存する民間主導型あるいは世界銀行＝IMF主導型の輸出志向工業化である．この蓄積体制には重要な国内的国際的な制約があるが，NAFTAによって課せられた国際的な約束のもとでメキシコは後戻りすることはできないだろう．

第5章 メキシコのマクロ経済変動

5.1 はじめに

メキシコにおけるインフレーションと対外不均衡の分析において重要な位置を占めるのは為替レートの役割である．為替レートは，その切り下げによってインフレーションを促進する．インフレーションの昂進のもとで実質為替レートが増価すれば，資本財や中間財の輸入が増大し，対外不均衡が拡大するだろう．割高な為替レートの設定は輸入代替工業化のもとでは一般的な傾向である．このような対外不均衡の拡大と実質為替レートの増価は，為替切り下げ期待を形成し通貨投機を引き起こす可能性がある．通貨投機によって政府は，為替レートのいっそうの切り下げを余儀なくさせられるだろう．安定成長期(1955-70年)の固定為替レート制を除き，戦後から1980年代の債務危機に至るまで，為替レートを媒介にしたインフレーションと対外不均衡とのこのような関係は，メキシコ経済に顕著に現れていた．1994年の通貨危機は実質為替レートの増価と対外不均衡の問題を再認識させた．

本章の目的は，1982年の債務危機以降のインフレーションと対外不均衡を中心に，メキシコにおけるマクロ経済の変動について検討することである．本章では，以下の点について明らかにする．

第1に，戦後期(1945-54年)には，為替レートの切り下げがインフレーションを引き起こし，これが実質為替レートの増価と対外不均衡を拡大し，さらに為替レートを切り下げるという悪循環が存在した．安定成長期(1955-70年)になると，このような為替切り下げ・インフレーション・対外不均衡の悪循環を回避するために，固定為替レート制が実施された．その結果，インフレ率は低

下し，高い経済成長をとげたが，割高な為替レートのもとで対外不均衡は拡大した．

第2に，経済調整期(1971-77年)には，輸入インフレによって上昇したインフレーションが固定為替レート制のもとで実質為替レートの増価と対外不均衡を拡大し，この結果，1976年に為替レートが大幅に切り下げられた．石油ブーム期(1978-81年)には，公共投資の拡大による輸入の増大が対外不均衡を拡大した．インフレ率も上昇したが為替レート調整は遅れぎみで，実質為替レートが増価した．国際金融市場の金利の上昇や為替切り下げ期待および資本逃避のもとで，1982年に債務危機が発生し，為替レートが大幅に切り下げられた．

第3に，債務危機以降は，為替レートを媒介にしたインフレーションと対外不均衡との関係に変化が生じた．対外不均衡は財政赤字の削減のもとで縮小し，インフレーションは為替レート調整や賃金調整と強い相関関係が現れた．

以下，本章はつぎのように構成される．5.2節では，1982年の債務危機以前のメキシコのマクロ経済変動を，戦後期(1945年から1954年)，安定成長期(1955年から1970年)，経済調整期(1971年から1977年)，石油ブーム期(1978年から1981年)の4期に分けて概観する．5.3節では，債務危機とスタグフレーション期(1982年から1988年)のマクロ経済変動と経済安定化政策について検討する．5.4節では，1980年代におけるインフレーションと対外不均衡について実証的に分析し，最後に結論を要約する．

5.2 債務危機以前のマクロ経済変動

5.2.1 戦後期：1945年から1954年

第2次世界大戦後からアレマン政権期(Miguel Alemán；1946-52年)にかけて，その後のメキシコの経済成長を保証する社会経済的基盤が形成された．特に1945年の製造業促進法の制定や1947年の輸入許可制によって，国家主導型の輸入代替工業化が促進された．

この時期の平均経済成長率(実質GDP成長率，以下同様)は，5.4％で，その後の安定成長期から1970年代に比較すれば低く，また不安定(標準偏差3.1％)である(図5.1および表5.1を参照)．平均経常収支赤字比率(対DGP比，以

第5章 メキシコのマクロ経済変動

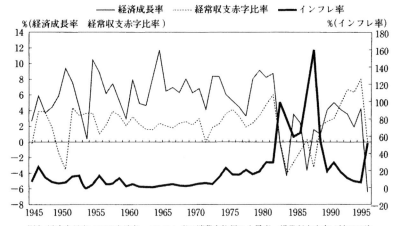

(注) 経済成長率はGDP成長率、インフレ率は消費者物価の上昇率、経常収支赤字は対GDP比。
(出所) *Indicadores Económicos*(Banco de México), Gil-Diaz(1984), Bazdresch and Levy(1991), Ramírez(1997)より作成。

図5.1 メキシコのマクロ経済変数の変動

下同様)は，2.0％で戦後から石油ブーム期まででは最も低いが変動幅(標準偏差2.7％)は大きい．平均インフレ率も，9.4％で安定成長期に次ぐ低さであるが，変動幅(標準偏差7.0％)は比較的大きく不安定である[1]．

戦後期の物価の不安定は，インフレーションと為替レート切り下げの悪循環によるものである．貯蓄を上回る投資は，経済成長や経常収支赤字およびインフレーションをもたらす．経常収支の赤字と，インフレーションによる実質為替レートの切り上げは，名目為替レートの切り下げをもたらし，この為替レートの切り下げが，インフレーションをさらに加速した(Cardoso and Levy, 1988, p. 351)．経常収支赤字比率は1946年と1947年にそれぞれ3.9％に達し，この結果，為替レートは1948年から1949年にかけて対ドル4.9ペソから8.6ペソに切り下げられた．この為替レートの切り下げにより，インフレ率は1949年の5.0％から6.7％(1950年)，13.6％(1951年)，14.1％(1952年)へ上昇した．その結果，実質為替レートは1952年を100として1954年には84に増価し，経常収支赤字比率も再び1953年と1954年には3.7％まで上昇し，1954年の為替レート切り下げの要因になった．

---

[1] この時期は，のちの安定成長期に対して「インフレ成長期」と呼ばれる場合もある(Garcia-Alba and Serra-Puche, 1983)．

第2部　メキシコの構造主義マクロ経済分析

表 5.1　メキシコの経済成長率とインフレ率および対外不均衡

	戦後期 1945-54	安定成長期 1955-70	経済調整期 1971-77	石油ブーム期 1978-81	債務危機以降 1982-88	1982-97
平均経済成長率	5.4	6.8	5.8	8.6	0.1	1.9
	(3.1)	(2.0)	(2.0)	(0.5)	(3.0)	(3.7)
平均インフレ率	9.4	4.4	14.0	23.7	88.5	50.6*
	(7.0)	(3.6)	(7.1)	(6.6)	(37.2)	(43.0)
平均経常収支	2.0	2.4	2.5	4.3	0.3	1.3
赤字比率	(2.7)	(0.7)	(1.4)	(1.5)	(5.5)	(3.8)

(注)単位は%，数字は期間算術平均，( )内は標準偏差．経済成長率は実質GDP成長率，インフレ率は消費者物価の上昇率，経常収支赤字比率は対GDP比。• は 1982-95 年。
(出所) *Indicadores Económicos* (Banco de México), Gil-Díaz (1984), *Criterios Generales de Política Económica para la Iniciativa de Ley de Ingresos y el Proyecto de Presupuesto de Egresos de la Federación* (Presidencia de la Republica, 1988), Dornbusch (1989) などより算出。

5.2.2　安定成長期：1955 年から 1970 年

戦後期における物価の不安定性を回避し，より安定的な経済成長を達成するために，固定為替レート制を中心にした以下のような「安定成長プログラム」が作成された．為替政策では，為替レートが 1954 年に対ドル 8.6 ペソから 12.5 ペソに切り下げられ，その後 1976 年までこの為替レートが維持された．固定為替レート制はこの時期の経済政策の重要な位置を占める．固定為替レートは，一方では輸入価格を安定させインフレーションを抑制するが，他方では割高な為替レートは輸入を促進する．割高な為替レートは，輸入代替工業化のもとで資本財や中間財の輸入を有利にしたが，農産物輸出には不利に働いた．

財政政策は，持続的な経済成長を保証する民間部門の投資促進に主眼がおかれ，例えば企業利潤の再投資に対して補助や租税控除が行われた．租税基盤が脆弱なために財政赤字が発生したが，政府支出は保守的な財政運営のもとで極力抑制された．また金融政策では，国内貯蓄を促進するために，年 9 ％の名目利子率 (実質 6-7 ％) が設定され，利子課税も低く抑えられた．貿易政策は，輸入代替工業化のもとで自由貿易から離れ保護主義を強めた．固定為替レート制下で政府は，実質為替レートの増価による輸入拡大効果を輸入許可制や関税などの保護貿易政策によって抑制しようとした (Balassa, 1983)．関税や輸入許可制および補助金などによる有効保護率は，1960 年には平均 72 ％で，輸入競合製品の場合には 88 ％に達した (Reynolds, 1978, p. 1009)．

この時期の平均インフレ率は 4.4 ％という比較的低い水準を維持し，また，実質 GDP も平均 6.8 ％で成長した．この時期の経済成長は，「メキシコの奇跡」とさえ呼ばれた．1960 年代から 70 年代におけるメキシコの製品価格の主要な決定因は国内費用にあった．石油・電力・輸送などの公企業の価格は低く抑えられた．輸入価格は国内価格よりも影響力が弱く，また短期需要はさらにその影響力が弱かった(Ros, 1980, p. 223)．したがって，この間の比較的低いインフレ率は，政府の価格規制による国内費用の安定と固定為替レートによる輸入価格の安定によるものと考えられる．他方，このような低インフレ率が固定為替レートを維持する上で重要な条件であった．

しかし，平均経常収支赤字比率は 2.4 ％に上昇し，国際収支の均衡という点からすれば，この時期は必ずしも均衡していない．経常収支悪化の基本的要因は，農産物輸出によって外貨を獲得し輸入代替工業化を促進しようとした経済開発モデルにある．消費財の輸入代替は資本財や中間財の輸入を拡大したが，農業生産の不振や農産物輸出には不利な割高な為替レートのために十分な外貨を獲得できず，また農業に代わる非伝統的部門の輸出も十分に伸びなかった(CIDE, 1980, pp. 178-180)．国家主導型の輸入代替工業化の蓄積体制はしだいにうまく機能しなくなり，対外不均衡を拡大していった．

5.2.3 経済調整期：1971 年から 1977 年

この時期は，1976 年の経済危機にいたるエチェベリア政権期(Luis Echeverría Álvarez:1970-76 年)と，その後 1977 年からはじまる IMF の経済調整政策の時期に分けられる．エチェベリア政権は，カルデナス政権(1934-40 年)やロペス・ポルティーリョ政権(1976-82 年)と共にメキシコにおけるポピュリズム政権と言われ，政治的民主主義と所得再分配を政策の柱にし，安定成長から「成長の共有」へと政策転換を行った(Bazdresch and Levy, 1991)．エチェベリアは，安定成長期における社会経済的不均衡，特に所得分配の悪化や貧困の拡大および地域格差の拡大などを是正するために，アペルトゥーラ(apertura)と呼ばれる政治経済改革を実施し，積極的な財政運営を行った．

1972 年に投資計画が発表され，公共部門主導型の投資政策が実施された(FitzGerald, 1979, p. 42)．またエネルギー価格や食料価格の安定化や，鉄道経

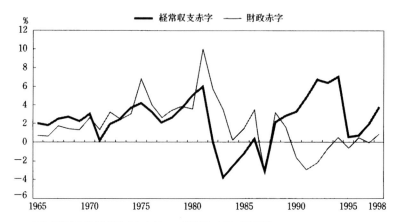

(注) 経常収支赤字と財政赤字（インフレ調整後）は共に対GDP比。
(出所) 経常収支赤字はBazdresch and Levy(1991), *The Mexican Economy 1999*(Banco de México),
財政赤字は*The Mexican Economy 1996, 1999*(Banco de México)の資料より作成。

図5.2　メキシコの経常収支赤字と財政赤字

営に対して多くの補助金が与えられた。このような積極的な政府支出は，1972年の税制改革の失敗[2]と共に，インフレ調整後の財政赤字(operational deficit)を対GDP比1.8％(1971年)から8.3％(1975年)に上昇させた(図5.2を参照)。公的部門の対外債務も1971年の66億ドルから1976年には210億ドルに増大した。

1976年の経済危機を契機に，経済成長基盤の回復，インフレーションの抑制，および経常収支赤字の削減を目的に，1977-79年にわたりIMFの経済調整政策が実施された(Whitehead, 1980; Buffie, 1990, p. 427)。このときIMFがメキシコに課したコンディショナリティーには，対外借入れ規制(年30億ドル)，中央銀行の外貨準備の拡充，非金融公的部門の赤字の削減，中央銀行の国内純資産の規制，経常取引に対する支払い規制，および輸入規制などが含まれる(Weintraub, 1981, pp. 271, 284)。

安定成長期に比較し，この間の平均経済成長率は5.8％に低下し，一方平均インフレ率は14.0％に上昇し，平均経常収支赤字比率も2.5％に上昇した。インフレ率は，1972年の4.8％から1973年には12.1％，1977年には20.7％に

---

[2] 民間経営団体(COPARMEX)が税制改革に強く反対した(Bazdresch and Levy, 1991, p. 239)。

第5章　メキシコのマクロ経済変動　　141

上昇した．1970-75年のインフレーションの主要な要因は，食糧品や原油の国際価格の上昇による輸入インフレである(FitzGerald, 1979, pp. 43,46)．1976年の為替レートの切り下げも輸入インフレを加速した．為替レート切り下げ後のインフレ率の低下は，農産物の国際価格の低下と賃金抑制によるものである(CIDE, 1980, pp. 182,186)．1973-74年のインフレーションによって実質実効為替レートは，1970年を100として1975年に96.9，1976年に94.5まで増価し，経常収支赤字比率は1975年に4.2％にまで上昇した．国内の実質金利も1973-76年にかけて，-5.5％，-12.3％，-2.0％，-33.4％とマイナスを記録した(Solis, 1981)．さらに世界的に金利が上昇し，短期資本の流出や資本逃避が拡大した[3]．インフレーション，実質為替レートの増価，経常収支の悪化，および短期資本の流出(資本逃避)などの結果，1976年に経済危機が発生し，同年8月31日には大幅な為替レートの切り下げが実施された(1ドル12.5ペソから22-23ペソへ約84％の下落)．

5.2.4　石油ブーム期：1978年から1981年

1978年の石油の発見と共に，メキシコ経済は石油輸出を基礎とした公共投資主導型の輸出志向工業化へと大きく変容する．原油輸出は，1978年の約18億ドルから1981年には約140億ドルに増大した．石油価格の上昇は，メキシコの交易条件を改善し，国際収支や経済成長に対する国際社会の期待を大きく変化させ，1978年初頭までに外国の民間資本が流入し始めた．この結果，IMF資金は不要になり，IMFの経済調整政策は放棄された[4]．

石油ブームは，メキシコの公共投資を増大し，財政赤字や対外債務を拡大した．1981年には公共投資は対GDP比12.9％に達した．この時期の公共投資は石油産業を中心に行われ，一方民間投資は商業・サービス部門に向い，製造業投資は停滞した．公共投資と共に貧困・低所得層に対する支出(SAM：Sis-

---

3)　メキシコの資本逃避については，Ortiz and Solis(1979), Cumby and Obstfeld(1983), Blanco and Garber(1986), Ize and Ortiz(1987), Ros(1987), Barkin(1990)などを参照のこと．
4)　この石油ブームがなければ，1982年の債務危機以降に実施された経済政策の転換は，エチェベリアのポピュリスト政策の結果もたらされた経済危機の故に，もっと早く実施されていたと考えられる(Kaufman and Stallings, 1991, p. 25)．

tema Alimento Mexicano)や公企業の低価格政策を維持する補助金などが増大
し，財政赤字が拡大した．インフレ調整後の財政赤字は，1978 年の 4.7％から
1981 年には 10.0％に上昇した．このような財政赤字は，対外借入れによって
ファイナンスされ，この結果，公的部門の対外債務が急速に増大した．

　石油ブームによって，経済成長率は 1977 年の 3.4％から 1978 年には 8.2％
に達し，この間の平均経済成長率は 8.6％に上昇した．しかし，平均インフレ
率が 23.7％に上昇し，平均経常収支赤字比率も 4.3％に上昇した．公共投資の
拡大は，1976 年から 1978 年の輸入自由化(1981 年には再び輸入規制)と共に，
石油の輸出を上回る資本財や中間財の輸入を増大させた(1978-81 年の年平均
成長率は 50％)．また，1978 年以降インフレ率は，16.2％(1978 年)から 28.7
％(1981 年)に上昇したが，為替レートの調整はインフレーションに比べ遅れ
ぎみで，実質為替レートは持続的に増価した．実質実効為替レートは，1970
年を 100 として 1978 年には 124 まで減価していたが，1981 年には 90.8 まで増
価した．この結果，非石油部門の輸出が停滞した．政府歳入と共に経常収支は，
石油収入に大きく依存し，国際市場における石油価格やその需要動向に左右さ
れることになった．総輸出に占める石油の比率は，1976 年の 15％から 1983
年には 74.1％に上昇した．1981 年後半における石油価格の下落は，このよう
な状況に固有の困難を引き起こすことになった(Cardoso and Levy, 1988, pp. 354
-355)．

5.3　債務危機以降のスタグフレーション

　1981 年に，実質為替レートが増価し，経常収支が悪化する(図 5.2 を参照)と
共に，為替切り下げ期待が増大し資本逃避が拡大した．1982 年 2 月には中央
銀行が外国為替市場への介入を停止し，ペソは約 40％下落した．さらにペソ
は同年 8 月に約 35％下落し，8 月 5 日には二重為替レート制が実施された．
政府は，ついに同年 9 月民間銀行を国有化し，それと前後して，公的対外債務
の 90 日間のモラトリアムが行われた．この結果，民間部門の政府に対する信
認が低下し，資本逃避をいっそう拡大した．1982 年の債務危機以降，メキシ
コの経済開発政策はネオリベラリズムの時代に入る(Ramírez, 1997)．

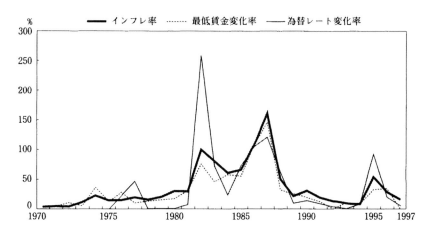

(注) インフレ率は消費者物価の期末変化率、最低実質賃金も期末変化率、為替レートは年平均変化率。
(出所) *Indicadores Económicos* (Banco de México) の資料より作成。

図5.3　メキシコのインフレ率・為替変動・貨幣賃金率

5.3.1　債務危機以降の2つの経済安定化政策

1982年の債務危機を契機に，インフレーションの抑制と国際収支の均衡回復を目的に，IMFの経済調整プログラム(1983年から1985年)が実施された．このようなオーソドックス型の経済安定化政策のもとで，国際収支の均衡は回復された．しかし，インフレーションが加速し，景気後退のもとでスタグフレーションが深刻化した．その結果，1987年12月にはインフレーションの抑制を目的にヘテロドックス型のショック療法へ政策転換が行われた．

(1)オーソドックス型の経済安定化政策：IMFの経済調整政策の基本的な政策手段は総需要抑制政策である．これは，財政赤字の削減を中心にした財政政策によって行われた．公共投資の削減や，間接税の3％ポイントの引き上げ，公的部門の相対価格の上方修正などの結果，対GDP比のインフレ調整後の財政赤字は，1981年の10.0％，1982年の5.8％から，1983年には3.7％，1984年には0.2％にまで縮小した(図5.2を参照)．総需要抑制政策による景気後退に対して対外需要を喚起し，輸出志向的な経済構造への転換を図るために，為替レートが切り下げられた．対ドル・ペソレートは，1982年に年平均257.9％，1983年には71.5％切り下げられ，その後切り下げ率は低下するが，1986年には再び102.2％，1987年には120.2％切り下げられた(図5.3を参照)．

賃金政策には，インフレーションの抑制と相対価格構造の適正化という2つの政策目標があるが(Cardoso and Levy, 1988, p. 364)，この時期おもにインフレーションの抑制に用いられた．最低賃金のインフレ調整係数は，1983年前期には0.5以下に低下し，1984年も1以下に抑制された．賃金改訂回数は，インフレーションの加速のもとで年1回から4回へ変更されたが，実質賃金率は大幅に低下している(Ros, 1987, pp. 93-94)．また，インフレーションの抑制のために，輸入自由化が実施された．輸入自由化によって競争が促進され，国内の硬直的な価格構造が崩れ，インフレーションが抑制されることが期待された．輸入規制の緩和や輸入許可制の関税による代替が促進された．

(2)ヘテロドックス型の経済安定化政策：オーソドックス型の経済安定化政策は，深刻な景気後退のもとで国際収支の均衡回復には有効であったが，インフレーションを加速させた．このような中でインフレーションの抑制を目的に，貨幣賃金率や為替レートおよび公的価格などの主要な価格変数の凍結と価格管理機構の導入を中心に，1987年12月に経済連帯協定PSE(Pacto de Solidaridad Económica)，1988年12月に経済の安定と成長のための協定PECE(Pacto para la Estabilidad y el Crecimiento Económico)が締結された[5]．為替レートは，自由レートについては1ドル=2,330ドルに，管理レートについては1ドル=2,273ドルに固定され，1988年の間維持された．その後1988年12月の「新協定」のもとで，固定為替レート制からクローリングペッグ制に移行した．貨幣賃金率は，すべての貨幣賃金率の即時15％の引き上げと，その後1988年1月に最低賃金の20％の引き上げ後，同年5月まで凍結されることになった．

5.3.2 債務危機以降(1982-88年)のマクロ経済変動

(1)経済成長：経済成長率は，1981年の8.8％から大幅に低下し，1982年に-0.6％，1983年には-4.2％を記録し，都市の失業率も，1982年に5.8％，1983年に7.7％に達した．このような景気後退は，財政支出の大幅な削減と為替レートの切り下げによるものである．財政支出の削減は，公共投資とそれと補完的な関係にある民間投資を削減した(Ramírez, 1991; 1993a; 1996-1997)．他

---

5) 同様のヘテロドックス政策は，1985年にアルゼンチンでアウストラル計画，1986年にブラジルでクルザード計画として実施されたが，十分な成果をあげることはできなかった．

方，為替レートの切り下げは，輸入資本財価格の上昇や企業の対外債務の実質額の増大などによって企業の期待収益率を低下させた．また，為替予想の修正によって対外投資の予想収益率を引き上げ，国内の民間投資を削減した．さらに，為替レートの切り下げは，賃金所得の分配率を1982年の41.8％から1983年には33.7％に低下させ，民間消費を減少させた(Ros and Lustig, 1987, pp. 18-19, 72-73)．

その後，経済成長率は，1984年には3.6％，1985年に2.5％と一時的に回復した．このような景気回復は，財政引き締め政策の緩和や加速度的減価償却制度およびインフレーションの低下に伴うインフレ課税の減少などによるものである．この結果，民間投資は1983年の−24.2％から1984年には9.0％に，消費需要は1983年の−7.5％から1984年には2.5％に回復した(Ros and Lustig, 1987, pp. 24-25)．しかし，原油価格の下落や財政金融政策の引締めと共に，1986年には再び経済成長率は−3.6％を記録し，1987年には1.7％，1988年には1.3％と低迷している．

(2)インフレーション：インフレ率は，1981年の28.7％から1982年には98.8％，1983年に80.8％へと大幅に上昇した．このようなインフレ率の上昇は，為替レートの大幅な切り下げをはじめ，公的価格や間接税および貨幣賃金率などの調整によるものである．諸価格の調整の相違の結果，相対価格が変動し，1983年前期には1981年と比較し，実質為替レートは73％減価し，エネルギーの実質価格は90％上昇し，実質賃金率は20％低下した(Ros, 1987, p. 103)．1983年央からインフレ率は低下しはじめ，1984年には59.2％まで低下した．これは，為替調整や賃金調整の抑制によるものである．

インフレ率はその後，1985年には63.7％，1986年には105.7％，1987年には159.2％へと再び上昇しだした．このようなインフレーションの加速は，1980年代後半以降のインデクセーション機構の確立とインフレ期待の形成に伴う慣性インフレによるものと考えられる(Ros, 1987, pp. 102-105)．賃金インデクセーションや，1984年12月と1985年3月の為替レート調整の上方修正，およびインフレ期待の形成は，賃金・為替・物価に強い相関関係を形成した(図5.3を参照)．1987年12月以降実施されたヘテロドックス型の経済安定化政策は賃金・為替・物価を統制した．その結果，インフレ率は1988年には51.7

％に低下し，また 1989 年 10 月には前年同期比 18.1 ％まで低下している．

(3) 対外不均衡：貿易収支は 1981 年の 46 億ドルの赤字から，1982 年には 63 億ドルの黒字に転じ，1983 年には 144 億ドルの黒字を計上した．経常収支も，1982 年の 62 億ドルの赤字から 1983 年に 53 億ドルの黒字に転じた (ECLAC, 1988)．このような対外不均衡の調整は，おもに公共投資や民間投資の減少による輸入削減によって行われた．

輸入総額は，1982 年には 37.1 ％，1983 年には 41.7 ％減少した．特に，資本財の輸入は，1982 年には 42 ％，1983 年には 62.2 ％も減少した．このような資本財輸入の減少は，メキシコにおける資本財産業の未成熟と関連し，景気後退期には投資需要の停滞が資本財輸入の削減をもたらす．反対に，1984 年から 1985 年の景気回復は，このような輸入の増大によって貿易収支を悪化させた．特に，輸入依存度の高い自動車産業の景気回復や実質為替レートの増価によって，輸入は 1984 年には 27.1 ％，1985 年には 15.8 ％増大した．1987 年の 122 億ドルから 1988 年の 189 億ドルへの大幅な輸入の増大は，輸入自由化政策や実質為替レートの増価などによるものである．一方輸出は，原油輸出が増大し 1982 年には 150 億ドルを上回り，それ以後，1986 年に原油価格が下落し 50 億ドル台に激減するまでは，ほぼこの水準を維持した．また非伝統的な工業製品の輸出も増大しはじめ，特に自動車・石油化学・石油関連製品の輸出が伸びた (Ros and Lustig, 1987, pp. 19-20)．

この時期のメキシコの貿易収支の変動は，メキシコ特有の蓄積体制の脆弱性——資本財産業の未成熟と石油産業への依存——に大きく依存している．また，マクロ・バランスからすれば，財政赤字の増大を伴う公共投資は，それと補完的な民間投資と共に純輸入を増大させ，貿易収支や経常収支の悪化を引き起こした．インフレ調整後の対 GDP 比の財政赤字比率と経常収支赤字比率には，強い相関関係がみられる (図 5.2 を参照)．

5.4 1980 年代のインフレーションと対外不均衡

5.4.1 経済モデル

1982 年の債務危機以降のメキシコのインフレーションと対外不均衡につい

第5章 メキシコのマクロ経済変動 147

て分析するために，以下のような簡単な経済モデルを構成しよう．

(1)インフレーション：為替レート(peso/dollar)を e，輸入財のドル建て価格を $p_x{}^*$，国内生産物価格を p_x，消費バスケットに占める輸入財のウェイトを α，国内生産物のウェイトを $(1-\alpha)$ とし，一般物価水準 p を，

$$(5\text{-}1) \quad p = (e p_x{}^*)^\alpha p_x{}^{1-\alpha} \; ; \; 0 < \alpha = \text{const.} < 1,$$

のように定義する．輸入財価格 $p_x{}^*$ を所与として，(5-1)式を変化率(^)の形に変形すれば，

$$(5\text{-}2) \quad \hat{p} = \alpha \hat{e} + (1-\alpha) \hat{p}_x,$$

を得る．国内生産物価格 p_x は，マークアップ方式による価格設定を想定し，

$$(5\text{-}3) \quad p_x = (1+\tau)(w_x b_x + e p_0{}^* b_0),$$

とする．ここで，τ はマークアップ率，w_x は貨幣賃金率，b_x は労働投入係数，$p_0{}^*$ は輸入中間財のドル建て価格，b_0 は輸入中間財の投入係数を表す．マークアップ率 τ，労働投入係数 b_x，輸入中間財価格 $p_0{}^*$，輸入中間財の投入係数 b_0 を所与として，(5-3)式を変化率の形に変形すれば，

$$(5\text{-}4) \quad \hat{p}_x = (1-\beta)\hat{e} + \beta \hat{w}_x \; ; \; \beta = [b_0 \pi b_x (1+\tau)] / [1 - b_0 \pi (1+\tau)],$$

を得る．ただし，$\pi = e p_x{}^* / p_x$ である．(5-4)式を(5-2)式に代入すれば，

$$(5\text{-}5) \quad \hat{p} = (1-\beta+\alpha\beta)\hat{e} + \beta(1-\alpha)\hat{w}_x,$$

となる．したがって，為替レートの減価率 $\hat{e}$ が大きいほど，あるいは貨幣賃金率の上昇率 $\hat{w}_x$ が高いほど，インフレ率 $\hat{p}$ は高くなる．

(2)対外不均衡：貿易収支の赤字を BT，対外債務残高を F，外国利子率を i^*，為替レート(peso/dollar)を e とし，経常収支赤字 CA を，

$$(5\text{-}6) \quad CA = BT + i^* eF,$$

のように定義する．経常収支赤字 CA は外国債券 F の発行によって賄われるが，民間部門の外貨保有 R を考慮すれば，国際収支の均衡は次式のようにな

る.

(5-7) $\quad CA = e(\dot{F} - \dot{R})$.

一方，政府の名目財政赤字 DT が，自国貨幣 M，自国債券 D，外国債券 F の発行によって賄われるとすれば，政府部門の予算制約式は，

(5-8) $\quad \dot{M} + \dot{D} + e\dot{F} = DT$,

となる．(5-7)式と(5-8)式から，

(5-9) $\quad CA = DT - (\dot{M} + \dot{D} + e\dot{R})$,

を得る．ここで，実質貨幣残高 m，実質自国債券残高 d，民間部門の保有する実質外国貨幣残高 r を，それぞれ

$$m = M/p, \quad d = D/p, \quad r = eR/p,$$

と定義すれば，

(5-10) $\quad \dot{M} = p\dot{m} + \hat{p}M$,
(5-11) $\quad \dot{D} = p\dot{d} + \hat{p}D$,
(5-12) $\quad e\dot{R} = p\dot{r} + \hat{p}(eR) - \hat{e}(eR)$,

となる．(5-10)式から(5-12)式を(5-9)式に代入すれば，次式を得る．

(5-13) $\quad CA = [DT - \hat{p}(M + D + eR)] - (p\dot{m} + p\dot{d} + p\dot{r} + \hat{e}(eR))$.

したがって，名目財政赤字 DT からインフレ課税 $\hat{p}(M + D + eR)$ を考慮したインフレ調整後の財政赤字(operational deficit)が増大するほど，あるいは民間貯蓄が減少するほど，経常収支赤字 CA は増大する．

5.4.2 推定結果

(1)インフレーションについての推定：(5-5)式から，為替レートの減価率 $\hat{e}$ が大きいほどあるいは貨幣賃金率の上昇率 $\hat{w}_x$ が高いほど，インフレ率 $\hat{p}$ は高くなると予想される．このような予想を実証的に検討するために，最小二乗法

第5章 メキシコのマクロ経済変動　　　　149

表5.2　インフレーションについての推定結果

推定期間	定数項	貨幣賃金率	為替レート	R^2	修正 R^2	DW
1970-82 年	6.114	0.567	0.193	0.934	0.920	2.220
	(1.741)	(2.933)	(3.768)			
	[0.112]	[0.015]	[0.004]			
1983-97 年	5.922	0.731	0.343	0.966	0.960	1.390
	(1.884)	(7.161)	(3.480)			
	[0.084]	[0.000]	[0.005]			
1985-97 年	5.031	0.770	0.285	0.981	0.977	2.189
	(1.958)	(8.379)	(3.157)			
	[0.079]	[0.000]	[0.010]			

(OLS)によって以下の式を推定した.

(5-14)　$p_t = c + \theta w_{xt} + \eta e_t + u_t.$

　データは, *Indicadores Económicos*(Banco de México)より, インフレ率は消費者物価の期末変化率, 貨幣賃金率は最低賃金の期末変化率, 為替レートは年平均の変化率を利用した. 1970 年から 1997 年までについて年次データを利用して推定した. 推定結果は, 表5.2 に示されるとおり, ほぼ予想どおりの結果が得られた. ( )内は t 値, [ ]内は p 値である. 債務危機以前と比較し1980 年代後半以降には, 決定係数 R^2 や自由度修正済決定係数 R^2 が上昇している.

　(2)対外不均衡についての推定: (5-13)式から, インフレ調整後の財政赤字が増大するほど, 経常収支赤字 CA が増大することが予想される. このような予想を実証的に検討するために, 対 GDP 比の経常収支赤字比率を ca_t, 対GDP 比のインフレ調整後の財政赤字比率を(op-deficit)$_t$ として, 以下の式を最小二乗法(OLS)によって推定した.

(5-15)　$ca_t = c + (op\text{-}deficit)_t + v_t.$

　推定期間は, 1970 年から 1988 年について行った. データは, 対 GDP 比のインフレ調整後の財政赤字比率については, 1970 年から 1981 年については Gil-Díaz(1984), 1982 年から 1988 年については *Indicadores Económicos*

150　　第2部　メキシコの構造主義マクロ経済分析

表5.3　経常収支赤字についての推定結果

推定期間	定数項	財政赤字	R^2	修正 R^2	DW
1970-88 年	−1.398	0.824	0.811	0.800	1.312
	(−3.121)	(8.553)			
	[0.006]	[0.000]			

(Banco de México)の年次データをそれぞれ利用した．対 GDP 比の経常収支赤字比率については，1970 年から 1981 年については Gil-Díaz(1984)，1982 年から 1986 年は *Criterios Generales de Política Económica para la Iniciativa de Ley de Ingresos y el Proyecto de Presupuesto de Egresos de la Federación* (Presidencia de la Republica, 1988)，1987 年と 1988 年は Dornbusch(1989)の年次データをそれぞれ利用した．推定結果は表5.3 に示されている．表5.2 と同様に，( )内は t 値，[ ]内は p 値である．ダービン・ワトソン統計量 DW が多少低いので，誤差項の自己相関を検討するためにルュング・ボックス(Ljung and Box)の Q 統計量を計測した．$Q(1) = 1.361$ $[0.243]$，$Q(2) = 1.967$ $[0.374]$，$Q(3) = 2.726$ $[0.436]$，$Q(4) = 3.358$ $[0.500]$である．[ ]内の p 値から判断して，誤差項が $AR(1)$，$AR(2)$，$AR(3)$，$AR(4)$に従っているという証拠はない．

　図5.4 は，経常収支赤字比率と財政赤字比率の相関を表したものである．ただし 1990 年代になると，このような経常収支赤字と財政赤字との関係はなくなる．財政赤字の改善のもとで経常収支赤字が拡大し(図5.2 参照)，1994 年の通貨危機をもたらした．

5.5　むすび

　本章は，債務危機以降のインフレーションと対外不均衡を中心に，メキシコのマクロ経済変動ついて検討した．簡単に結論を要約しよう．
　第 1 に，第 2 次世界大戦直後の戦後期(1945-54 年)には，為替レートの切り下げがインフレーションを引き起こし，これが実質為替レートの増価と対外不均衡を拡大し，さらに為替レートを切り下げるという悪循環が生じた．その後，安定成長期(1954-70 年)になると，このような為替切り下げ・インフレーショ

経常収支赤字比率

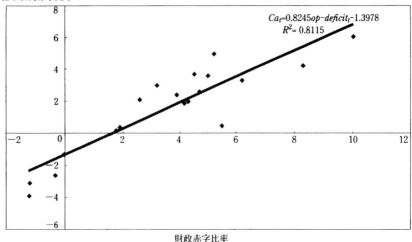

図5.4 メキシコの経常収支赤字と財政赤字

ン・対外不均衡の悪循環を切断するために,固定為替レート制が実施された.その結果,インフレ率は低下し高成長をとげたが,割高な為替レートのもとで対外不均衡は拡大した.

　第2に,戦後の輸入代替工業化が終わり,経済調整期(1971-77年)になると,輸入インフレによって上昇したインフレーションが,固定為替レート制のもとで実質為替レートの増価と対外不均衡を拡大した.この結果,1976年に為替レートが大幅に切り下げられた.石油ブーム期(1978-81年)には,公共投資の拡大による輸入の増大が対外不均衡を拡大した.インフレ率も上昇したが為替レート調整が遅れぎみで,実質為替レートが増価した.為替切下げ期待と資本逃避のもとで,1982年に債務危機が発生し,為替レートが大幅に切り下げられた.

　第3に,1982年の債務危機以降は,為替レートを媒介にしたインフレーションと対外不均衡との関係に変化が生じた.対外不均衡は財政赤字の削減のもとで縮小し,インフレーションは,為替レート調整や賃金調整と強い相関関係が現れ,慣性インフレの局面に入った.

第6章 メキシコのインフレ・スパイラル

6.1 はじめに

メキシコのマクロ経済指標は，1982年の債務危機以降，それ以前と比較し顕著な特徴が見られる．戦後から石油ブーム期まで持続された比較的高い経済成長率は，1982年には-0.6％，1983年には-4.2％とマイナスに転じ，債務危機以降(1982-88年，以下同じ)の平均経済成長率は0.1％である．また，対GDP比の経常収支赤字も低い経済成長と緊縮政策のもとで縮小し，この間，平均0.3％になった．他方，インフレ率は，1981年の28.7％から1987年には159.2％にまで上昇し，この間の平均インフレ率は88.5％を記録している．しかも，債務危機以降のインフレーションの変動は，貨幣賃金率や為替レートの変動との相関関係を強め，賃金・物価・為替のスパイラルを引き起こしている．メキシコのインフレーションは，この間，インデクセーション機構の確立と共に慣性インフレの性格を強めた[1]．

このような状況において，1982年の債務危機を契機に，国際収支の均衡回復とインフレーションの抑制を目的にIMFの経済安定化政策が1983年から85年にわたって実施された．しかし，このようなオーソドックス型の経済安定化政策のもとで，国際収支の均衡は回復されたが，景気後退のもとでインフレーションが加速した．その結果1987年12月には，インフレーションの抑制を目的に，政府・経営者・労働者・農民の間で，経済連帯協定PSE(Pacto de Solidaridad Económica)が締結され，メキシコの経済政策はヘテロドックス型

---

1) メキシコの慣性インフレについては，Cardoso and Levy(1988, p. 365), Dornbusch(1988, pp. 903 -906)などを参照のこと．

の経済安定化政策へと大きく転換した．インフレーションは，その結果，1989年には19.7％，1990年には29.9％まで抑制された．

本章の目的は，債務危機以降メキシコにおいて顕著に現れた対外債務のもとでの賃金・物価・為替のスパイラルについて，構造主義マクロ経済学の視点から検討することである．本章では以下の点について明らかにする．

第1に，メキシコにおける慣性インフレの基本的要因は，政府が為替市場に介入し，労働者が現実以上の実質賃金率を要求し，さらに企業や農民が生産物価格の引き上げを要求するという経済主体の行動様式にあり，インフレーションの抑制のためには，このような経済主体の行動様式の統制が必要になる．

第2に，債務危機以降実施されたIMFの経済政策のようなオーソドックス型の経済安定化政策では，財政赤字の削減を中心にした総需要抑制政策が実施されるが，経済主体の行動様式には基本的な変化は見られない．したがって，慣性インフレを抑制することはできない．

第3に，1987年12月，政府・労働者・経営者・農民の間で，経済連帯協定PSEが締結され，メキシコの経済安定化政策はヘテロドックス型の政策に転換した．この協定のもとで，政府は為替レートを固定し，労働者は貨幣賃金率の引き上げを抑制し，さらに経営者や農民は生産物価格の引き上げを抑制した．このような経済主体の行動様式の統制によって，慣性インフレの抑制が可能になる．

第4に，メキシコ政府と国際民間銀行との間で1990年2月，債務削減政策が合意された．また，サリーナス政権下では経済改革が実施された．このような債務削減政策のもとでの金利の低下や経済改革下の民間投資の促進は，メキシコの債務残高比率の低下に有利な条件を与える．

以下，本章はつぎのように構成される．6.2節では，メキシコの対外債務下の賃金・物価・為替のスパイラルを検討するために，簡単な構造主義マクロ経済モデルを構成する．6.3節では，このモデルの経済動学について検討し，賃金・物価・為替のスパイラルのメカニズムを明らかにする．6.4節では，オーソドックス型の経済安定化政策について検討し，このような政策のもとでは賃金・物価・為替のスパイラルの解消が不可能なことを示す．6.5節では，ヘテロドックス型の経済安定化政策について検討し，最後に結論を要約する．

6.2 メキシコのマクロ経済モデル

メキシコにおける対外債務のもとでの賃金・物価・為替のスパイラルを検討するために，以下のような特徴をもつ簡単なマクロ経済モデルを構成しよう[2]．このモデルは，カレツキー・マルクス型の資本蓄積モデルである．経済は，石油を生産する政府部門と，工業製品を中心に石油以外の生産物を生産する民間部門の2部門から成る[3]．民間部門の生産物はおもに消費財とし，中間財や資本財の多くは外国から輸入されるものとする．政府部門の石油は，所与の価格のもとですべて輸出される．石油以外の生産物市場は稼働率によって調整され，その価格はマークアップ方式によって決定される[4]．貨幣賃金率は，労働者と企業との交渉によって決定される．為替レートの調整と政府支出は政策ルールによって行われる．

6.2.1 生産部門

民間部門における代表的企業の生産物供給態度から明らかにしよう．生産関数を

$$(6\text{-}1) \quad X_i^s = \sigma_i K_{iop} \text{ ; } \sigma_i = \text{const.} > 0,$$

とし，労働雇用を

$$(6\text{-}2) \quad N_i = b_i X_i^s \text{ ; } b_i = \text{const.} > 0,$$

とする．X_i^s は石油以外の生産量，σ_i は稼働資本1単位当りの生産量(所与)，N_i は労働雇用量，b_i は労働投入係数(所与)，K_{iop} は稼働資本設備を表し，

---

2) 以下のモデルについては，Taylor(1983; 1989; 1990)，Gibson, Lustig and Taylor(1986)などを参照のこと．また，構造主義マクロ経済学によるメキシコ経済の分析については，Taylor(1984)，Ayala and Duran(1986)，Ros(1987)，Ros and Lustig(1987)，Ros and Rodriguez(1987)，Villarreal(1988)，Lustig and Ros(1993)，Lustig(1991; 1998)，Ramírez(1993a; 1996-1997)などを参照のこと．

3) ここでの対象は1980年代であり，農工関係はすでに喪失し，外貨獲得の中心は石油である．

4) 構造主義マクロ経済モデルの1つの特徴は，生産が需要によって決定され，価格が供給側で決定されるという点にある．このようなモデルのメキシコ経済への適用可能性については，Ize and Salas(1985)を参照のこと．

(6-3) $K_{iop} = \delta K_i$,

である. K_i は民間部門の資本ストック, δ は資本設備の稼働率を表す. 民間
企業は, 生産物市場の不均衡に対し, 稼働率 δ の調整によって対応する. し
たがって,

(6-4) $\dot{\delta} = \xi[(X_i^D - X_i^s)/K_i]$; $\xi = \text{const.} > 0$,

と想定する. $\dot{\delta} = d\delta/dt$ で, ドット ($\cdot$) は時間微分を表す. X_i^D は石油以外の生
産物の有効需要, ξ は調整係数(所与)を表す. ただし, 以下無限の調整速度,
すなわちこの生産物市場の均衡を仮定する. (6-4)式は, 生産物市場に超過需
要があれば, 民間企業が稼働率 δ を上方修正することを表す. 逆は逆.

　政府部門の生産関数と労働雇用はつぎのように想定する.

(6-5) $X_g^s = \sigma_g K_g$; $\sigma_g = \text{const.} > 0$,
(6-6) $N_g = b_g X_g^s$; $b_g = \text{const.} > 0$.

X_g^s は石油の生産量, σ_g は産出資本係数(所与), N_g は労働雇用量, b_g は労働
投入係数(所与)を表し, K_g は資本ストックで完全稼働されているものとする.

6.2.2　投資部門

　民間部門と政府部門の投資関数はつぎのように想定する.

(6-7) $g_i = g_{i0} + g_{i1}(\delta - \delta^*)$; $g_{i0}, g_{i1}, \delta^* = \text{const.} > 0$,
(6-8) $g_g = g_i$.

$g_i (= \dot{K}_i/K_i)$ は民間部門の資本蓄積率, g_{i0} は民間部門の長期期待資本蓄積率
(所与), g_{i1} は反応係数, δ^* は企業の要求する正常稼働率(所与)を表す. 民間
企業は, 長期期待資本蓄積率と市場の需給状況(稼働率 δ)によって投資を決定
する. $g_g(= \dot{K}_g/K_g)$ は政府部門の資本蓄積率で, 簡単化のために民間部門の行
動にしたがうものとする. メキシコでは, 公共投資と民間投資の間に相関関係
が認められる(Ramírez, 1991; 1993a; 1996-1997).

6.2.3 価格・賃金部門

石油以外の生産物価格 p_i はマークアップ方式によって決定されるとしよう.

$$(6\text{-}9) \quad p_i = (1+\tau)(wb_i + ep_0{}^* b_0) \; ; \; \tau, p_0{}^*, b_0 = \text{const.} > 0.$$

τ はマークアップ率(所与), w は貨幣賃金率, e は自国通貨建て為替レート, $p_0{}^*$ は外国通貨建て輸入中間財価格(所与), b_0 は輸入中間財投入係数(所与)を表す.

貨幣賃金率 w は, つぎのように労働者と企業との交渉によって決定される.

$$(6\text{-}10)' \quad \hat{w} = k(\omega^* - \omega) + w_1 \hat{p}^e \; ; \; k, w_1, \omega^*, \hat{p}^e = \text{const.} > 0.$$

ハット($\wedge$)は変化率(例えば, $\hat{w} = \dot{w}/w$), ω^* は労働者の要求実質賃金率, ω は現実の実質賃金率, $\hat{p}^e$ は期待インフレ率(所与), k, w_1 は反応係数(所与)を表す. 賃金交渉の基礎になるのは政府・労働者・経営者が参加する最低賃金全国委員会によって決定される法定最低賃金である[5]. ここで, 実質賃金率 ω を

$$(6\text{-}11)' \quad \omega = w/p,$$

と定義しよう. 消費バスケットにおける外国生産物のウェイトを α, 自国生産物のウェイトを $1-\alpha$ とし, 一般物価水準 p を

$$(6\text{-}12) \quad p = (ep_i{}^*)^{\alpha} p_i{}^{1-\alpha} \; ; \; p_i{}^* = \text{const.} > 0,$$

とすれば, (6-11)′式はつぎのように書き換えられる. ただし, $p_0{}^* = p_i{}^* = 1$ とする.

$$(6\text{-}11) \quad \omega = [1 - (1+\tau) b_0 \pi]/(1+\tau) b_i \pi^{\alpha}.$$

$p_i{}^*$ は外国通貨建ての外国生産物価格(所与), π は生産物価格 p_i で表した実質為替レートで,

---

5) 典型的な労働者家計の必要実質賃金は, 1988年には最低賃金の4.78倍と言われている(Barkin, 1990, 邦訳196頁).

$(6\text{-}13)$ $\pi = e p_i{}^* / p_i,$

である．実質賃金率 ω は(6-11)式より実質為替レート π の減少関数となり，この関係を考慮すれば，(6-10)′式はつぎのように書き換えられる． w_0 は調整係数(所与)である．

$(6\text{-}10)$ $\hat{w} = w_0(\pi - \pi^*) + w_1 \hat{p}^e \; ; \; w_0, \pi^* = \text{const.} > 0.$

6.2.4 需要部門

石油は所与の価格 $p_g{}^*$ ですべて輸出されるが，石油以外の生産物の需要は，つぎのように想定される．

$(6\text{-}14)$ $p_i X_i{}^D = pC + p_i G_1 + e p_i{}^* E X_i.$

C は実質消費需要，G_1 は実質政府支出，EX_i は実質純輸出を表す．消費需要 pC は，利潤所得者の消費需要 $C_i{}^\pi$ と労働者の消費需要 $C_i{}^w$ からなる．

$(6\text{-}15)$ $pC = C_i{}^\pi + C_i{}^w.$

利潤所得者の消費需要 $C_i{}^\pi$ は，可処分所得の増加関数とする．利潤所得者の可処分所得 $X_d{}^\pi$ は，利潤所得と内国債の利子受取から所得税 T^π を控除したものである．

$(6\text{-}16)$ $C_i{}^\pi = c_0 X_d{}^\pi \; ; \; c_0 = \text{const.} > 0,$

$(6\text{-}17)$ $X_d{}^\pi = \tau(w b_i + e p_0{}^* b_0) X_i{}^s + iD - T^\pi \; ; \; i = \text{const.} > 0.$

c_0 は利潤所得者の消費反応係数(所与)，i は国内利子率(所与)，D は民間部門の内国債保有残高，T^π は利潤所得者の所得税を表す．労働者は，賃金所得から所得税 T^w を控除し残りをすべて消費する．

$(6\text{-}18)$ $C_i{}^w = w(N_i + N_g) - T^w.$

政府支出 G_1 は，のちに示される政策ルールによって決定される．海外需要は，簡単化のために純輸出比率 ex_i を所与とする．

第6章 メキシコのインフレ・スパイラル 159

(6-19) $ex_i = EX_i / K_i = \text{const.} > 0$.

6.2.5 政府部門

政府部門の予算制約は,

(6-20) $\dot{M} + e(\dot{F} + \mu F) + T_0 + (ep_g^* X_g^s - wN_g)$
$= p_i G_1 + ep_i^* G_2 + iD + (i^* + \mu) eF$; $\mu, i^* = \text{const.} > 0$,

のように想定する. M は自国貨幣のストック額, F は外国通貨で表した外国債ストック額, μ は対外債務の元本償還比率(所与), $T_0 (= T^\pi + T^w)$ は所得税, $(ep_g^* X_g^s - wN_g)$ は石油の輸出純収入, G_2 は政府部門の投資財輸入, i^* は外国利子率(所与)を表す. 財政赤字は, 貨幣供給の増大か外国債券の発行によってファイナンスされる.

6.2.6 外国部門

国際収支の均衡条件は,

(6-21) $e(\dot{F} + \mu F) = (EM_i - ep_i^* EX_i - ep_g^* EX_g) + (i^* + \mu) eF + e\dot{R}$,

である. 貿易収支の赤字(右辺第1項), 対外債務の元利返済(同第2項)および民間部門の資本輸出 $\dot{R}$(同第3項)などに必要な資金は, 外国債券の発行によって賄われる. 民間部門の資本輸出比率 $\phi (= \dot{R}/K_i)$ を(6-22)式のように想定する. π_{st} は民間部門の資本輸出に関する基準為替レートで, 実質為替レート π の増価は為替切り下げ期待を高め, 資本輸出を拡大する[6].

(6-22) $\phi = \phi_0 (\pi_{st} - \pi)$; $\phi_0, \pi_{st} = \text{const.} > 0$.

資本財・中間財の輸入比率 em_i は,

(6-23) $em_i = EM_i / p_i K_i = \pi[(1 + \lambda) g_i + b_0 \sigma_i \delta]$; $\lambda = \text{const.} > 0$,

---

6) メキシコの民間資本輸出や資本逃避については, Ize and Ortiz(1987), Ros(1987), Barkin(1990)などを参照のこと.

となる. $\lambda (=K_g/K_i)$ は政府部門の民間部門に対する資本ストック比率を表す[7].

6.2.7 政策ルール

経済政策のルールについては, (1)基本型, (2)オーソドックス型, (3)ヘテロドックス型の3つを区別する.

(1)基本型の経済政策：この政策ルールでは, 為替レートの切り下げ率と政府支出比率 $x(=G_1/K_i)$ を所与とする. 為替調整ルールについては, 1983年から85年にかけて複数為替レート制のもとで日々一定の切り下げを行うというクローリングペッグ制が実施されていた.

$$(6\text{-}24) \quad \hat{e}=e_0=\text{const.}>0,$$
$$(6\text{-}25) \quad x=x_0=\text{const.}>0.$$

(2)オーソドックス型の経済政策：オーソドックス型の経済安定化政策では, 財政赤字の削減を中心にした総需要抑制政策や為替政策が実施される. この政策ルールでは, 財政赤字の削減を中心にした総需要抑制政策は, インフレーションの抑制と国際収支の均衡回復という2つの政策目標を持つ. また為替レートの調整も, インフレーションの抑制と国際収支の均衡回復という対立した政策目標のもとに実施される. ここでは, 総需要抑制政策はインフレーションの抑制に, 為替調整政策は国際収支の均衡回復にそれぞれ割り当てる. つぎのような政府支出と為替調整ルールを想定しよう.

$$(6\text{-}24_\text{T}) \quad \hat{e}=e_1(f-f_{ta1})+e_2(\pi_{ta1}-\pi)\,;\,e_1,\,e_2,\,f_{ta1},\pi_{ta1}=\text{const.}>0,$$
$$(6\text{-}25_\text{T}) \quad \hat{x}=x_1(\pi_{ta2}-\pi)\,;\,x_1,\pi_{ta2}=\text{const.}>0.$$

f は対外債務残高比率 $(=F/K_i)$, f_{ta1} と π_{ta1} は目標とされる対外不均衡の代理変数(所与), π_{ta2} は目標インフレ率の代理変数, e_1, e_2, x_1 は調整係数(所与)を表す. 対外債務残高が基準値 (f_{ta1}) を上回ったり, 実質為替レートが基準 (π_{ta1}) 以上に増価すると, 為替レートは切り下げられる. またインフレ率

---

7) 政府部門の民間部門に対する資本ストック比率 $\lambda=K_g/K_i$ は, (7-8)式の想定のもとで一定となる.

第6章　メキシコのインフレ・スパイラル　　161

が上昇し，実質為替レートが基準(π_{ta2})以上に減価すると，政府支出は削減される．

(3)ヘテロドックス型の経済政策：この政策ルールでは，政府・経営者・労働者・農民の間で賃金・物価・為替レートについて社会協約が締結される．ヘテロドックス型の経済政策は総供給曲線に影響を及ぼす所得政策である．このとき，政府は為替レートを固定し($e_1=0$，$\pi_{ta1}=\pi$)[8]，労働者は要求実質賃金率$\omega^*(\pi^*)$を現実の実質賃金率$\omega(\pi)$に一致するように調整し，インフレ期待を持たない($\hat{p}^e=0$)．また，経営者と農民は生産物価格の引き上げを抑制する．したがって，為替レートeや貨幣賃金率wおよび生産物価格p_iの変動は，つぎのようになる[9]．

$$(6\text{-}26) \quad \hat{e}=\hat{w}=\hat{p}_i=0.$$

6.2.8　モデルの集約

以上のモデルは，つぎの(6-27)〜(6-35)式によって集約される．ただし，$t=(c_0T^\pi+T^w)/p_iK_i=$const.>0，$t_0=(T^\pi+T^w)/p_iK_i=$const.>0，$d=D/p_iK_i=$const.>0，$ex_g=EX_g/K_i=$const.>0，$m=M/p_iK_i$．(6-27)〜(6-29)式は民間部門の決定変数，(6-30)〜(6-32)式はマクロの決定変数，(6-33)〜(6-35)式は政府部門の政策変数を決定する．なお実質変数は，民間部門の資本1単位当りの実質値で表される．

$$(6\text{-}27) \quad \sigma_i\delta=[1/(1+\tau)][1-\pi b_0(1+\tau)+c_0\tau]\sigma_i\delta+c_0id$$
$$+[1/(1+\tau)b_i][1-\pi b_0(1+\tau)]b_g\sigma_g\lambda-t+x+\pi ex_i,$$

$$(6\text{-}28) \quad \hat{w}=w_0(\pi-\pi^*)+w_1\hat{p}^e,$$

$$(6\text{-}28_H) \quad \hat{w}=0,$$

$$(6\text{-}29) \quad g_i=g_{i0}+g_{i1}(\delta-\delta^*),$$

---

8)　メキシコの為替政策については，ヘテロドックス型の政策のもとで，1988年に固定為替レート制を採用した後，1989年1月以降1994年12月の通貨危機までクローリングペッグやクローリングバンドを採っていた．

9)　経済連帯協定 PSE の後，1988年12月に，経済の安定と成長のための協定 PECE が締結された．この協定はその後何回か改定されたが，前協定よりも伸縮的な諸価格の調整政策を採用している．ここでは，最も簡単な定式化を行う．

$(6\text{-}30)$ $\quad \hat{\pi} = h(\hat{e} - \hat{w})$; $h = \{1 + [\pi b_0 (1+\tau) b_i / (1 - \pi b_0 (1+\tau))]\}^{-1}$,

$(6\text{-}31)$ $\quad \hat{p} = (1 - h + \alpha h)\hat{e} + (1-\alpha)h\hat{w}$,

$(6\text{-}32)$ $\quad \dot{f} = (1+\lambda)g_i + b_0\sigma_i\delta - ex_i - ex_g + \phi_0(\pi_{st} - \pi) + (i^* - g_i)f$,

$(6\text{-}33)$ $\quad x = x_0$,

$(6\text{-}33_{\mathrm{T}})$ $\quad x = x_1(\pi_{ta2} - \pi)$,

$(6\text{-}34)$ $\quad \hat{e} = e_0$,

$(6\text{-}34_{\mathrm{T}})$ $\quad \hat{e} = e_1(f - f_{ta1}) + e_2(\pi_{ta1} - \pi)$,

$(6\text{-}34_{\mathrm{H}})$ $\quad \hat{e} = 0$,

$(6\text{-}35)$ $\quad \dot{m} = x + id - t_0 + [1/(1+\tau)b_i][1 - \pi b_0(1+\tau)]b_g\sigma_g\lambda$
$\qquad\qquad - \pi[g_i + b_0\sigma_i\delta - ex_i + \phi_0(\pi_{st} - \pi)] - (\hat{w} + g_i)m$.

本章の構造主義マクロ経済モデルは，以上の9本の方程式によって，δ, w, g_i, π, p, f, x, e, m の9個の変数が決定される．

6.3 賃金・物価・為替のスパイラルと対外不均衡

　基本型の経済政策ルールのもとにある経済システムを前提し，対外債務のもとでの賃金・物価・為替のスパイラルのメカニズムについて検討しよう．ここで，稼働率 δ と実質為替レート π の切り下げとの関係についてつぎのように想定する．実質為替レート π の切り下げは，輸出促進効果が十分に小さいとすれば，実質賃金率の低下によって消費需要を減少させるので，稼働率 δ を引き下げるであろう(Krugman and Taylor, 1978)．

$(6\text{-}36)$ $\quad \delta = \delta(\pi)$; $\partial\delta/\partial\pi < 0$.

基本型の経済システムは，$p_i{}^* = p_g{}^* = 1$とすれば，つぎのように集約される．

$(6\text{-}37)$ $\quad \hat{\pi} = h(\pi)[e_0 - w_0(\pi - \pi^*) - w_1\hat{p}^e]$,

$(6\text{-}38)$ $\quad \dot{f} = (1+\lambda)[g_{i0} + g_{i1}(\delta(\pi) - \delta^*)] + b_0\sigma_i\delta(\pi)$
$\qquad\qquad - ex_i - ex_g + \phi_0(\pi_{st} - \pi) + [i^* - g_{i0} - g_{i1}(\delta(\pi) - \delta^*)]f$,

$(6\text{-}39)$ $\quad \dot{m} = x_0 + id - t_0 + [1/(1+\tau)b_i][1 - \pi b_0(1+\tau)]b_g\sigma_g\lambda$
$\qquad\qquad - \pi[g_{i0} + g_{i1}(\delta(\pi) - \delta^*) + b_0\sigma_i\delta(\pi) - ex_i + \phi_0(\pi_{st} - \pi)]$

$$-[w_0(\pi - \pi^*) + w_1\hat{p}^e + g_{i0} + g_{i1}(\delta(\pi) - \delta^*)]m.$$

(6-37)式と(6-38)式によって，実質為替レート π と対外債務残高比率 f の運動が決定され，それにしたがって(6-39)式で実質貨幣残高 m，(6-28)式で貨幣賃金率 w，(6-31)式でインフレ率 $\hat{p}$ の運動が決定される．為替レート e は(6-34)式によって持続的に切り下げられる．

基本型の経済システムは，(6-37)～(6-38)式と(6-39)式に分離可能である．以下，対外債務のもとでの賃金・物価・為替のスパイラルのメカニズムを検討するために，$\hat{\pi}=0$，$\dot{f}=0$ で定義される均衡の安定性を検討しよう．実質貨幣残高 m の運動は，実質為替レート π と対外債務残高比率 f の変動に応じて決定され，以下では明示的には取り扱わない．(6-37)式と(6-38)式を均衡(π_0, f_0)の近傍でテーラー展開し，1次の項のみをとり行列表示すれば次式を得る．

$$(6\text{-}40) \quad \begin{bmatrix} \hat{\pi} \\ \dot{f} \end{bmatrix} = \begin{bmatrix} a_{11} & a_{12} \\ a_{21} & a_{22} \end{bmatrix} \begin{bmatrix} \pi - \pi_0 \\ f - f_0 \end{bmatrix}$$

$$\begin{aligned} \because \quad & a_{11} = -hw_0 < 0, \\ & a_{12} = 0, \\ & a_{21} = [(1 + \lambda - f_0)g_{i1} + b_0\sigma_i](\partial\delta/\partial\pi) - \phi_0 < 0, \\ & a_{22} = i^* - g_i \gtrless 0. \end{aligned}$$

(6-40)式右辺の係数行列 $[a_{ij}]$ を A とし，特性根を $\gamma_i (i=1, 2)$ とすれば，特性方程式は，

$$(6\text{-}41) \quad |\gamma I - A| = \begin{vmatrix} \gamma - a_{11} & -a_{12} \\ -a_{21} & \gamma - a_{22} \end{vmatrix} = 0,$$

となる．これを展開して整理すれば，次式を得る．

$$(6\text{-}42) \quad \gamma^2 + A_0\gamma + A_1 = 0 ; \quad A_0 = -(a_{11} + a_{22}) \gtrless 0, \quad A_1 = a_{11}a_{22} \gtrless 0.$$

A_0 と A_1 の符号の組合せによって，基本型の経済システムは2つのマクロ経済構造に区別される．

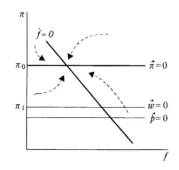
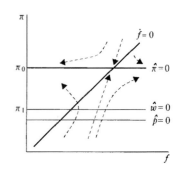

図6.1　マクロ経済構造 I$_s$:A_0>0,A_1>0　　図6.2　マクロ経済構造 II$_s$:A_0≧0,A_1<0

マクロ経済構造 I$_s$：$A_0 > 0$, 　$A_1 > 0$,
マクロ経済構造II$_s$：$A_0 \gtreqless 0$, 　$A_1 < 0$.

マクロ経済構造I$_s$の場合，特性根は2つの実根が負となり，均衡は安定する．マクロ経済構造II$_s$の場合には，異なる2実根で，1つは正，もう1つは負となる．このとき，均衡は鞍点となる．それぞれについて位相図を描けば，図6.1と図6.2のようになる．

2つの図の$\hat{\pi}=0$線の下方，$\hat{w}=0$線の上方の領域が賃金・物価・為替のスパイラル領域である．この領域では，政府が持続的に為替レートeを切り下げると，労働者の実質賃金率ωが低下する．この実質賃金率ωの低下に対して，労働者は貨幣賃金率wの引き上げによってそれを回復しようとする．また企業は，貨幣賃金率wや輸入中間財価格の上昇に対して，所与のマークアップ原則のもとで生産物価格p_iを引き上げる．こうして，政府の為替介入と所得分配をめぐる階級対立のもとで，賃金・物価・為替のスパイラルが発生する[10]．

政府の為替切り下げ率e_0が大きいほど，また労働者の貨幣賃金率の調整速度w_0が小さいほど，この賃金・物価・為替のスパイラル領域は拡大する．$\hat{\pi}=0$，$\hat{w}=0$となる実質為替レートπ_0とπ_1はつぎのようになる．

10）メキシコの政治体制と経済調整との関係については，Kaufman(1989)を参照のこと．

$$\pi_0 = \pi^* + (e_0/w_0) - (w_1/w_0)\hat{p}^e$$
$$\pi_1 = \pi^* - (w_1/w_0)\hat{p}^e$$

このとき，$\pi_0 - \pi_1 = e_0/w_0$ となり，為替切り下げ率 e_0 が大きいほど，あるいは貨幣賃金率の調整係数 w_0 が小さいほど，賃金・物価・為替のスパイラル領域は拡大する．このような経済システムにおけるインフレーションの基本的要因は，政府が為替市場に介入し，労働者が現実以上の実質賃金率 ω を要求し，さらに企業がマークアップ原則のもとで利潤を要求するという政府と労働者および企業の行動様式にある．したがって，このようなインフレーションの抑制のためには，経済主体の行動様式の統制が必要になる．

この基本型の経済システムでは対外債務が累積する可能性がある．$\dot{f} = 0$線の，図6.1の左方，図6.2の右方の領域では，債務残高比率 f が上昇し，賃金・物価・為替のスパイラルのもとで対外債務が増大する．特に，図6.2において，対外債務残高比率 f は発散的に上昇する可能性がある．債務残高比率 f の低下のためには，国際金融市場の利子率の低下か，企業の資本蓄積率の上昇が必要になる．

6.4 オーソドックス型の経済安定化政策

対外債務のもとで賃金・物価・為替のスパイラルが発生している経済において，オーソドックス型の経済安定化政策を実施した場合のマクロ経済変動について検討しよう．

メキシコでは，1983~85年にオーソドックス型の経済安定化政策であるIMFの経済政策が実施された[11]．このようなオーソドックス型の経済安定化政策のもとでは，国際収支の均衡回復とインフレーションの抑制のために，財政赤字の削減を中心にした総需要抑制政策や為替調整政策が実施された．

---

11) IMFの経済安定化政策の検討については，本書の第3部，Ramírez(1996-1997)，Ros(1987)，Ros and Lustig(1987)，Ros and Rodriguez(1987)などを参照のこと．また，1982年の債務危機前後のメキシコのマクロ経済については，Taylor(1984)，Gil-Díaz(1984)，Looney(1985)，Zedillo(1986)などを参照のこと．

IMF の経済安定化政策では，対 GDP 比の財政赤字比率を 1982 年の 17.9 ％から 83 年には 8.5 ％にすることが目標とされ，そのために対 GDP 比 9 ％の公共支出の削減が行われた (Ros, 1987, p. 85)．また為替レートは，クローリングペッグの切り下げ率が，国際収支の悪化とともに 1984 年 12 月と 85 年 3 月に引き上げられた (Ros, 1987, pp. 89-92.)．政策ルール $(6\text{-}33_T)$ 式と $(6\text{-}34_T)$ 式を考慮すれば，オーソドックス型の経済システムはつぎのように集約される．

(6-43) $\quad \hat{\pi} = h(\pi)[e_1(f - f_{ta1}) + e_2(\pi_{ta1} - \pi) - w_0(\pi - \pi^*) - w_1\hat{p}^e],$

(6-44) $\quad \dot{f} = (1+\lambda)[g_{i0} + g_{i1}(\delta(\pi) - \delta^*)] + b_0\sigma_i\delta(\pi)$
$$- ex_i - ex_g + \phi_0(\pi_{st} - \pi) + [i^* - g_{i0} - g_{i1}(\delta(\pi) - \delta^*)]f,$$

(6-45) $\quad \dot{m} = x_1(\pi_{ta2} - \pi) + id - t_0 + [1/(1+\tau) b_i][1 - \pi b_0(1+\tau)]b_g\sigma_g\lambda$
$$- \pi[g_{i0} + g_{i1}(\delta(\pi) - \delta^*) + b_0\sigma_i\delta(\pi) - ex_i + \phi_0(\pi_{st} - \pi)]$$
$$- [w_0(\pi - \pi^*) + w_1\hat{p}^e + g_{i0} + g_{i1}(\delta(\pi) - \delta^*)]m.$$

$\hat{\pi} = 0$，$\dot{f} = 0$ で定義される均衡の安定性を検討しよう．(6-43)式と(6-44)式を均衡 (π_0, f_0) の近傍でテーラー展開し，1 次の項のみをとり行列表示すれば次式を得る．

(6-46) $\quad \begin{bmatrix} \hat{\pi} \\ \dot{f} \end{bmatrix} = \begin{bmatrix} b_{11} & b_{12} \\ b_{21} & b_{22} \end{bmatrix} \begin{bmatrix} \pi - \pi_0 \\ f - f_0 \end{bmatrix}$

$\quad \because \quad b_{11} = -h[e_2 + w_0] < 0,$
$\qquad b_{12} = he_1 > 0,$
$\qquad b_{21} = [(1+\lambda - f_0)g_{i1} + b_0\sigma_i](\partial\delta/\partial\pi) - \phi_0 < 0,$
$\qquad b_{22} = i^* - g_i \gtrless 0.$

$b_{ij}(i, j = 1, 2)$ の符号の組合せによって，オーソドックス型の経済システムはつぎの 2 つのマクロ経済構造に分けられる．

マクロ経済構造 $\mathbf{I}_T$ ：$b_{11} < 0$．$b_{12} > 0$．$b_{21} < 0$．$b_{22} < 0$，

マクロ経済構造 $\mathbf{II}_T$ ：$b_{11} < 0$．$b_{12} > 0$．$b_{21} < 0$．$b_{22} > 0$．

第6章　メキシコのインフレ・スパイラル　　167

(6-46)式右辺の係数行列 $[b_{ij}]$ を B とし，特性根を $\gamma_i(i=1, 2)$ とすれば，特性方程式は，

$$(6\text{-}47)\quad |\gamma I - B| = \begin{vmatrix} \gamma - b_{11} & -b_{12} \\ -b_{21} & \gamma - b_{22} \end{vmatrix} = 0,$$

となる．これを展開して整理すれば，次式を得る．

$$(6\text{-}48)\quad \gamma^2 + B_0\gamma + B_1 = 0 \; ; \; B_0 = -(b_{11} + b_{22}), \; B_1 = b_{11}b_{22} - b_{12}b_{21}.$$

B_0 と B_1 の符号は，マクロ経済構造 I_T についてはつぎのようになる．

　　マクロ経済構造 I_T：$B_0 > 0, \; B_1 > 0.$

マクロ経済構造 II_T については，B_0 と B_1 の符号の組合せによってつぎの3つの場合が考えられる．

　　マクロ経済構造 II_T ①：$B_0 \gtrless 0, \; B_1 < 0,$
　　マクロ経済構造 II_T ②：$B_0 < 0, \; B_1 > 0,$
　　マクロ経済構造 II_T ③：$B_0 > 0, \; B_1 > 0.$

　マクロ経済構造 I_T の場合，特性根は負の2実根となり均衡は安定する．マクロ経済構造 II_T ①の場合，特性根は2実根で1根は正，他の1根は負となり，均衡は鞍点となる．マクロ経済構造 II_T ②と II_T ③の場合には虚根となり，II_T ②については実数部が正で均衡は不安定となるが，II_T ③については実数部が負となり均衡は安定する．それぞれについて位相図を描けば，図6.3〜図6.6のようになる．

　4つの図の $\hat{\pi}=0$ 線の下方，$\hat{w}=0$ 線の上方の領域は賃金・物価・為替のスパイラル領域である．さらに，$\dot{f}=0$ 線の，図6.3の左方，図6.4〜図6.6の右方の領域では，債務残高比率 f が上昇する．オーソドックス型の経済安定化政策を実施したとしても，労働者や企業の行動様式に変化はなく，賃金・物価・為替のスパイラル領域が存在し，インフレーションは抑制されない[12]．また，

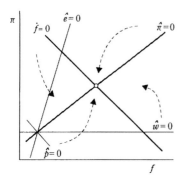

図6.3 マクロ経済構造 $I_T : B_0>0, B_1>0$　　　図6.4 マクロ経済構造 $II_T ① : B_0 \gtreqless 0, B_1<0$

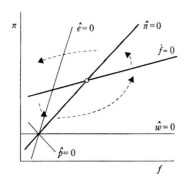
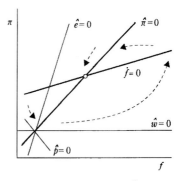

図6.5 マクロ経済構造 $II_T ② : B_0<0, B_1>0$　　　図6.6 マクロ経済構造 $II_T ③ : B_0>0, B_1>0$

メキシコではこのようなインフレーションのもとで，相対価格構造が大きく変化した．最低賃金のインフレ調整係数は1982年には0.5, 1983年にも1以下に抑制された．実質賃金率は，1983年前期には1981年と比較し20％低下した．また，実質為替レートは73％減価し，エネルギー価格は90％上昇した

---

12) カルドーソは，メキシコの経験から慣性インフレが存在する経済では，総需要抑制政策は有効ではないという結論を引き出している(Cardoso, 1989, p. 17)．

13) Lustig and Ros(1993, pp. 276-280). メキシコのヘテロドックス型の経済安定化政策は財政赤字の削減によって補完されている．カルドーソはこのような政策を「ニュー・ヘテロドックス」と呼ぶ(Cardoso, 1989, p. 18)．ドーンブッシュは，このような政策補完がヘテロドックス政策の成功にとって重要であるとしている(Dornbusch, 1988, pp. 5-6)．オルティスは，さらにメキシコのヘテロドックス政策を補完するもう1つの重要な政策として，貿易自由化のような構造改革の役割を指摘している(Ortiz, 1991, p. 309)．

第6章　メキシコのインフレ・スパイラル　　　169

(Ros, 1987, pp. 93-94, 103). さらにこの間，国際金融市場において基本的な環境の改善もみられず，企業の投資も1982年から83年にかけて低下し，債務残高比率 f を低下させる条件は存在しなかった．

6.5　ヘテロドックス型の経済安定化政策

1987年，インフレーションの加速するなかメキシコの経済安定化政策はヘテロドックス型の経済安定化政策へと大きく転換した(Ros and Lustig, 1987; Lustig and Ros, 1993). 政府・経営者・労働者・農民の間で，1987年12月に経済連帯協定PSE(Pacto de Solidaridad Económica)が締結された．さらに，1988年12月には基本的に同様の性格ではあるが，より伸縮的な価格制度をもつ経済の安定と成長のための協定PECE(Pacto para la Estabilidad y el Crecimiento Económico)が4者の間で締結された．

ヘテロドックス型の経済安定化政策では，特にインフレーションの抑制のために，為替政策や賃金政策および価格政策を中心にした所得政策を実施する．またメキシコの場合には，財政赤字の縮小のために政府支出の管理や国営企業の民営化および貿易自由化などの構造改革も並行して行われた[13]．政策ルール(6-28$_H$)式と(6-34$_H$)式を考慮すれば，ヘテロドックス型の経済安定化政策を実施した場合の経済システムが，つぎのように得られる．

$$(6\text{-}49) \quad \hat{\pi} = h(\pi)\left[e_1(f - f_{ta1}) + e_2(\pi_{ta1} - \pi) - w_0(\pi - \pi^*) - w_1\hat{p}^e\right],$$

$$(6\text{-}50) \quad \dot{f} = (1+\lambda)\left[g_{i0} + g_{i1}(\delta(\pi) - \delta^*)\right] + b_0\sigma_i\delta(\pi)$$
$$- ex_i - ex_g + \phi_0(\pi_{st} - \pi) + \left[i^* - g_{i0} - g_{i1}(\delta(\pi) - \delta^*)\right]f,$$

$$(6\text{-}51) \quad \dot{m} = x_0 + id - t_0 + \left[1/(1+\tau)b_i\right]\left[1 - \pi b_0(1+\tau)\right]b_g\sigma_g\lambda$$
$$- \pi\left[g_{i0} + g_{i1}(\delta(\pi) - \delta^*) + b_0\sigma_i\delta(\pi) - ex_i + \phi_0(\pi_{st} - \pi)\right]$$
$$- \left[w_0(\pi - \pi^*) + w_1\hat{p}^e + g_{i0} + g_{i1}(\delta(\pi) - \delta^*)\right]m.$$

ただし，$e_1 = \hat{p}^e = 0$，$\pi^{**} = \pi^* = \pi$ である．

$\hat{\pi} = 0$，$\dot{f} = 0$ で定義される均衡の安定性を検討しよう．(6-49)式と(6-50)式を均衡(π_0, f_0)の近傍でテーラー展開し，1次の項のみをとり行列表示すれば次式を得る．

$$(6\text{-}52) \quad \begin{bmatrix} \hat{\pi} \\ \hat{f} \end{bmatrix} = \begin{bmatrix} c_{11} & c_{12} \\ c_{21} & c_{22} \end{bmatrix} \begin{bmatrix} \pi - \pi_0 \\ f - f_0 \end{bmatrix}$$

$$\therefore \quad c_{11} = 0,$$
$$c_{12} = 0,$$
$$c_{21} = [(1 + \lambda - f_0) g_{i1} + b_0 \sigma_i] (\partial \delta / \partial \pi) - \phi_0 < 0,$$
$$c_{22} = i^* - g_i \gtrless 0.$$

(6-52)式右辺の係数行列 $[c_{ij}]$ を C とし，特性根を $\gamma_i (i = 1, 2)$ とすれば，特性方程式は，

$$(6\text{-}53) \quad |\gamma I - C| = \begin{vmatrix} \gamma - c_{11} & -c_{12} \\ -c_{21} & \gamma - c_{22} \end{vmatrix} = 0,$$

となる．これを展開して整理すれば，次式を得る．

$$(6\text{-}54) \quad \gamma^2 + C_0 \gamma + C_1 = 0 ; \quad C_0 = -c_{22} \gtrless 0, C_1 = 0.$$

C_0 と C_1 の符号の組合せによって，ヘテロドックス型の経済システムはつぎの2つのマクロ経済構造に区別される．

マクロ経済構造 I_H ：$C_0 < 0,\ C_1 = 0,$
マクロ経済構造 II_H ：$C_0 > 0,\ C_1 = 0.$

マクロ経済構造 I_H の場合，特性根は1根は正，他の1根は0となり，均衡は不安定である．マクロ経済構造 II_H の場合は，1根は負，他の1根は0となり，均衡は安定する．それぞれについて位相図を描けば，図6.7と図6.8のようになる．

経済は2つの図の $\hat{\pi} = \hat{w} = \hat{e} = \hat{p} = 0$ 線上を運動し，賃金・物価・為替のスパイラル領域が消滅し，慣性インフレは抑制される[14]．ヘテロドックス型の経済安定化政策のもとで，政府は為替レート e を固定させ，労働者は要求実質賃金率 ω^* を見直し貨幣賃金率の引き上げを要求しない．経済連帯協定の意義は，価格形成におけるインデクセーションを切断した点にある(Dornbusch and

第6章　メキシコのインフレ・スパイラル

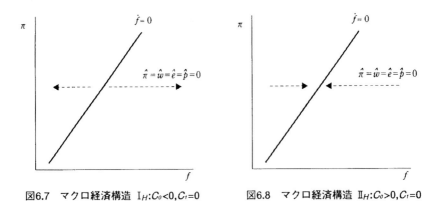

図6.7　マクロ経済構造 $I_H:C_0<0, C_1=0$　　　図6.8　マクロ経済構造 $II_H:C_0>0, C_1=0$

Werner, 1994, p. 275)．しかしこのモデルでは，企業は所与のマークアップ率を維持しているので，インフレーション抑制のコストはおもに労働者によって負担される[15]．

また，債務残高比率 f を低下させるためには，国際金融市場において利子率 i^* が低下するか，あるいは企業が長期期待資本蓄積率 g_{io} を上方修正し，資本蓄積率 g_i を上昇させるような国内の構造改革が必要になる．1990年2月に国際民間銀行とメキシコ政府によって合意された債務削減政策には，金利を6.25％にするというオプションが含まれており，これは債務残高比率 f の低下にとって有利な条件を与える．また，サリーナス政権が推進した貿易・外国資本・金融の規制緩和や国営企業の民営化などの構造改革政策が企業の投資環境を改善し，資本蓄積を促進するとすれば，債務残高比率 f の低下にとってはさらに有利な条件となる．1989年3月のブレイディー提案以降，メキシコの民間投資は不確実性の低下によって増大した(Oks and Wijnbergen, 1994)．$\dot{f}=0$ 線の，図6.7の左方，図6.8の右方の領域では，債務残高比率 f は低下する．

---

[14]　ヘテロドックス型の経済安定化政策が正当化される他の議論については，Gil-Díaz and Tercero (1988)を参照のこと．
[15]　1991年11月11日の合意では，為替レートの切り下げを日々0.8ペソから0.4ペソに引き下げているが，最低賃金を18％引き上げ，エネルギー価格を10〜33％引き上げ，農産物価格の見直しも行われている．このような諸価格の調整が現実になお残されたインフレーションの要因と考えられる．

6.6 むすび

本章は，1982年の債務危機以降メキシコにおいて顕著に現れた対外債務のもとでの賃金・物価・為替のスパイラルについて検討した．簡単に結論を要約しよう．

第1に，メキシコにおける慣性インフレの基本的要因は，政府が為替市場に介入し，労働者が実質賃金率の引き上げを要求し，さらに企業がマークアップ原則のもとで利潤を要求するという政府と労働者および企業の行動様式にある．したがって，このようなインフレーションの抑制のためには，経済主体の行動様式の統制が必要になる．

第2に，1982年の債務危機以降，メキシコではIMFの経済安定化政策が実施された．しかし，このようなオーソドックス型の経済安定化政策では，財政赤字の削減を中心にした総需要抑制政策が実施されるが，経済主体の行動様式には基本的な変化はみられない．したがって，このような経済政策が慣性インフレを抑制することはできない．

第3に，政府・労働者・経営者・農民の間で，1987年12月に経済連帯協定PSE，1988年12月には経済の安定と成長のための協定PECEが締結され，メキシコの経済安定化政策はヘテロドックス型の政策に転換した．このようなヘテロドックス型の政策は，総供給曲線に影響を与える所得政策である．これらの協定のもとで，政府は為替レートを固定し，労働者は貨幣賃金率の引き上げを抑制し，さらに経営者や農民は諸価格の引き上げを抑制した．このような経済主体の行動様式の変化によって，慣性インフレの抑制が可能になる．

第4に，メキシコ政府と国際民間銀行との間で1990年2月，債務削減政策が合意された．また，サリーナス政権下では国営企業の民営化や貿易自由化および金融自由化などの経済改革が実施された．このような債務削減政策のもとでの金利の低下や経済改革が企業の資本蓄積を促進するとすれば，債務残高比率の低下に有利な条件を与える．

第 3 部

IMF 経済政策の批判的検討

第7章 IMF の経済安定化政策

7.1 はじめに

1982年8月のメキシコの国際債務のモラトリアム以降，ラテンアメリカで繰り返されてきた債務危機は，発展途上国における IMF 主導型の経済安定化政策の有効性についての論争を引き起こした[1]．同様の論争は，1997年のアジア通貨危機以降にも再燃した．

本章の目的は，新興工業諸国や発展途上国の経済危機管理の中核的位置を占めるに至った IMF の経済安定化政策が，メキシコのようなラテンアメリカの新興工業諸国の経済に及ぼす影響について，経済主体の行動様式やマクロ経済構造の相違を重視する構造主義マクロ経済学の視点から検討することである．

IMF によれば，その経済安定化政策は，国際収支の均衡を回復し，インフレーションを抑制し，さらに経済成長を促進するものである．このような立場に立つ経済安定化政策の研究には，ベヴァリッジとケリー(Beveridge and Kelly, 1980)，ブイラ(Buira, 1983)，クロケット(Crockett, 1981)，ドノヴァン(Donovan, 1982)，IMF(1987; 1995)，ジョンソンとサロップ(Johnson and Salop, 1980)，カーンとナイト(Khan and Knight, 1981; 1983)，ライヒマンとスティルソン(Reichmanne and Stillson, 1978)などがある．

しかし，批判的立場からは，IMF 主導型の経済安定化政策は，確かに輸入の削減によって国際収支の均衡を回復させるが，インフレーションを加速し，

---

1) 経済安定化プログラムを含め，IMF のコンディショナリティー(IMF 融資を受ける条件に国際収支の赤字国が実施を約束する経済政策)をめぐる議論については，Pastor(1987a)や Kuczynski (1988)および毛利(1988)などを参照のこと．

経済成長を阻害するものであるとしている．批判的立場からの IMF の経済安定化政策の研究には，バシャ(Bacha, 1987)，デル(Dell, 1982)，デメリーとアディソン(Demery and Addison, 1987)，ドーンブッシュ(Dornbusch, 1982b)，キリック(Killick, 1984)，カークパトリックとオニス(Kirkpatrik and Onis, 1985)，パストール(Pastor, 1987a; 1987b)，ラミーレス(Ramírez, 1993b; 1996-97)，スプラオス(Spraos, 1986)，ウィリアムソン(Williamson, 1983)などがある．さらに，デメリーとアディソン(Demery and Addison, 1987)，パストール(Pastor, 1987a; 1987b)は，このような経済安定化政策が労働者の所得分配を悪化させるものであると批判している．

本章は，このような IMF の経済安定化政策をめぐる論争において，批判的立場に立つものである．従来の論争は，おもに国際収支やインフレーションおよび景気変動といった調整政策のマクロ経済効果をめぐる論争に重点がおかれていた．しかし，1985 年秋に出されたベーカー提案以降，焦点は発展途上国の構造調整による長期的な経済成長と債務返済能力の問題に移動してきた．したがって，本章において特に注目されるのは，IMF の経済安定化政策が債務国の長期的な経済成長や債務返済に及ぼす効果である[2]．このような債務国の長期的な経済成長と債務返済という点から，1989 年 3 月にブレイディー提案が出された．本章での対象は，おもに 1980 年代の債務危機に対する IMF の経済安定化政策であり，1990 年代の通貨危機に対する経済政策については第 9 章で検討する．

本章では，IMF の経済安定化政策について以下の点を明らかにする．

第 1 に，総需要抑制政策は，国際収支の均衡回復には有効な政策手段となるが，景気後退によって経済に過大な調整コストをもたらす．このような景気後退に対して為替レートの切り下げは，たとえ海外需要を拡大したとしても，IMF が期待するような景気回復(為替レート切り下げの景気反転効果)の手段としては必ずしも有効ではない．また，かりに景気回復を実現したとしても，インフレーションを加速する可能性がある(為替レート切り下げのインフレ効果)．さらに，為替レートの切り下げは，労働分配率を悪化させ，調整コスト

---

[2] 債務累積問題全般に関わる問題については，Eaton and Taylor(1986)や毛利(1988)などを参照のこと．

を労働者に負担させることになる（労働者による調整コストの負担）。

第2に，IMFの経済安定化政策は，短期的に景気後退を引き起こすだけではなく，長期的に経済成長を阻害する可能性がある。債務残高比率は，債務国の資本蓄積率や国際金融市場の利子率に依存し，たとえ国際金融市場に有利な条件が存在したとしても，長期的に債務残高比率を上昇させる可能性がある（調整政策の長期効果）。

以下，本章はつぎのように構成される。7.2節では経済開発戦略と債務危機との関係について明らかにする。7.3節では，IMFの経済安定化政策の基本的な政策目標や政策手段およびそれらについて期待される諸関係について検討する。これまでの批判的研究の中で明らかにされてきた，①為替レート切り下げの景気反転効果，②為替レート切り下げのインフレ効果，③調整コストの労働者による負担と，新たに，④調整政策の長期効果という4点にわたって問題点を指摘する。7.4節では，このようなIMFの経済安定化政策の問題点について構造主義マクロ経済モデルを用いて検討し，批判の根拠を明らかにする。最後に7.5節で結論を要約する。

7.2　経済開発戦略と債務危機

7.2.1　開発戦略と債務累積の構造的要因

債務危機を引き起こした直接的な原因は，国際市場における利子率の高騰や一次産品交易条件の悪化および債務国からの資本逃避などである。しかし，債務累積をもたらした構造的な要因は発展途上国の経済開発戦略そのものにある。戦後の経済開発戦略は基本的には工業化戦略であり，それは初期には輸入代替工業化戦略として実施された。経済開発戦略として輸入代替工業化が選択された背景には，第1に，国家の介入能力の過信（政府の失敗の可能性を軽視），第2に，国際的な技術移転についての楽観主義，第3に，経済成長の成果が貧しい人々にも均霑するというトリックルダウン仮説への楽観主義などがあった（寺西，1995，7-8頁）。

輸入代替工業化政策には3つの構成要素がある。第1に，国家主導型の工業化，第2に，賃労働関係のもとでの国内消費市場の形成，第3に，農工関係の

もとでの農業余剰の動員による工業投資資金のファイナンスである。

第1に，国家主導型の工業化政策が実施された背景には，一次産品輸出に対する悲観主義(シンガー・プレビッシュ命題)や世界恐慌以降の市場機構に対する不信およびケインズ経済学の影響などがある。国家は，基幹産業を国有化し，将来的に成長が期待できそうな産業を政策的に保護した。

第2に，工業製品は，労働者の実質賃金率を保証する賃労働関係のもとで国内市場向けに生産された。これは外国市場に対する不信があったからでもある。初期には輸入消費財の工業化が行われ，しだいに中間財や資本財の国内生産が促進された。産業保護の選択基準には，将来の成長可能性と共に，前方・後方の連関効果(Hirschman, 1958)の大きさが用いられた。

第3に，工業化に必要な投資資金については国内農業余剰が利用された。工業化に必要な資本財や中間財の輸入のために外貨が必要になり，その外貨は援助や農産物輸出によって賄われた。と同時に，農産物輸出には輸出税が課せられたり，工業製品に対する農産物の交易条件を引き下げたりして農業余剰が工業化のために利用された。資本財や中間財の輸入のために割高に設定された為替レートは農産物輸出には不利に作用した。

このような国家主導型の輸入代替工業化は，1960年代から1970年代にかけて賃労働関係や農工関係の変容のもとで停滞し，政府支出の増大の中でしだいに対外債務を増大していった。第1に，国家によって保護された輸入代替産業は，資源配分を歪めしだいに非効率になり，従来の賃労働関係のもとで得られた労働生産性の上昇・貨幣賃金率の上昇・利潤率の上昇という関係が維持できなくなった。また，輸入代替工業化が中間財や資本財に向うにつれ，狭隘な国内市場がしだいに工業化を制約するようになった。第2に，農産物の国際価格が下落し，工業化のための外貨獲得が不安定になり，農工関係もうまく機能しなくなった。工業化の資金を得るために対外借入を行うか，外貨制約のもとで工業化を抑制するかの選択を迫られた。第3に，農業余剰の収奪の結果，農村が疲弊し，大量の余剰労働者が農村や都市に滞留すると共に貧困問題を深刻化させた。農村や都市の未就業労働者の存在は，社会政治不安の温床となり，政府支出のいっそうの増大を導くことになった。

1970年代には，国内の貧困問題の深刻化や社会的政治的不安の高まりの中

で政府の財政支出が増大し，対外債務を拡大していった．メキシコの場合には
さらに，1970年代後半の石油ブームが政府の公共投資を拡大させ，これが対
外債務増大の要因を形成した．対外債務を抑制するためには，国内の政府支出
を削減しなければならないが，そのような政策は国内の社会的政治的不安を高
めることになる．社会的不安と債務危機との間で，政府はきわめて難しい選択
を迫られていた．こうした状況でラテンアメリカ諸国がとった政策は，対外債
務の増大による政府支出の拡大であった．このような借入を促進したのが先進
資本主義国の国際銀行である．石油危機の影響で先進資本主義国では景気が停
滞し，資金需要が後退していた．その余剰資金が債務国に流出した．

7.2.2 債務危機への IMF・世界銀行の対応

1982年のメキシコの債務危機以降実施されてきた政策は，3つに分けられる
(Kuczynski, 1988)．第1は債務危機直後の短期の調整政策であり，第2は世界
銀行を中心に実施されたより長期の構造調整政策である．第3は，債務の削減
を中心にした債務救済政策である．

第1の短期の調整政策は，IMF主導型の総需要抑制政策であり，1982年か
ら84年の中心的な政策であった．債務危機は流動性危機ととらえられ，債務
国の債務サービスを継続させることに焦点が当てられた．IMFが債務国に緊
急融資を行うと共に，その条件として債務国は経済安定化政策(IMFのコンデ
ィショナリティー)を受け入れることになった．さらに，このIMFとの合意
を条件として民間銀行は，債務返済の繰り延べ(リスケジューリング)，新規融
資(ニューマネー)，債務救済を行った．

第2の構造調整政策は，1985年9月のベーカー提案以降に実施されるよう
になった政策である．発展途上国の債務危機が短期の総需要抑制政策では解決
できない構造的な性格のものであることを認め，発展途上国の経済成長を重視
した政策が実施された．ベーカー提案の内容は3つの点から構成されていた．
第1に，従来のマクロ経済の安定化政策に加え，中長期的な構造調整政策を実
施すること[3]．第2に，IMFの役割を認めると共に，世界銀行や米州開発銀
行の構造調整融資の役割も重視すること．第3に，債務国の調整政策の支援の
ために民間銀行の融資を拡大することである．IMFの経済安定化政策が需要

側の短期のマクロ経済政策であるのに対して，世界銀行の構造調整政策は供給側の長期のミクロ経済政策であるという位置づけが行われた．

第3の債務削減政策は，1989年3月のブレイディー提案以降に実施されるようになった政策である．ブレイディー提案は，国際金融機関や先進国政府の公的資金を用いて元本を保証しながら，民間金融機関の債務国に対する債務の削減を可能にするものである．債務国が構造調整政策を実施していることを条件に，民間銀行は，債権の元本削減，利子支払いの軽減，新規借款の供与の中からいずれかを選択することになった(Wijnbergen, 1991)．1990年3月からブレイディー提案の適用の第1号としてメキシコの債務救済が実施された．

7.3 IMF経済安定化政策の政策目標と政策手段

ここでは，IMFの経済安定化政策の基本的な政策目標や政策手段およびそれらについて期待される諸関係について検討し，問題点を明らかにしよう．以下のIMFの経済安定化政策についての説明は，おもにクロケット(Crockett, 1981)，カーンとナイト(Khan and Knight, 1981; 1983)，IMF(1987)，白井(1999)などによる．

(1)政策目標と政策手段：IMFの経済安定化政策の基本的な政策姿勢は，マクロ経済的な安定化政策とミクロ経済的な自由化政策からなる．IMFの政策目標は，インフレーションを伴うことなく，長期的な経済成長の条件を維持・強化しながら，国際収支の均衡を回復することである．単純化して言えば，まず第1に国際収支の均衡回復であり，つぎにインフレーションの抑制と経済成長である．そのための政策手段として，総需要管理政策や支出切り替え政策およびサプライサイド政策があげられる．このような認識は，IMFと世界銀行に共有されたものであり，「ワシントン・コンセンサス」(Krugman, 1995)と呼ばれる．ただし，IMFがマクロ経済政策，世界銀行がミクロ経済政策をそれぞれ主要分野とするという役割分担はある．このような政策目標と政策手段を

---

3) IMFは，従来のスタンドバイ融資SB(Stand-By)や拡大信用融資EFF(Extended Fund Facility)のほかに，構造調整支援のために1986年に構造調整融資SAF(Structural Adjustment Facility)や1987年に拡大構造調整融資ESAF(Enhanced Structural Adjustment Facility)を設立した．

第7章　IMFの経済安定化政策　　　181

結び付ける理論的フレームワークは，必ずしも明確に定式化されているわけではないが，国際収支のマネタリーアプローチである．

　(2)総需要抑制政策：政策目標の達成と政策手段との関係についてはつぎのように考えられる．例えばメキシコのように，インフレーションのもとで国際(経常)収支の赤字に直面している諸国を想定しよう．このような経済では，国際収支の均衡回復とインフレーションの抑制のために，まず総需要抑制政策が要請される．ここで，固定為替レート制下の開放経済を想定しよう．ΔM を貨幣ストックの増加，ΔR を外貨準備の増加，ΔD を国内信用の増加，ΔM_d を貨幣残高需要の増加とすれば，銀行のバランスシートと貨幣市場のフローの均衡条件からつぎの2式を得る．

(7-1)　$\Delta M = \Delta R + \Delta D$

(7-2)　$\Delta M = \Delta M_d$

(7-2)式を(7-1)式に代入し，整理すれば，

(7-3)　$\Delta R = \Delta M_d - \Delta D$

を得る．ここで，貨幣残高需要(ΔM_d)が国内信用の変動(ΔD)から独立とすれば，国内信用の拡大(ΔD)は，外貨準備の減少(ΔR)，すなわち国際収支の不均衡をもたらすことになる．

　外貨準備の変動(ΔR)について政策目標が設定され，貨幣残高需要(ΔM_d)が予測可能であれば，制御すべき国内信用の変動(ΔD)が計算できる．ここで重要な仮定は，貨幣残高需要(ΔM_d)が予測可能でかつ国内信用(ΔD)から独立しているという点である(白井，1999，191頁)[4]．メキシコのような新興工業諸国の場合，おもに輸入代替工業化政策のもとで財政赤字の拡大によって国内信用が増大し，国際収支の不均衡をもたらしていると考えられる．したがって，国際収支の均衡回復のために，財政赤字の削減を中心にした総需要抑制政策が要請される．このようにして総需要が抑制され，超過需要が減少すれば，インフ

---

4)　金融の自由化や国際化は，貨幣残高需要を不安定化し，その予測を不可能にする．また，金利格差によって資本が国際移動するようになると，貨幣残高需要や国内信用が同時に影響を受け，それらの独立性も保てなくなる．

レーションも低下すると考えられる.

(3)**為替レート切り下げ政策**：このような総需要抑制政策は，生産設備の効率的利用を妨げ，生産活動の縮小をもたらす可能性がある．そこで，このような景気後退を回避するために，外国の財・サービスから国内の財・サービスに需要をシフトさせる支出切り替え政策として為替レートの切り下げが要請される．輸入代替工業化政策のもとでは為替レートは割高に維持されてきた．支出切り替え政策が有効に作用するためには，実質為替レートを減価させることが重要になる．為替レートの切り下げはまた，供給面にも影響を及ぼし，非貿易財部門から貿易財部門へ生産要素移動のインセンティブを高める.

(4)**サプライサイド政策**：以上のような需要政策が有効に機能するためには，供給側の障害を取り除き，生産要素の部門間の移動に伴う調整コストを低下させる必要がある．そのために実施されるのが，サプライサイド政策である．特に新興工業諸国において，非効率的な資源配分や生産活動の原因と考えられる価格・費用のディストーションを低下させるような政策が要請される．このような政策には例えば，公共部門の生産物や農産物の価格統制の廃止，輸出部門の生産・投資活動を抑制する税制の改革，補助金政策の見直し，企業利潤を圧縮し国際競争力を低下させる高い貨幣賃金率の引き下げ，非効率な輸入代替産業を保護する貿易規制の排除などがある．輸入自由化は，輸入の増大が国内の相対価格構造を変え，それによってより効率的な価格競争力のあるものへ産業構造を変化させることが期待された(Kate, 1992, p. 668).

サプライサイド政策には，以上のような資源配分の効率性の向上の他に，国内の貯蓄・投資を増大させ，生産能力を高め，経済成長を促進させる効果も期待される．例えばそのような政策には，低金利政策の解除による金融自由化や金利引き上げなどの政策がある(McKinnon, 1973; Shaw, 1973). メキシコでは，貿易自由化や国営企業の民営化および金融自由化などの経済改革(Ros, 1994)が実施された[5].

以上のように，国際収支の均衡回復とインフレーションの抑制のために，財政赤字の削減を中心にした総需要抑制政策が要請され，その結果生じる景気後

---

5) ワイス(Weiss, 1999)によれば，顕示比較優位指数，効率賃金，全要素生産性，輸出成長という点から見て，メキシコの貿易自由化と経済効率との間に有意な関係があるかどうかは分からない.

退に対して為替レートの切り下げで海外需要を喚起し，さらに需要政策を補完し，効率的な資源配分と経済成長を達成するために，サプライサイド政策が要請される．

しかし，このような IMF の経済安定化政策にはつぎのような問題がある．第1に，総需要抑制政策は，国際収支の均衡回復とインフレーションの抑制には確かに有効である．しかし，その結果生じる景気後退に対して，為替レートの切り下げは必ずしも有効ではない． 第2に，為替レート切り下げのインフレ効果については十分に考慮されていない．第3に，経済安定化政策の調整コストが誰によって負担されるのかについては明確ではない．第4に，IMF の経済安定化政策は経済成長を阻害する可能性がある．また，それが長期的な債務返済能力に及ぼす効果については明確ではない．

7.4 IMF 経済安定化政策の問題

経済政策の適切性は，その政策自身に備わった固有の性質によるというよりは，それを実施する国家の政策運営能力[6]やそれが実施される社会経済構造に依存する(大野，1996，192 頁)．ここでは，IMF の経済安定化政策がメキシコのようなマクロ経済構造をもつ諸国に適用された場合に，どのような帰結がもたらされるかについて理論的に検討し，前節で指摘した問題点の根拠を明確にしよう[7]．

7.4.1 マクロ経済モデル

つぎのようなマクロ経済モデルを構成しよう．経済における農業部門の占める重要性を考慮し，農業部門と工業部門の2部門からなるマクロ経済モデル（第2章を参照）を構成する．資本蓄積のモデルとしては，不完全雇用・不完全稼働・階級対立を想定するカレツキー・マルクス型である．工業部門は稼働率によって調整され，農業部門は価格によって調整される．工業部門の価格はマ

---

6) 経済調整の政治学は調整政策を実施する政治体制の問題を重視する(絵所，1997，153-161 頁)．
7) IMF や世界銀行の構造調整政策の批判的検討については，寺西(1995)，大野(1996)，絵所(1997)なども参照のこと．

ークアップ方式で決定され，貨幣賃金率・為替レートについてはインデクセーションが行われる．

　モデルは，つぎの(7-4)～(7-13)式によって構成される．

$$(7\text{-}4) \quad \dot{\delta} = \xi\{[(1-\alpha)/(1+\tau)][1-\pi b_0(1+\tau)+c_0\tau]\sigma_i\delta \\ + (1-\alpha)c_0(1-\omega_a b_a)\phi\sigma_a\lambda + vx + \pi ex_i(\pi) - \sigma_i\delta\},$$

$$(7\text{-}5) \quad \hat{p}_a = \psi\{\alpha[1/(1+\tau)][1-\pi b_0(1+\tau)+c_0\tau]\sigma_i\delta + \pi ex_a \\ - (1-\alpha c_0)(1-\omega_a b_a)\phi\sigma_a\lambda\},$$

$$(7\text{-}6) \quad \hat{\phi} = \hat{p}_a - \hat{p}_i,$$

$$(7\text{-}7) \quad \hat{p}_i = w_0(\phi - \phi^*) + w_1(\delta - \delta_u) + w_2\hat{p}^e,$$

$$(7\text{-}8) \quad \hat{p} = \alpha\hat{\phi} + \hat{p}_i,$$

$$(7\text{-}9) \quad w_i/p_i = [1-\pi b_0(1+\tau)]/[(1+\tau)b_i],$$

$$(7\text{-}10) \quad \omega_i = [1-\pi b_0(1+\tau)]/[\phi(1+\tau)b_i],$$

$$(7\text{-}11) \quad g_i = g_0 + g_1(\delta - \delta^*) - g_2(i - \hat{p}^e),$$

$$(7\text{-}12) \quad B = [(1-v)x + g_a\lambda + g_i + b_0\sigma_i\delta - ex_i\pi - ex_a]K_i,$$

$$(7\text{-}13) \quad \dot{f} = (B/K_i) + (i^* - g_i)f.$$

　(7-4)式は工業部門における稼働率 δ の調整を表す．工業製品市場に超過需要が存在すれば，稼働率 δ が上昇すると想定する．工業製品は消費財とする．その有効需要は，工業・農業部門の資本家と工業部門の労働者の消費需要，政府需要，および海外需要によって構成される．両部門の資本家の消費需要は，利潤所得の増加関数とし，工業部門の労働者は賃金所得をすべて消費し，資本家も労働者も共に総消費の 100α ％を農産物に，残りを工業製品に支出する．農業部門の労働者は賃金所得をすべて農産物に支出する．政府部門は，総支出の $100v$ ％を国内消費財に，残りを資本財・中間財の輸入に支出する．海外需要は，実質為替レート π の増加関数とする．

　ここで，自国通貨建て為替レート e のインデクセーションを，

$$\pi = ep_i^*/p_i = \text{const.} > 0,$$

のように想定する．p_i^* と p_i は工業製品の外国と国内の価格を表す．以下，$p_i^* = 1$ とする．

ドット（・）は時間微分，ξ は稼働率の調整係数(所与)，τ はマークアップ率
(所与)，b_0 は工業部門の輸入中間財投入係数(所与)，c_0 は利潤所得に対する
資本家の消費の反応係数(所与)，σ_i は工業部門の産出資本係数(所与)，ω_a は
農業部門の労働者の実質賃金率(所与)，b_a は農業部門における労働投入係数
(所与)，ϕ は農産物の工業製品に対する交易条件，σ_a は農業部門における産
出資本係数(所与)，λ は農業部門の工業部門に対する資本ストック比率(所
与)，x は工業部門の資本ストックに対する政府支出比率(所与)，ex_i は工業部
門の資本ストックに対する工業製品の輸出比率を表す．

$X_i{}^D$ を工業製品の有効需要，$X_i{}^s$ をその生産量とすれば，稼働率 δ の調整は，

$$\dot{\delta} = \xi[(X_i{}^D - X_i{}^s)/p_iK_i] ; \xi = \text{const.} > 0,$$

のように想定される．ここで，有効需要(名目)は，資本家の消費需要$(1-\alpha)$
$c_0[\tau(w_ib_i + ep_o{}^*b_0)X_i{}^s + (p_a - \omega_ap_ab_a)X_a{}^s]$，工業部門の労働者の消費需要$(1-\alpha)w_ib_iX_i{}^s$，政府支出 p_ivG，海外需要 $ep_i{}^*EX_i$ から構成され，これらを先の
稼働率の調整関数に代入すれば，(7-4)式を得る．ただし，$X_a{}^s$ は農産物の生
産量を表す．

(7-5)式は農産物価格 p_a の調整を表す．農産物市場に超過需要が存在すれば，
農産物価格 p_a が上昇する．農産物の有効需要は，両部門の資本家と労働者の
消費需要，および海外需要から構成される．ハット(^)は変化率(例えば，$\hat{p}_a = \dot{p}_a/p_a$)，$\psi$ は調整係数(所与)，ex_a は工業部門の資本ストックに対する農産物
の輸出比率(所与)を表す．

Ed_a を農産物の超過需要とすれば，農産物価格 p_a の調整は

$$\hat{p}_a = \psi(Ed_a/p_iK_i) ; \psi = \text{const.} > 0,$$

のように想定される．農産物の超過需要 Ed_a は，資本家の消費需要 $\alpha c_0[\tau(w_i b_i + ep_o{}^*b_0)X_i{}^s + (p_a - \omega_ap_ab_a)X_a{}^s]$，労働者の消費需要 $\alpha w_ib_iX_i{}^s + \omega_ap_ab_aX_a{}^s$，
海外需要 $ep_a{}^*EX_a$，農産物の生産 $p_aX_a{}^s$ から構成され，これらを先の農産物
価格 p_a の調整関数に代入すれば，(7-5)式を得る．

(7-6)式は，農産物の工業製品に対する交易条件 ϕ の定義式を表す．工業製
品価格 p_i の設定については，

$$p_i = (1+\tau)(w_i b_i + e p_0{}^* b_0) \; ; \; \tau, b_i, p_0{}^*, b_0 = \text{const.} > 0,$$

のようなマークアップ方式を想定する．以下，外貨建て輸入中間財価格 $p_0{}^* = 1$ とする．貨幣賃金率 w_i が，制度的なインデクセーションや労働市場の需給関係および期待インフレ率 $\hat{p}^e$ によって決定されるとすれば，工業製品価格 p_i は(7-7)式のように表される．ϕ^* は制度的に決定される実質賃金率，δ_u は自然失業率に対応する稼働率，w_0，w_1，w_2 は反応係数(所与)を表す．

(7-8)式はインフレ率 $\hat{p}$ の定義式を表す．(7-9)式は，工業部門における生産物賃金 w_i/p_i の定義式を表し，工業部門における労働分配率の指標となる．実質為替レート π の切り下げは，労働分配率を低下させる．(7-10)式は，一般物価水準 p で表した工業部門の労働者の実質賃金率 $\omega_i (= w_i/p)$ の定義式を表す．農産物交易条件 ϕ の上昇は実質賃金率 ω_i を低下させる．

(7-11)式は工業部門の投資決定行動を表す．資本蓄積率 g_i は，稼働率 δ の増加関数，実質利子率 $i - \hat{p}^e$ の減少関数とする．δ^* は資本家の要求稼働率，i は国内利子率を表す．g_0 は長期期待資本蓄積率，g_1 と g_2 は反応係数(所与)を表す．

(7-12)式は，貿易収支赤字 B の決定を表し，政府部門と民間部門の資本財・中間財の輸入，工業製品と農産物の輸出によって決定される．K_i は工業部門の資本ストックを表す．

(7-13)式は，経済成長過程における国際収支の均衡条件を表す．f は工業部門の資本ストックに対する対外債務残高比率，i^* は外国利子率を表す．

モデルは，以上の10本の方程式によって，δ，p_a，ϕ，p_i，p，w_i/p_i，ω_i，g_i，B，f の10個の変数が決定される．IMF の経済安定化政策の問題点とこのモデルとの関係を明確にしておこう．第1の為替レート切り下げの景気反転効果の分析には(7-4)式が関係する．第2の為替レート切り下げのインフレ効果の分析には(7-5)〜(7-8)式が関係し，第3の調整コストの負担の検討には(7-9)〜(7-10)式が関係する．経済成長と長期的な債務返済の分析には，(7-11)式〜(7-13)式が重要な役割を果たす．

第7章　IMFの経済安定化政策

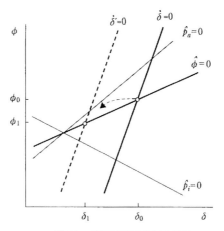

図7.1　総需要抑制政策の効果

7.4.2　国際収支とインフレーション

前述のように，IMFの経済安定化政策では，財政赤字の削減を中心にした総需要抑制政策と為替レートの切り下げによって，国際収支の均衡回復とインフレーションの抑制をしようとする．ここでは，政府支出 x の削減による財政赤字の削減と実質為替レート π の切り下げを想定しよう．

工業部門の稼働率 δ と農産物交易条件 ϕ の運動は次式のように決定される．

$$(7\text{-}14) \quad \dot{\delta} = \xi\{[(1-\alpha)/(1+\tau)][1-\pi b_0(1+\tau)+c_0\tau]\sigma_i\delta \\ + (1-\alpha)c_0(1-\omega_a b_a)\phi\sigma_a\lambda + vx + \pi ex_i(\pi) - \sigma_i\delta\},$$

$$(7\text{-}15) \quad \hat{\phi} = \psi\{\alpha[1/(1+\tau)][1-\pi b_0(1+\tau)+c_0\tau]\sigma_i\delta + \pi ex_a \\ - (1-\alpha c_0)(1-\omega_a b_a)\phi\sigma_a\lambda\} - w_0(\phi-\phi^*) - w_1(\delta-\delta_u) + w_2\hat{p}^e.$$

(1)総需要抑制政策：政府支出 x の削減は，政府部門における資本財・中間財の輸入を減少させると共に，工業製品の有効需要を削減し，稼働率 δ を低下させる(図7.1を参照)．この稼働率 δ の低下は民間部門における資本財・中間財の輸入を減少させる．したがって，政府支出 x の削減は，輸入を抑制し貿易収支の赤字を減少させ，国際収支の均衡を回復させる効果をもつ．実際に，1980年代には安定化政策の実施によって国際収支の赤字が改善したことが確認されている．しかし，貿易収支の黒字は，輸出の増大によってもたらされた

ものではなく，輸入の削減によってもたらされたものである．この貿易収支の黒字によって債務サービスは継続された．

他方，稼働率 δ の低下による失業の増大は労働者の交渉力を低下させ，また，稼働率 δ の低下による農産物交易条件 ϕ の悪化は実質賃金率 ω_i を高める方向に作用する．この結果，貨幣賃金率 w_i や工業製品価格 p_i の上昇率は低下する．したがって，政府支出 x の削減はインフレーションの抑制についても有効に作用するであろう．

政府支出 x の削減は，メキシコやアジアの通貨危機の際にも要請された．1980 年代のメキシコの経常収支赤字の拡大は財政赤字の拡大によるものであったが，1990 年代の通貨危機の際には財政赤字は縮小していた．経常収支赤字が民間部門の貯蓄不足の結果である場合には，政府支出 x の削減は国際収支の均衡回復には間接的な効果しかない．

このように，政府支出 x の削減は，国際収支の均衡回復とインフレーションの抑制には有効に作用する．しかし同時に経済は，稼働率 δ の低下によって実質所得の減少と失業の増大をともなう景気後退の局面に向う．膨大な失業人口を抱えるラテンアメリカのような発展途上国にとって，これは過大な調整コストとなる．そこで，海外需要を喚起し，このような景気後退を回避するために，為替レートの切り下げが要請される[8]．

(2)為替レートの切り下げ：為替レートの切り下げが輸出増大をもたらすためには，資本や労働力の部門間移動，すなわち産業調整が順調に行われなければならない(Sachs and Larrain, 1993，邦訳 750-757 頁)．この調整コストが十分に大きい場合には，為替レート切り下げの輸出効果は期待できないだろう．また，たとえ工業製品輸出の増大に成功したとしても，実質為替レート π の切り下げは，必ずしも稼働率 δ を上昇させ，雇用の拡大と実質所得の増大をもたらすとはかぎらない．というのは，実質為替レート π の切り下げは，工業部門の生産物賃金 w_i/p_i の低下，すなわち工業部門の労働者の所得分配率を悪化させ，かれらの消費需要を減少させるからである(Díaz Alejandro, 1963; Krugman and Taylor, 1978)．これは，稼働率 δ を低下させる効果を持つ[9]．したがって，

---

8)　アジア通貨危機の際には，IMF は，固定為替レートが通貨投機の原因になると判断し，伸縮的な為替レート政策を支持した．

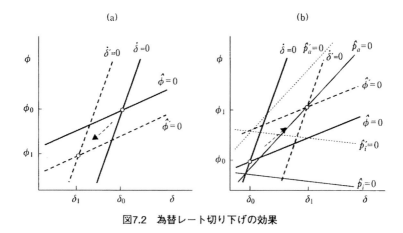

図7.2 為替レート切り下げの効果

為替レート切り下げの景気反転効果は必ずしも期待できない(図7.2(a)を参照)。1980年代の「失われた10年」にラテンアメリカ諸国では,景気後退によって生活水準は大幅に悪化した。さらに政府支出の削減によって貧困問題を深刻化させ社会不安を高めた(Ramírez, 1989; 1993a; Lustig, 1998)。

また,かりに実質為替レート切り下げの輸出拡大効果がこの分配効果を上回り,さらに政府支出削減の効果をも上回り,稼働率 δ を上昇させたとしても,インフレ率 $\hat{p}$ を上昇させる可能性がある(図7.2(b)を参照)。というのは,第1に,実質為替レート π の切り下げは輸入中間財コストを上昇させ,工業製品価格 p_i を上昇させるからである。第2に,実質為替レート π の切り下げは,実質賃金率 ω_i を低下させ,インデクセーションによって貨幣賃金率 w_i や工業製品価格 p_i を上昇させる。第3に,実質為替レート π の切り下げが稼働率 δ を上昇させるとすれば,稼働率 δ の上昇は労働者の交渉力を回復し,また稼働率 δ の上昇による農産物交易条件 ϕ の改善は実質賃金率 ω_i を低下させるので,貨幣賃金率 w_i や工業製品価格 p_i を上昇させる。このような為替レート切り下げのインフレ効果について,IMFは十分に考慮していない。

さらに,実質為替レート π の切り下げが稼働率 δ を上昇させるとすれば,この稼働率 δ の上昇は,資本財・中間財の輸入需要を高め,輸出増大効果を

---

9) ラレーンとサックス(Larrain and Sachs, 1986)は,為替レート切り下げの需要抑制要因として,インフレーションと名目貨幣残高効果を指摘している。

相殺し，国際収支の均衡回復を緩慢にする可能性がある[10].

　以上のように，IMF の経済安定化政策は，貿易収支赤字を削減し，国際収支の均衡回復のみを政策目標とするのであれば，有効な手段となるであろう．しかし，総需要抑制政策は景気後退による失業の増大と実質所得の減少という過大な調整コストをもたらし，それを回避するための為替レートの切り下げは，必ずしも IMF が期待するような有効な政策手段とはならない．また，IMF の経済安定化政策では，為替レート切り下げのインフレ効果については十分に分析されていないが，為替レートの切り下げは，インフレーションを上昇させる可能性がある[11]．さらに，為替レートの切り下げは，労働分配率を悪化させ，これは貨幣賃金率の抑制政策によっていっそう促進されるであろう．結局，このような経済安定化政策は，労働者に調整コストを負担させるものである．したがって，IMF の経済安定化政策の展開は，権威主義的な政治体制を前提とし，ポピュリズムや民主的な政府のもとではその有効性に限界がある．

7.4.3　経済成長と債務累積

　IMF の経済安定化政策では，国内利子率 i を引き上げることによって国内の貯蓄・投資を増大し，経済成長を促進することが期待される．そこでは暗黙のうちに，投資は貯蓄に等しいと想定されている．金利を自由化し，国内貯蓄が増大すれば，投資はそれに応じて拡大することが期待されている．しかし，(7-11)式のような投資関数を想定すれば，かなり違った結論が導かれる．

　政府支出 x の削減は，公共投資を削減し，経済成長を抑制するだけではない．稼働率 δ を低下させ，景気後退を引き起こすことによって，民間部門における投資活動を抑制し，経済成長にマイナスの影響を及ぼす．メキシコでは，民間投資は公共投資と強い相関関係がある(Ramírez, 1993a)．債務危機後，海外貯蓄の低下や構造調整政策によって投資が大幅に減少した．このような民間投資の後退は，IMF や世界銀行の構造調整政策の重要な問題として指摘され

---

10)　為替レート切り下げの景気反転効果について，エドワーズ(Edwards, 1986; 1989)の実証研究では，短期的には景気は後退し，長期的には景気は回復するとしている．

11)　IMF の経済安定化政策に関する実証研究では，国際収支とインフレーションについては改善し，経済成長については悪化傾向ないし影響がないという報告がある(白井，1999，189頁)．

ている(寺西, 1995, 156頁). また, 実質為替レート切り下げの稼働率 δ に与える効果は, 輸出効果と分配効果に依存し不確定であり, 必ずしも投資および経済成長の促進は期待できない. さらに, 国内利子率 i の上昇は, たとえ国内貯蓄の増大をもたらしたとしても, 実質利子率 $i - \hat{p}^e$ が上昇すれば, 民間部門の投資活動を抑制する可能性がある. メキシコでは, 利子率の上昇は, 金融資産の貯蓄を増大させるが, 総貯蓄の増大効果は弱く, 投資とは負の相関関係がある(Warman and Thirlwall, 1994). したがって, IMF の経済安定化政策は, 短期的に景気後退を引き起こすだけではなく, 長期的にも経済成長を阻害する可能性がある.

　IMF の経済安定化政策は, 長期的な債務返済の問題については十分に分析していない. (7-13)式に示されているように, 工業部門の資本ストックで表した債務残高比率 f は, 国際金融市場における利子率 i^* が資本蓄積率 g_i を上回れば, 無限に発散する. したがって, 外国利子率 i^* が資本蓄積率 g_i を下回るということが, 新興工業諸国が長期的に債務返済を可能にするための条件である. このような条件が満たされれば, 債務残高比率 f は定常状態に収束する.

　しかし, IMF の経済安定化政策は, この長期的な債務残高比率 f を上昇させる可能性がある. 政府支出 x の削減は, 貿易収支赤字の減少によって債務残高比率 f を低下させる効果を持つが, それ以上に投資活動を抑制すれば, 債務残高比率 f を上昇させる. また, 実質為替レート π の切り下げは, 例えば輸出効果によって稼働率 δ を上昇させる場合, 資本蓄積効果を上回って輸入を十分に増大させるとすれば, 債務残高比率 f を上昇させる. 反対に, 分配効果によって稼働率 δ が低下し, 投資停滞効果が輸入削減効果を上回る場合でも, 同様に債務残高比率 f を上昇させる. さらに, 国内利子率 i の引き上げによって実質利子率 $i - \hat{p}^e$ が上昇し, 投資活動を抑制すれば, 債務残高比率 f は上昇する.

　したがって, 債務残高比率は, 債務国の資本蓄積率や国際金融市場の条件に依存し, たとえ国際金融市場において有利な条件が存在したとしても, IMF の経済安定化政策は, 長期的に債務残高比率 f を上昇させる可能性がある. この点は, 従来の IMF の経済安定化政策をめぐる論争において必ずしも十分に明確にされていなかった.

7.5 むすび

本章では，IMF の経済安定化政策の政策目標と政策手段について明らかにし，構造主義マクロ経済学の視点から，そのような経済安定化政策がメキシコのようなマクロ経済構造をもつ諸国に適用された場合の効果について検討した．簡単に結論を要約しよう．

第1に，IMF の経済安定化政策は，国際収支の均衡回復とインフレーションの抑制のために，財政赤字の削減を中心にした総需要抑制政策と為替レートの切り下げを要請する．また需要抑制政策を補完し，効率的な資源配分と経済成長を達成するために，サプライサイド政策の実施を要請する．

第2に，政府支出の削減を中心にした総需要抑制政策は，国際収支の均衡回復のみを目的とするのであれば有効な政策手段となるが，景気後退によって過大な調整コストをもたらす．為替レートの切り下げは，たとえ海外需要を拡大したとしても，IMF が期待するような景気回復(為替レート切り下げの景気反転効果)の手段としては必ずしも有効ではない．また，かりに景気回復を実現したとしても，インフレーションを加速する可能性がある(為替レート切り下げのインフレ効果)．さらに，為替レートの切り下げは，労働分配率を悪化させ，調整コストを労働者に負担させることになる(労働者による調整コストの負担)．

第3に，IMF の経済安定化政策は，短期的に景気後退を引き起こすだけではなく，長期的に経済成長を阻害する可能性がある．債務残高比率は，債務国の資本蓄積率や国際金融市場の利子率に依存し，たとえ国際金融市場に有利な条件が存在するとしても，長期的に債務残高比率を上昇させる可能性がある(調整政策の長期効果)．

第8章 債務危機後の経済安定化政策

8.1 はじめに

1982年8月の債務危機を契機に，メキシコは，国際収支の均衡回復とインフレーションの抑制を目的に IMF の経済安定化政策(1983-85年)を実施した．この経済安定化政策は，いわゆるオーソドックス型の経済安定化政策である．1983年には，まずオーソドックス型のショック療法がメキシコ経済に適用され，1984-85年にはオーソドックス型の漸進主義政策が実施された．その後1985年央には，国際収支危機の中で再びオーソドックス型のショック療法が導入された．しかし，このような経済安定化政策は，インフレーションを加速し，景気後退のもとでスタグフレーションを深刻化させた．その結果，1987年12月には，メキシコの経済安定化政策はヘテロドックス型のショック療法へと大きく転換した．

本章の目的は，1983-85年の IMF の経済安定化政策を中心に債務危機以降メキシコにおいて実施された経済安定化政策について構造主義マクロ経済学の視点から検討することである．本章では特に，以下の点について明らかにする．

第1に，債務危機以降メキシコにおいて実施されたオーソドックス型の経済安定化政策は，輸入の削減によって国際収支の均衡回復には有効であったが，インフレーションを加速し，深刻な景気後退をもたらした．

第2に，1987年12月に実施されたメキシコのヘテロドックス型の経済安定化政策は，インフレ期待を取り除き，1980年代後半以降の慣性インフレの抑制には有効であった．しかし，インフレ下の硬直的な為替政策は，実質為替レートの増価によって経常収支赤字を拡大し，1994年の通貨危機の原因を形成

した.

以下，本章はつぎのように構成される．8.2節では，メキシコの経済安定化政策を検討するための準備作業として，メキシコにおけるインフレーションと対外不均衡の原因および経済安定化政策の実施によって予測される経済効果について検討する．つぎに8.3節では，1983-85年のIMF経済安定化政策の政策目標と政策手段について明らかにし，8.4節では，そのような経済安定化政策の効果と問題点について検討する．8.5節では，1987年12月に実施されたヘテロドックス型の経済安定化政策の政策目標と政策手段および政策効果について検討し，最後に結論を要約する．

8.2　経済危機の原因と経済安定化政策の理論

メキシコの経済安定化政策を検討するための準備作業として，メキシコのインフレーションと対外不均衡の原因について確認し，そのあと簡単なマクロ経済モデル(8.7節を参照)をもとに経済安定化政策の実施によって予測される経済効果について検討しよう．

8.2.1　インフレーションと対外不均衡の原因

(1)インフレーションの原因：1980年代のメキシコのインフレーションの原因としては，財政赤字よりも為替レート調整や賃金調整が重要である．インフレーションの原因として一般に，財政赤字，為替レート調整，賃金調整，インフレ期待などが指摘され，また公的価格の調整や間接税などがあげられる場合もある[1]．ラテンアメリカのインフレーションの原因として財政赤字は確かに重要ではあるが，1982年の債務危機以降，メキシコのインフレ調整後の財政赤字(operational deficit)は十分に縮小している[2]（図8.1を参照）．またメキシコの場合には，財政赤字の変動はインフレーションよりもむしろ経常収支赤字と

---

1)　メキシコのインフレーションの原因については，Cardoso and Levy(1988)，Dornbusch(1988; 1989)，Gil-Díaz and Tercero(1988)，Ros(1987)，Ros and Lustig(1987)などを参照のこと．また，債務危機以前からのインフレーションをめぐる議論についてはLooney(1985)を，さらに債務危機前後のメキシコのマクロ経済についてはGil-Díaz(1984)，Taylor(1984)などを参照のこと．

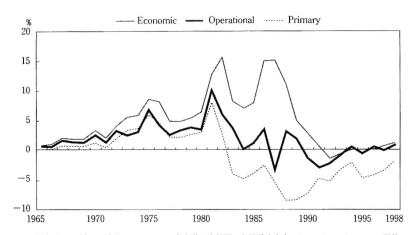

(注)すべて対GDP比率。Economicは非金融公的部門の名目財政赤字,Operationalはインフレ調整後の財政赤字,PrimaryはOperationalから実質利払いを控除した財政赤字。
(出所)*The Mexican Economy 1996, 1999*(Banco de México)の資料より作成。

図8.1 メキシコの財政赤字

の相関関係が強く,財政赤字の拡大は経常収支赤字の拡大に反映される(図5.4を参照)。したがって,債務危機以降のメキシコのインフレーションの原因としては,財政赤字よりもむしろ持続的な為替レート調整や賃金調整およびインフレ期待などの要因が重要である(図5.3を参照)。特に,1980年代後半以降は,慣性インフレの局面に入ったと考えられる(Ros, 1987, p. 105; Cardoso and Levy, 1988, p. 365; IDB, 1988, p. 460)。

メキシコのインフレーションでは,為替レートの切り下げや貨幣賃金率の上昇およびインフレ期待などが重要な役割を果たしている。第1に,為替レートの切り下げは,中間財や最終財の輸入価格の上昇によって輸入インフレをもたらす。為替レートの切り下げは,総需要抑制政策の実施と対外不均衡のもとで,輸出振興を目的にした為替政策やクローリングペッグ制によって行われる。

第2に,貨幣賃金率の上昇は,寡占経済下では生産物価格に反映されイフレーションを引き起こす。貨幣賃金率の上昇に影響を及ぼす要因には,実質賃金

---

2) 1986年7月,財政政策の評価において,インフレ調整後の財政赤字を指標とすることがIMFとの間で合意された。このとき,債務問題が,景気後退によってではなく経済成長によって解決すべき問題であるということも確認された(Cardoso and Levy, 1988, p.367)。インフレーションのもとでの財政赤字の指標の選択問題については,Gil-Díaz and Tercero(1988, pp.371-377),Dornbusch(1989, p.6)を参照のこと。

率や労働市場の動向およびインフレ期待がある．為替レートの切り下げによる実質為替レートの減価は，労働者の実質賃金率を低下させるので，労働者は貨幣賃金率を引き上げようとする．このような状況は，メキシコではまず政府・労働者・経営者によって決定される法定最低賃金に反映され，その後組織労働者の貨幣賃金率に影響を及ぼす．労働市場の動向は，一般的には失業率が低下すれば，労働者の交渉力を強め貨幣賃金率を上昇させる．ただし債務危機以降，このような労働市場の動向が貨幣賃金率に及ぼす影響は限られている．

　第3に，インフレ期待の形成は，為替調整や賃金調整に影響を及ぼすことによって慣性インフレを引き起こし，インフレーションをさらに加速する．メキシコでは，債務危機以降の為替政策や賃金政策の実施のなかで，インフレ期待が形成されていった[3]．

　寡占経済下の所得分配をめぐる階級対立は，賃金と物価のスパイラルを引き起こす．労働者が実質賃金率の低下を貨幣賃金率の上昇によって相殺しようとする効果は，フィードバック(feed back)効果であり，この効果は労働者の交渉力の強さに依存する．このような貨幣賃金率の上昇を製品価格に転嫁しようとする寡占企業の行動がインフレーションに及ぼす効果は，浸透(pass through)効果である．これは寡占企業の市場支配力に依存する．寡占企業の市場支配力や労働者の交渉力が強まればそれだけ，賃金と物価のスパイラルは激しくなる．メキシコの場合，IMFの経済安定化政策のもとで実質賃金率は低下したが，労働者の階級闘争は抑圧され，貨幣賃金率の上昇は抑制された．しかし1980年代の後半には，フィードバック効果が強まっている．

　特定の政策ルールによって国家が外国為替市場に介入すると，為替レートと物価のスパイラルを引き起こす．為替調整ルールが輸出促進のために割安な実質為替レートを目標に設定されると，インフレーションによって実質為替レートが増価すれば，目標為替レートとの乖離が生じ，為替レートが切り下げられる．この為替レートの減価は，輸入中間財や輸入最終財の価格を上昇させ，イ

---

3) 慣性インフレについては，例えばDornbusch(1988, pp.903-906)，Review of the Economic Situation of Mexico(1988, pp.110-111)を参照のこと．
4) 実質為替レートの維持を目的とした為替調整ルールがインフレーションの安定化と整合的ではないという点は，ヒル・ディアスとテルセロも指摘している(Gil-Díaz and Tercero, 1988, pp.380-384)．

第 8 章　債務危機後の経済安定化政策　　　197

ンフレーションをさらに加速させる[4]．こうして寡占経済下の階級対立に，特
定の為替調整ルールによる国家の政策介入やインフレ期待が組み込まれると，
賃金・物価・為替のスパイラルが発生する[5]．

　(2)対外不均衡の原因：メキシコの対外不均衡の基本的原因は財政赤字である．
この財政赤字の背景には，石油に依存した経済開発や貿易構造および脆弱な資
本財・中間財産業の存在がある[6]．石油産業を中心にした積極的な経済開発は，
一方では脆弱な産業構造のもとで公共部門の中間財や資本財の輸入増大のため
に貿易収支の赤字を拡大する．他方，このような政府支出の増大は，民間部門
の稼働率を上昇させ，資本蓄積を促進することによって，その中間財や資本財
の輸入を増大し，貿易収支の赤字を拡大する．石油価格の下落は，このような
貿易収支をさらに悪化させる．

　貿易収支の赤字は，国際金融市場における資金借入れ条件の悪化による対外
利払いの増大と共に，経常収支の赤字を拡大させる．また，インフレーション
の昂進は，実質為替レートを増価させ，民間部門における為替切り下げ期待を
形成し，資本逃避を引き起こす．こうした資本逃避は，民間部門の短期資本収
支を悪化させる．

　このような経常収支や民間部門の短期資本収支の悪化による国際収支の不均
衡は，外国債の発行や銀行借入れによってファイナンスされ，対外債務残高を
増大させる．長期的には，民間部門の資本ストック1単位当たりで表した債務
残高比率は，国際金融市場における利子率が資本蓄積率を上回れば無限に発散
する(本書の第3章，第7章を参照)．メキシコのような債務国にとっては，長期
的に債務返済を可能にするためには，資本蓄積率が外国利子率を上回らなけれ
ばならない．しかし，このような条件が与えられたとしても，政府支出の増大
による財政赤字の拡大は，貿易収支の赤字を拡大し，債務残高比率を上昇させ
る可能性がある．

---

5)　メキシコでは，この賃金・物価・為替のスパイラルのなかで，賃金調整は，インフレーションの
　　積極的原因というよりは，むしろインフレ安定化の役割を担っていた(Gil-Díaz and Tercero,
　　1988，p.371)．
6)　1970年以降のメキシコの対外不均衡の主要な原因の1つは，国家主導型の経済開発モデルによる
　　積極的な公共支出にある(Zedillo, 1986, pp.969-970, 976)．債務危機前後のメキシコの国際収支
　　問題については，Frieden(1984)も参照のこと．

8.2.2 経済安定化政策の理論

1982年の債務危機以降，メキシコではオーソドックス型の経済安定化政策とヘテロドックス型の経済安定化政策が実施された[7]．これら2つの経済安定化政策がメキシコのような経済に適用された場合に予測される経済効果について検討しよう．

(1)オーソドックス型の経済安定化政策：オーソドックス型の経済安定化政策は，インフレーションの抑制と国際収支の均衡回復を目的とし，財政政策を中心にした総需要抑制政策を実施する．また，総需要抑制政策による有効需要の減少を緩和し，海外需要を喚起するために，為替レートを切り下げる．

このようなオーソドックス型の経済安定化政策は，総需要抑制政策の実施方法によって，①ショック療法と，②漸進主義に分けられる．①ショック療法の場合には，大幅な財政赤字の縮小を目的に急激な政府支出の削減が行われる．一方，②漸進主義の場合には，目標インフレ率をもとに政府支出の削減や為替レートの調整が徐々に行われる．

図8.2と図8.3は，オーソドックス型の経済安定化政策を実施した場合に予測される経済効果を位相図とインフレ率の変動によって表したものである．両図の①位相図は，縦軸に実質為替レート π，横軸に債務残高比率 f をとり，②インフレ率の変動は，縦軸にインフレ率 $\hat{p}$，横軸に時間 t をとる．両図①の経路 AB は，経済の調整経路の1つを表す．図8.2②の経路 abc は漸進主義のもとでのインフレ率の変動を表し，経路 $a-i$ はインフレ期待が上昇した場合のインフレ率の変動を表す．図8.3②の経路 $a-d$ はショック療法を実施した場合のインフレ率の変動を表す．メキシコの場合，ショック療法を用いても，図8.3②の bc で示されるインフレ率の十分な低下は期待できないだろう．

メキシコのように財政赤字が経常収支の赤字と大きな相関関係を持つ経済では，オーソドックス型の経済安定化政策は，対外不均衡の縮小には有効である．

---

7) ラテンアメリカのインフレーションについては，マネタリストと構造主義との間で論争がある．マネタリストは，インフレーションの主要な原因を財政支出の増大に求め，インフレ抑制政策として財政赤字の削減を提言する．これに対し構造主義は，インフレーションの主要な原因を供給制約や諸階層の経済的要求の対立に求め，インフレ抑制政策として所得政策を提言する．オーソドックス型の経済安定化政策はマネタリストの議論に，ヘテロドックス型の経済安定化政策は構造主義（構造主義マクロ経済学）の議論に対応している（Cardoso, 1989, p.12）．

第8章 債務危機後の経済安定化政策

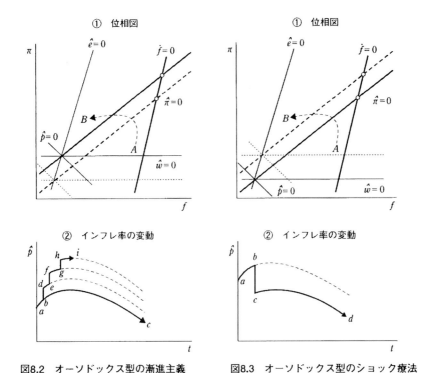

図8.2 オーソドックス型の漸進主義　　図8.3 オーソドックス型のショック療法

しかし、インフレーションは為替調整や賃金調整およびインフレ期待などによって決定されるので、インフレーションの抑制効果は弱く、また大きな景気後退を伴う。さらに、インフレ期待の上昇と共にインフレーションを加速し、景気後退のもとでスタグフレーションを深刻化させる可能性がある。

(2)ヘテロドックス型の所得政策：ヘテロドックス型の経済安定化政策は、特にインフレーションの抑制を政策目標とし、為替政策や賃金政策および価格政策を中心にした所得政策を実施する[8]。メキシコの場合には、財政赤字の縮小

---

8) ヘテロドックス型の経済安定化政策は、景気後退をともなうことなくインフレーションを抑制しようとするものであり、政治的支持が得安い。しかしカルドーソやドーンブッシュは、今日のラテンアメリカのインフレーションの抑制のためには、総需要抑制政策と所得政策の双方が必要であるとする(Cardoso, 1989, p.15 ; Dornbusch, 1989, pp.5-6)。メキシコでは、1987年12月以降双方の政策が実施された(ECLAC, 1989, p.7)。このように所得政策だけではなく財政支出も管理しようとする経済安定化政策は「ニュー・ヘテロドックス」と呼ばれる(Cardoso, 1989, p.18)。

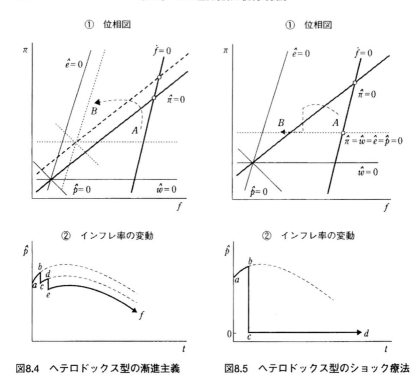

図8.4 ヘテロドックス型の漸進主義　　図8.5 ヘテロドックス型のショック療法

のためにさらに政府支出の管理も行われた．

　ヘテロドックス型の経済安定化政策も，所得政策の実施方法によって，①ショック療法と，②漸進主義に分けられる．①ショック療法の場合には，インフレーションの急激な低下を目的に為替レートが固定され，貨幣賃金率や生産物価格の引き上げも停止される．一方，②漸進主義の場合には，目標インフレ率をもとに為替調整や賃金調整および価格調整が徐々に行われる．図8.4と図8.5は，ヘテロドックス型の経済安定化政策を実施した場合に予測される経済効果を位相図とインフレ率の変動によって表したものである．両図①の経路 AB は，経済の調整経路の1つを表す．図8.4②の経路 $a-f$ と図8.5②の経路 $a-d$ は，それぞれ漸進主義とショック療法を実施した場合のインフレ率の変動を表す．

　ヘテロドックス型の所得政策は，インフレ期待を取り除きインフレーション

の抑制には有効である．しかし，所得政策に加え政府支出の削減を行うことによって国際収支の均衡を回復することができるが，景気後退を導く可能性がある．

8.3 オーソドックス型政策の政策目標と政策手段

8.3.1 オーソドックス型政策の政策目標

IMFの経済安定化政策の主要な政策目標は，インフレーションの抑制と国際収支の均衡回復および経済成長の促進である(IMF, 1987)．インフレーションの抑制と国際収支の均衡回復は短期の政策目標であり，長期の政策目標は構造改革による効率的で持続的な経済成長である．

1983-85年のIMFの3ヵ年計画は，1983年のオーソドックス型のショック療法の局面と，1984-85年のオーソドックス型の漸進主義の局面からなる．経済安定化政策は，最初のショック療法の局面でおもにインフレ率の急速な低下を基本目標とし，1982年の98.9％から1983年には55％にすることを目標にした(表8.1を参照)．漸進主義の局面では，国際収支の均衡回復を強調し，経常収支の20億ドルの調整を目標とした．しかし1985年になると，新たな国際収支危機が発生し，漸進主義にもとづく政策は中断され，オーソドックス型のショック療法が再び導入された．

長期の政策目標である経済成長は，構造改革のための長期モデルにしたがって達成される．この長期モデルは，市場機構や民間部門の役割を重視し，国内貯蓄に依拠しながら，石油以外の輸出の拡大を中心とする輸出志向型の経済成長を目指す．

8.3.2 オーソドックス型政策の政策手段

IMFの経済安定化政策の基本的な政策手段は，総需要抑制政策や為替調整および賃金調整などである．

8.3.2.1 インフレーションの抑制と国際収支の均衡回復

(1)財政政策：IMFの経済安定化政策は，インフレーションの抑制と国際収

第3部　IMF 経済政策の批判的検討

表 8.1　IMF 経済安定化政策の基本目標

	1982	1983	1984	1985
(1)　インフレーション(消費者物価%)				
初期の目標値		55.0	30.0	18.0
修正目標値			40.0	35.0
現実値	98.9	80.8	59.2	63.7
(2)　公的部門赤字(対 GDP %)				
初期の目標値		8.5	5.5	3.5
修正目標値		8.5	5.5	5.1
現実値	17.9	8.8	7.1	9.9
(3)　経常収支				
初期の目標値(対 GDP %)		−2.2	−1.8	−1.2
現実値(対 GDP %)	−2.7	5.7	3.4	0.4
修正目標値(10億ドル)			0.0	1.0
現実値(10億ドル)	−4.9	5.5	4.2	0.5
(4)　実質 GDP 成長率(%)				
初期の目標値		0.0	3.0	6.0
修正目標値			0.0	3.0
現実値	−0.5	−5.3	3.5	2.7

(出所) Ros (1987, p. 84)。

支の均衡回復のために総需要抑制政策を要請する．総需要の抑制は，財政赤字の削減を中心にした財政政策によって行われる．

　財政赤字の削減は，1983 年に集中的に実施され，対 GDP 比の名目財政赤字比率を 1982 年の 17.9 ％から 1983 年には 8.5 ％にすることが目標とされた．そのための財政政策として，第 1 に，対 GDP 比 9 ％の公共支出の削減が実施された．特に，公共投資は 32.5 ％削減され，公共部門の被雇用者の賃金や報酬が削減された．第 2 に，間接税が 3 ％ポイント引き上げられ，公的部門の相対価格も上方修正された．1984 年には，財政引締めは緩和されたが，インフレ率の低下によって名目利払いが減少したので，対 GDP 比の名目財政赤字比率は低下した (Ros, 1987, p. 85)．1985 年 7 月には，再びショック療法が導入され，大幅な財政支出の削減が実施された．

　(2)為替政策：為替政策には，その政策目標に関して 2 つのアプローチがある．1 つは，為替政策をインフレーションの抑制という短期目標のために利用するものであり，おもにメキシコ中央銀行 (Banco de México) がこのアプローチをとる．もう 1 つは，構造改革という長期目標のために為替政策を利用する

アプローチであり，国家開発計画(Plan Nacional de Desarrollo)に示されている．

　1982年9月に，二重為替レート制が設立され，貿易取引には1ドル＝50ペソの管理レート，その他の取引には1ドル＝70ペソの自由レートが適用された．しかし，ブラックマーケットでは，1982年の10月ごろには1ドル＝130-140ペソの相場が成立していた．1982年12月，デラマドリ政権は，ブラックマーケットの相場に合わせ，自由レートを1ドル＝150ペソ，管理レートを1ドル＝95ペソに修正した．管理レートはその後日々13センターボ切り下げられた．1983年9月には，日々13センターボの切り下げが自由レートにも適用された．

　1983年央から1984年12月にかけて対外不均衡の改善がみられたので，この時期には為替政策は，インフレーションの抑制のために実施された．この間，実質為替レートは，管理レートで20％，自由レートで30％増価した．しかしその後，国際収支の悪化と共に，為替レートの切り下げ率は引き上げられ，1984年12月には日々17センターボ，1985年3月には日々21センターボ切り下げられた．さらに，1985年7月には，新たな為替レート制度が導入され，管理レートが20％切り下げられると共に，完全に伸縮的な為替レートが認められた(Ros, 1987, pp. 89-92)．

　(3)賃金政策：賃金政策には，インフレーションの抑制と相対価格構造の適正化という2つの政策目標がある(Cardoso and Levy, 1988, p. 364)．インフレーションの抑制は，実質賃金率の引き下げやフィードバック効果の抑制によって行われる．実質賃金率は，賃金調整係数や期間当たり賃金改訂回数およびインフレ率などによって影響を受ける．実質賃金率は，他の条件を所与とすれば，インフレーションの加速によって事後的に低下する．また，賃金調整係数の引き下げや賃金改訂回数の減少によって実質賃金率は低下する．

　最低賃金の賃金調整係数は，1983年に前期のインフレ率に対して0.5以下に低下し，1984年も1以下に抑えられた．1982年のインフレーションの加速のもとで，最低賃金の改訂は，年1回から6カ月に1回に変更されたが，この間の実質賃金率は大幅に低下した(Ros, 1987, pp. 93-94)．その後，最低賃金は3カ月に1回改訂された．

　(4)貿易政策：インフレーションを抑制するための貿易政策は輸入自由化で

ある．輸入自由化は競争を促進し，国内の下方硬直的な価格構造を崩し，インフレーションを抑制する．しかしその結果，安い輸入財が入手可能になれば，国内の貿易財部門の生産は停滞し，輸入も増大することになる．輸入規制は1981年に再び導入されていた．IMFとの合意で一時的な非関税輸入規制が認められたので，これは1983年まで続けられた．

1984年に，輸入規制の緩和や関税による輸入許可制の代替によって緩やかな輸入自由化が実施された．1985年7月には，輸入許可制の漸進的な廃止と，関税構造の合理化に関するプログラムが発表された．この結果，輸入総額に占める輸入許可対象品目の比率は75％から38％に引き下げられたが，加重平均関税率は8.9％から17.4％に上昇した(Ros, 1987, pp. 92-93; Ros and Lusting, 1987, p. 18)．

(5)金融政策：IMFの経済安定化政策には国内信用の拡大が規制されていた．しかし実際には，経済活動の停滞の中で銀行貸付に対する民間需要は減少し，調整過程において大した役割を果たしていない．

1983-84年の金利政策では，名目預金金利は，資本逃避を抑制するために外国利子率プラス予告為替レートの調整分を上回るプレミアムを保証するように設定された．しかし，予告為替レートの調整がインフレ率を下回ったので，実質預金金利は比較的低い水準にとどまった．他方，銀行の貸出金利は高い水準を維持した．この高水準の銀行貸出金利の要因にはつぎのような点がある．第1に，1984年以降，民間部門の保有する貯蓄が定期性預金から流動性預金にシフトし，銀行の平均実質コストを上昇させたことである．第2に，銀行の過剰準備と高インフレ率のもとで，過剰準備に対するインフレ課税が増大し，銀行の実質コストを引き上げたことである．1985年7月には，さらに金融の引締めが実施され，実質利子率が上昇した(Ros, 1987, pp. 87-89)．

8.3.2.2 経済成長の促進

構造改革のもとで経済成長を促進するためにつぎのような政策が実施された．第1に，1982-83年の為替レートの調整による貿易財と非貿易財との相対価格の調整や，輸入許可制の関税による代替である．これによって，反輸出偏向の修正や，石油以外の輸出の促進が期待された．同時に，それまでの輸出補助金

第8章　債務危機後の経済安定化政策　　205

については廃止された．第2に，加速度的減価償却制度である．これは民間投資を促進するための財政的インセンティブである．第3に，公的価格・利子率・租税・補助金などの修正である．これは，国内貯蓄の増大を目的とした．第4に，国家介入の合理化である．1985年には，236の中小の政府系企業が売却ないし廃止された．そして，国内の生産要素の効率的な配分のために，要素相対価格の修正も実施された(Ros, 1987, pp. 82-85)．

　貿易自由化と国営企業の民営化を中心にした構造改革は，世界銀行＝IMF主導型の輸出志向工業化政策のもとで，1980年代後半から1990年代前半のヘテロドックス型政策でも引きつがれた。

8.4　オーソドックス型政策の効果と問題点

8.4.1　オーソドックス型政策の効果

8.4.1.1　オーソドックス型のショック療法：1982-83年の景気後退
　(1)経済成長：1982-83年に経済成長率はマイナスを記録し，都市の失業率も1984年には5.7％に上昇した．このような景気後退は，政府支出の削減や為替レートの切り下げによる有効需要の大幅な減少によるものである．

　総需要の構成のなかで民間投資は1982-83年に大きく減少した．この原因にはつぎのような点がある．第1に，民間投資と補完的な関係にある公共投資が大幅に削減されたことである．第2に，為替レートの切り下げによって企業の投資収益率が低下したことである．為替レートの切り下げは，輸入資本財価格や企業の対外債務の実質価値を上昇させたり，資本逃避のもとで物的資産の実質市場価値を下落させたりした．第3に，為替レート予想の大幅な修正が，国内投資に比べ対外投資の予想収益率を大きく上昇させたことである．

　民間消費の伸びも1983年には大きく減少する．これには，為替レートの切り下げによる賃金所得の分配率の低下が関係している．賃金所得の分配率は，1982年の38.2％から31.4％に低下した(Ros and Lustig, 1987, pp. 18-19, 72-73; Lustig, 1995, p. 337)．

　(2)国際収支：貿易収支は，1982年の後半には黒字に転じ，1983年には144

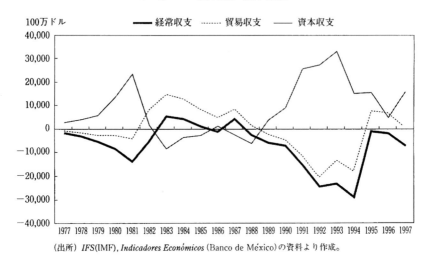

(出所) IFS(IMF), *Indicadores Económicos* (Banco de México) の資料より作成。

図8.6　メキシコの国際収支

億ドルの黒字を計上した(図 8.6 を参照). 経常収支も, 1982 年の 55 億ドルの赤字から 1983 年には 53 億ドルの黒字に転換した. このような対外不均衡の調整は, おもに公共投資や民間投資の減少による輸入の減少によって行われた.

輸入総額は, 1982 年には 37.1 %, 1983 年には 41.7 %減少した. 最も顕著なのは資本財輸入の減少で, 1982 年には 42 %, 1983 年には 62.2 %も減少した. 一方, 輸出は, 石油輸出が増大し, 石油以外の輸出も徐々に増大しはじめた. 特に, 自動車・石油化学・石油関連製品の輸出が伸び, またマキラドーラからの輸出も増大した. もっとも, 貿易収支の改善に対する輸出増大の効果は限られていた(Ros and Lustig, 1987, pp. 19-20).

貿易収支の改善という点からすると, メキシコ経済にはつぎのような特徴がある. 第1に, 石油輸出の増大による貿易収支改善効果が期待できる. 第2に, 資本財産業の未成熟のために, 景気後退期には, 投資需要の停滞が資本財輸入の大幅な減少として現れる. 1981-83 年の工業生産の 10 %の減少に対して, 資本財輸入が 78 %削減された. 1983 年のメキシコの対外不均衡の調整は, 国内経済活動の停滞と共に, メキシコ経済の構造的脆弱性——石油産業への依存と資本財産業の未成熟——によるところが大きい(Ros, 1987, pp. 98-99).

(3)インフレーション：インフレ率は, 1981 年の 28.7 %から 1982 年の 98.9

％，1983年の80.8％へと大幅に上昇した。このような急上昇は，為替レートや公的価格および間接税などの調整によるものである。貨幣賃金率の調整は，インフレ率の上昇に対して1982年4月に緊急に実施されたが，それは実質賃金率を回復する程度であった。1983年には，賃金調整はかなり抑制され，前期のインフレ率を下回り，実質賃金率は大きく低下した。諸価格の調整の相違のために，相対価格が変動した。1983年前期には1981年の水準と比較し，実質賃金率は20％低下し，実質為替レートは73％減価し，エネルギーの実質価格は90％上昇した(Ros, 1987, p. 103)。

8.4.1.2　オーソドックス型の漸進主義：1984-85年の景気回復と 国際収支の悪化

(1)経済成長：経済成長率は，1984年には目標の3％を上回り3.6％を記録し，1985年も2.5％を示した。このような景気回復の要因にはつぎの点がある。第1に，政府部門の雇用拡大を中心に財政支出が緩和されたことである。第2に，インフレ率の低下にともないインフレ課税が低下し，消費需要の伸びが1983年の−7.5％から1984年には2.5％に上昇したことである。第3に，財政的インセンティブ(加速度的減価償却制度)によって民間投資需要が1983年の−24.2％から1984年には9.0％に上昇したことである。景気後退のもとで加速度的減価償却制度は，設備投資ではなく自動車の補塡に利用された。その結果，自動車産業は，1984年には23.3％，1985年には27.8％の成長率を記録した(Ros and Lustig, 1987, pp. 24-25)。

(2)国際収支：景気回復は貿易収支の悪化をもたらした。貿易収支の悪化はおもに輸入増大によるものである。輸入依存度の高い自動車産業の景気回復や実質為替レートの増価などによって，輸入は，1984年には27.1％，1985年には15.8％増大した。また，1986年の石油価格の下落は，貿易収支をいっそう悪化させることになった(Ros and Lustig, 1987, p. 25)。

(3)インフレーション：1983年央から1984年にかけてインフレ率は低下し始めた。これは，賃金調整や為替調整の抑制によるものである。その結果，相対価格構造はさらに変化し，実質賃金率は13％低下し，実質為替レートは16-19％増価し，公的価格は30％上昇した。しかしインフレ率は，1984年に59.2

％に低下したが，1985 年には 63.7 ％，1986 年に 105.7 ％，1987 年に 159.2 ％
へと再び上昇しだした．1980 年代後半以降，インデクセーション機構の確立
と共に，メキシコは慣性インフレの局面に入った．賃金インデクセーションや，
1984 年 12 月と 1985 年 3 月に上方修正された為替レートの調整，さらにイン
フレ期待の形成などによって，賃金・為替・物価のスパイラルが現れた(Ros,
1987, pp. 102-105)．

8.4.2 オーソドックス型政策の問題点

オーソドックス型の経済安定化政策である IMF の経済政策は，以上のよう
に国際収支の均衡回復には一定の成果をあげたが，インフレーションの抑制に
は失敗し，深刻な景気後退をもたらすことになった．IMF の経済安定化政策
には，第 1 に景気後退，第 2 に調整コストの負担，第 3 にインフレーションの
昂進，第 4 に資本財・中間財輸入の削減などの問題点がある[9]．

(1)景気後退：IMF の経済安定化政策が深刻な景気後退をもたらした要因と
して，つぎのような点がある(Ros and Lustig, 1987, pp. 22-23)．

第 1 に，財政政策を中心とする総需要抑制政策をインフレ抑制政策として実
施し，財政赤字の目標として対 GDP 比の名目赤字比率を採用したことである．
インフレーションが超過需要に対してそれほど感応的ではない経済において，
インフレーションに大きく依存する名目利払いを財政目標に含めると，財政支
出の削減は，インフレーションの抑制に対して有効でないばかりでなく，経済
成長には大きな負担をかける．このような経済では，財政支出を削減しても，
インフレ率は予想を上回り，その結果名目の利払いが予想を上回って増大し，
財政赤字は目標値から遠ざかる．このとき，財政目標の達成とインフレーショ
ンの抑制のためにさらに財政支出を削減すれば，期待したほどのインフレ抑制
効果が得られることなく，経済成長には過大な負担がかかる．

第 2 に，為替レートの切り下げは景気後退の重要な要因になる．為替レート
の切り下げが輸出増大によってもたらすと考えられる景気反転効果は，必ずし

---

9) ここでの問題はおもに経済安定化政策の短期の問題である．アヤラとデュランは，今日の世界経
済における市場問題と国内の雇用吸収問題を取り上げ，長期の輸出志向工業化政策を批判している
(Ayala and Duran, 1986, pp.262-263)．

第8章　債務危機後の経済安定化政策　　209

も期待できない．また為替レートの切り下げは，労働分配率を悪化させ消費需
要を削減するだけではなく[10]，企業の投資需要も抑制する．

第3に，民間投資は公共投資との補完関係が強い．それゆえ，公共投資の大
幅な削減は，民間投資を大きく減少させる(Ramírez, 1991; 1993a; 1996-1997, p.
138)．

(2)調整コストの負担：IMF の経済安定化政策のコストの多くは，労働者に
よって負担された．例えば実質賃金率は，1981年を100として1982年後期
94.7，1983年後期73.3，1984年後期70.6，1985年後期67.1のように低下した．
また賃金所得の分配率も，1982年38.2％，1983年31.4％，1984年30.8％の
ように低下した[11]．さらに都市の失業率も，1982年4.2％，1983年6.3％，
1984年5.7％のように上昇している(Ros and Lustig, 1987, pp. 70, 72-73; Lustig,
1995, pp. 337-374)．

(3)インフレーションの昂進：IMF の経済安定化政策のインフレ抑制政策には，
つぎのような問題がある．第1に，インフレーションの抑制のために総需要抑
制政策を主要な政策手段としていることである[12]．第2に，為替レートの切
り下げがインフレーションに及ぼす影響について十分に考慮していないことで
ある．第3に，十分な価格管理機構を設立することなく，為替レートなどの主
要な価格変数を期待インフレ率をもとに調整し，経済にインフレ期待を形成し
たことである．この点については，さらに以下の点に注意する必要がある
(Ros and Lustig, 1987, pp. 26-27)．

第1に，主要な価格変数以外の価格をインフレ目標をもとに統制する有効な

---

10)　アンダーソンとフランツは，1982年の為替レートの切り下げがメキシコ国境地域の労働者の実
　　質所得や労働強化に及ぼした影響について実証的に検討している(Anderson and Frantz, 1984,
　　pp.763-764)．
11)　ラテンアメリカのインフレーションと政治体制との関係について，パルダンは，軍政はインフレ
　　ーションの抑制に有効ではあるが，民政はインフレーションを加速する傾向があるとしている
　　(Paldam, 1987, p.164)．しかし1980年代のメキシコの場合には，PRI 体制のもとで，労働組合
　　が国家に従属し，労働者の要求を抑制し，むしろインフレーションの安定化要因になっている．そ
　　の結果，調整コストの負担は労働者に重くのしかかる．メキシコの政治体制と経済調整との関係に
　　ついては，Kaufman(1989)を参照のこと．
12)　メキシコのように慣性インフレが存在する経済では，総需要抑制政策はインフレ抑制には有効で
　　はない(本書第6章；Cardoso, 1989, p.17)．

価格管理機構が存在しないために，全体的な期待インフレ率が上方に修正されることである．その結果，為替調整や賃金調整が上方修正され，インフレーションが加速される．

第2に，インフレーションの抑制と相対価格構造の修正という異なる政策目標のもとで，主要な価格変数に統一的なルールが適用できないことである．その結果，ある場合にはインフレーションを抑制しようとすれば相対価格構造が歪められ，反対に，相対価格構造を修正しようとすれば，インフレーションが加速されることになる．

第3に，政府と民間経済主体との間に，インフレ抑制のために必要となる協調行動を維持する制度的条件が存在しないことである．特に，相対価格構造の修正は経済主体間に分配上の不公平をもたらし，経済的に不利な階層の不満を増大する可能性がある．

(4)資本財・中間財輸入の削減：IMF の経済安定化政策では，総需要抑制政策による輸入需要の削減と為替レートの切り下げによる輸出増大によって国際収支の均衡が回復することが期待された．しかし実際には，国際収支の均衡回復は，輸出の増大によってではなく，輸入の大幅な削減によってもたらされた．輸入の削減は，経済成長に必要な資本財や中間財の供給不足をきたし，将来の経済成長を阻害するという問題がある．

メキシコでは実質為替レート切り下げの輸出促進効果は十分には期待できない．というのは，メキシコの輸出は，実質為替レートだけではなく，海外需要，特にアメリカにおける景気動向に大きく依存しているからである．またたとえ，為替レートの切り下げが輸出を一時的に増大したとしても，持続的な輸出主導型の経済成長を導くのは困難である．というのは，そのためには経済に占める輸出部門のシェアが大きく，連関効果が十分に大きくなければならないが，このような条件は 1980 年代前半のメキシコには存在しなかったからである．

8.5 ヘテロドックス型政策への転換

8.5.1 政策転換の背景と政策目標および政策手段

8.5.1.1 政策転換の背景

オーソドックス型の経済安定化政策では，インフレ抑制のために総需要抑制政策が実施されると共に，期待インフレ率をもとに主要な価格変数の調整が行われた．このような政策が有効に機能するためにはつぎのような条件が必要になる．第1に，インフレーションの原因が超過需要に基づくものであること．第2に，経済主体間の協調行動が長期にわたり維持される条件が存在することである．

1983年以降，インフレ調整後の財政収支(operational balance)は均衡水準に近づき，超過需要の圧力は十分に小さいにもかかわらず，インフレ率は高水準を維持した．したがって，この時期のインフレーションは超過需要によるものではない．特に1980年代後半以降は，慣性インフレの存在が重要になっている．また，相対価格構造の激変によって，経済主体間の関係は，協調行動を長期に維持するにはあまりにも不公平な状況にあった．このような経済状況において，オーソドックス型の経済安定化政策は，インフレ抑制政策としては有効ではない．

1987年暮れ，インフレーションの加速するなか，メキシコの経済政策はヘテロドックス型の経済安定化政策へと大きく転換した．政府・経営者・労働者・農民の間で，1987年12月に経済連帯協定PSE(Pacto de Solidaridad Económica)が締結され，ヘテロドックス型のショック療法が実施された．さらに，1988年12月には基本的に同様の性格ではあるが，より伸縮的な価格制度をもつ経済の安定と成長のための協定PECE(Pacto para la Estabilidad y el Crecimiento Económico)が4者の間で合意された．

これらの社会協約が可能になった背景にはつぎの点がある(Lustig and Ros, 1993, p. 277)．第1に，外貨準備に比較的余裕があったために，為替政策の信頼性を維持することができた．第2に，インフレ調整後の財政収支がすでに黒

字を計上していた．第3に，ペソは過小評価されており，為替レート凍結後に予想される為替レート増価による不利な経済効果も最小限に抑えられる．第4に，政府はすでに，所得政策以外の政策手段によって信頼を回復することができない状況に追い込まれていた．

8.5.1.2 ヘテロドックス型政策の政策目標と政策手段

ヘテロドックス型政策の主要な政策目標はインフレーションの抑制である[13]．インフレーションの抑制のために，所得政策が実施され，賃金や為替レートおよび公的価格などの主要な価格変数が凍結され，価格管理機構が導入された．メキシコではさらに，緊縮的な財政・金融政策や貿易・金融の自由化のような経済改革が実施された．経済連帯協定 PSE は 1987 年 12 月から 1988 年 12 月まで 6 回，経済の安定と成長のための協定 PECE は 1989 年 1 月から 1994 年12 月まで 6 年間にわたり 8 回締結された (ECLAC; Review of the Economic Situation of Mexico)．

(1)為替政策：PSE では，為替レートは 1 ドル＝1,803 ペソから 1 ドル＝2,200 ペソへ 22 ％切り下げられ，自由レートは 1 ドル＝2,330 ペソに，管理レートは 1 ドル＝2,273 ペソに固定された．PECE では，1989 年からクローリングペッグ制に移行し，日々 1 ペソの切り下げが行われた．その後，切り下げ率は，日々 0.8 ペソ (1990 年 5 月)，0.4 ペソ (1991 年 2 月)，0.2 ペソ (1991 年11 月)と引き下げられ，1993 年 2 月以降 0.0004 ペソ (1993 年に 1000 分の 1 のデノミを実施)に再度引き上げられた．

(2)賃金政策：PSE では，貨幣賃金率はすべて即時 15 ％の引き上げ，最低賃金は，1988 年 1 月に 20 ％，3 月に 3 ％の引き上げが行われたあと固定された．PECE では，最低賃金は，1989 年 1 月に 8 ％，1989 年 8 月に 10 ％，1990 年

---

13) ヘテロドックス型の経済安定化政策は，複数のインフレ均衡と慣性インフレの存在によって正当化される．このような経済安定化政策は，インフレーションに対する財政収入の弾力性が小さく，貨幣賃金率や為替レートのインフレ反応係数が高いほど，その必要性は高くなる．メキシコのインフレ・財政収入の弾力性は，1973-81 年の 0.67 から，1981-83 年には 0.42，1984-86 年には 0.17 へ低下した．また，債務危機以降，為替レートや公的価格のインフレーションに対する反応係数は上昇している．ただし賃金調整については，インフレーションに対して遅れ気味である (Gil-Díaz and Tercero, 1988, pp.361, 370-372)．

11 月に 18 ％, 1991 年 11 月に 12 ％引き上げられた. 1993 年 2 月に地域間格差を是正し, 1994 年 1 月からインフレ率と生産性上昇率を考慮して最低賃金が引き上げられた.

(3)財政政策：PSE では, 財政政策は財政赤字の削減を政策目標とした. 公的価格は, 即時 17-85 ％の引き上げ後, 1988 年 5 月まで凍結された. 基礎的な消費財価格は 1987 年 12 月と 1988 年 1 月に引き上げられた. 利子支払いを控除した対 GDP 比の財政黒字（primary balance）は 1987 年の 5.3 ％から 1988 年には 8.3 ％に引き上げられた. PECE では, 2 ％の法人資産税を導入し, 利潤税の税率の引き下げと課税ベースの拡大を実施した.

(4)金融政策：金融政策は緊縮的な通貨政策によってインフレーションを抑制した. 民間部門に対する国内銀行信用を規制し, 名目利子率を月 8 ％から 1988 年 1 月には月 13 ％に引き上げた. 1988 年から金融自由化が行われ, 銀行預金金利の自由化が実施され, 信用規制も撤廃された. さらに, 1990 年 5 月からは銀行の民営化が実施された.

(5)貿易政策：貿易政策は輸入自由化による経済効率の改善とインフレ抑制を目的とした. PSE では, 最高輸入関税率を 45 ％から 20 ％へ引き下げた. 関税を選択的に引き下げ, 公共部門の基礎的輸入を拡大した. 農業機械や中古輸送機械などの輸入を自由化した. 1989 年 1 月の PECE では消費財の輸入関税率の一時的な引き上げが行われた.

8.5.2　ヘテロドックス型政策の効果と問題点

8.5.2.1　ヘテロドックス型政策の効果

(1)インフレーション：1988 年のインフレ率は, 前年の 159.2 ％から 51.7 ％に低下し, また 1989 年 10 月の前年同月比のインフレ率も 18.1 ％まで低下した（図 8.7 を参照）. インフレーションの抑制については, その所期の目的を一応達成したといえる.

(2)国際収支：石油価格の軟化によって石油輸出額は減少したが, これを相殺するように石油以外の輸出が前年比 16 ％増大した. 他方, 数年来の輸入自由化や固定為替レートのもとでの実質為替レートの増価などによって消費財・

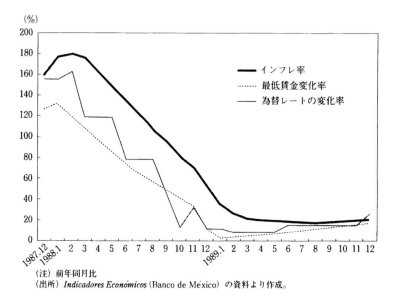

(注) 前年同月比
(出所) *Indicadores Económicos* (Banco de México) の資料より作成。

図8.7 ヘテロドックス型政策後のインフレ・賃金・為替レート

中間財・資本財の輸入が増大した．貿易収支赤字や経常収支赤字が持続的に拡大し(図8.6を参照)，このような経常収支赤字が短期資本収支の黒字によってファイナンスされ，1994年の通貨危機の原因を形成した．1989年3月のブレイディー提案以降，メキシコに対する直接投資や証券投資は増大した(図8.8を参照；Aspe, 1993; Oks and Wijnbergen, 1995)．

(3)経済成長：経済成長率は，1986年の−3.8％から，1987年の1.7％，1988年の1.3％，1989年の4.2％，1990年の5.1％へと回復した．1991年以降は，緊縮財政や高金利政策によって経済成長率は，4.2％(1991年)，3.6％(1992年)，2.0％(1993年)と低下傾向を示したが，民間部門の消費・投資需要の拡大によって通貨危機に至るまでは堅調に推移した．

8.5.2.2 ヘテロドックス型政策の問題点

社会協約にもとづくヘテロドックス型政策にはつぎのような問題がある．第1に，社会協約を締結する際に，初期条件をどのように設定するかという問題がある．ヘテロドックス型政策では，相対価格構造や所得分配を凍結するが，

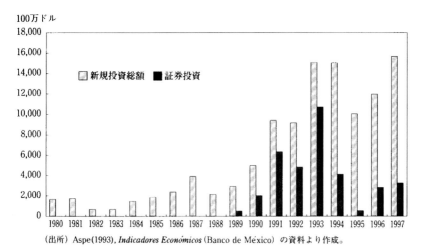

(出所) Aspe(1993), *Indicadores Económicos* (Banco de México) の資料より作成。

図8.8 メキシコへの外国投資

　これらの状態がすべての経済主体に十分に受け入れられるとは限らない．したがって，このような政策を実施する場合の問題は，政府と民間経済主体との間で，どのような相対価格のもとで，いつ社会協約を締結するかである[14]．

　第2に，インフレ抑制の技術的な問題がある．メキシコのインフレーションは，ハイパー・インフレーションではなくむしろ高インフレーションであり，コスト変化と価格変化の間にタイムラグがあり，賃金と価格の関係も安定しているわけではない．このような状況では，十分な価格管理機構が必要になるが，賃金と価格との関係を重視するか，あるいは過去のインフレーションに対する現在のインフレーションの切断を重視するかによって政策対応が異なる．

　第3に，社会協約を維持する政治体制の問題がある．政策に対する民間経済主体の信任を如何に持続的に確保するかという問題である(Ros, 1987, pp. 110-111)．と同時に，信頼関係を維持しながら，いつどのようにして所得政策を解消するかという問題もある．緊縮的な財政・金融政策や構造改革は，メキシコ国民の経済生活には大きな負担をかけたが，政策に参加する主要なプレーヤーや国際社会の信認の確保という点では，重要な役割を果たした．

---

[14] ケイト(Kate, 1992, p.667)は，メキシコの政策が他の諸国と比べ比較的成功した要因として，中期的に持続可能な条件で社会協約が結ばれた点を指摘している．

第4に，経常収支赤字を拡大し，1994年の通貨危機の原因を形成したという問題がある．名目為替レートをアンカーとしたインフレ抑制政策は，インフレーションの抑制には成功したが，実質為替レートを増価させ，経常収支赤字を拡大した．この赤字は短期資本収支の黒字によってファイナンスされ，通貨危機の原因を形成した．

8.6　むすび

　本章は，1983-85年のIMFの経済安定化政策を中心に，債務危機以降メキシコにおいて実施された経済安定化政策について検討した．簡単に結論を要約しよう．

　第1に，オーソドックス型の経済安定化政策は，輸入削減によって国際収支の均衡回復には有効であったが，インフレーションを加速し，深刻な景気後退をもたらした．

　①国際収支の均衡回復は，輸出の増大によってではなく，輸入の大幅な削減によってもたらされた．このような輸入の削減は，経済成長に必要な資本財や中間財の供給不足をきたし，将来の経済成長を阻害する可能性がある．

　②インフレーション昂進の主要な原因は，第1に，インフレ抑制の政策手段として総需要抑制政策に依拠し，第2に，為替レート切り下げのインフレ効果について十分に考慮せず，第3に，為替レートなどの主要な価格変数を期待インフレ率をもとに調整し，経済にインフレ期待を形成したことである．

　③景気後退の原因は，第1に，総需要抑制政策をインフレ抑制の主要な政策手段とし，対GDP比の名目財政赤字比率を中間目標としたことである．第2に，為替レート切り下げの景気後退効果を過小評価し，第3に，民間投資と公共投資との補完関係を軽視したことである．このような経済安定化政策のコストの多くは，実質賃金率の低下や労働分配率の悪化および失業率の上昇に示されるように労働者によって負担された．

　第2に，ヘテロドックス型の経済安定化政策は，インフレ期待を取り除き，1980年代後半以降の慣性インフレの抑制には有効であった．しかし，硬直的な為替政策は，実質為替レートを増価させ，経常収支赤字を拡大し，1994年

の通貨危機の原因を形成した.

8.7 補論 メキシコのマクロ経済モデル

メキシコの経済安定化政策を分析するために用いられたマクロ経済モデルはつぎのように構成される.経済は,石油を生産する政府部門と,工業製品を中心に石油以外の生産物を生産する民間部門の2部門から構成される.民間部門の生産物は消費財とし,中間財や資本財は外国から輸入されるものとする.政府部門の石油は,所与の価格のもとですべて輸出される.石油以外の生産物市場は稼働率によって調整され,その価格はマークアップ方式で決定される.貨幣賃金率は,政府・労働者・寡占企業によって決定される法定最低賃金を基礎に決定される[15].為替調整および政府支出は政策ルールによって行われる.

基本型のマクロ経済モデルは,オーソドックス型の漸進主義政策を考慮したつぎの(8-A-1)〜(8-A-9)式によって構成される.(8-A-1)〜(8-A-3)式は民間部門の決定変数,(8-A-4)〜(8-A-6)式は政府部門の政策変数,(8-A-7)〜(8-A-9)式はマクロ経済の変数をそれぞれ決定する.なお実質変数は,民間部門の資本1単位当りで表される.

$$(8\text{-}A\text{-}1) \quad \sigma_i \delta = [1/(1+\tau)][1 - \pi b_0(1+\tau) + c_0\tau]\sigma_i\delta + c_0 id$$
$$+ [1/(1+\tau) b_i][1 - \pi b_0(1+\tau)] b_g \sigma_g \lambda - t + x + \pi ex_i,$$

$$(8\text{-}A\text{-}2) \quad \hat{w} = w_0(\pi - \pi^*) + w_1(\delta - \delta_u) + w_2 \hat{p}^e,$$

$$(8\text{-}A\text{-}3) \quad g_i = g_{i0} + g_{i1}(\delta - \delta^*),$$

$$(8\text{-}A\text{-}4) \quad x = x_0 + x_1(\pi_{ta2} - \pi),$$

$$(8\text{-}A\text{-}5) \quad g_g = g_{g0} + g_{g1}(\pi_{ta2} - \pi),$$

$$(8\text{-}A\text{-}6) \quad \hat{e} = e_0 + e_1(f - f_{ta1}) + e_2(\pi_{ta1} - \pi),$$

$$(8\text{-}A\text{-}7) \quad \hat{\pi} = h(\hat{e} - \hat{w}) \; ; \; h = [1 + ((\pi b_0(1+\tau) b_i)/(1 - \pi b_0(1+\tau)))]^{-1},$$

---

15) 本章のマクロ経済モデルについては,本書の他の章や,Ize and Salas(1985),Ros and Lustig(1987),Gibson,Lustig and Taylor(1986)などを参照のこと.また本章のモデルでは明示的に扱われていない貨幣や,為替市場の不安定性,および財政政策とマクロ経済調整などの問題を考察した文献には,例えばClavijo(1976),Ize(1987),Looney and Frederiksen(1987)などがある.

$$(8\text{-}A\text{-}8) \quad \hat{p} = (1 - h + \alpha h)\hat{e} + (1 - \alpha)\hat{hw},$$

$$(8\text{-}A\text{-}9) \quad \dot{f} = g_i + g_g\lambda + b_0\sigma_i\delta - ex_i - ex_g + \phi_0(\pi_{st} - \pi) + (i^* - g_i)f.$$

(8-A-1)式は，石油以外の生産物の需給一致を表し，稼働率 δ を決定する．石油以外の生産物は消費財とする．その有効需要は，利潤所得者と労働者の消費需要，政府需要，および海外需要からなる．利潤所得者の消費需要は可処分所得の増加関数とする．利潤所得者の可処分所得は，利潤所得と内国債の利子受取から租税を控除したものである．労働者は賃金所得から租税を控除し残りをすべて消費する．政府需要は政策ルールによって行われる．海外需要は，メキシコの場合おもにアメリカの景気動向に依存し所与とする．

σ_i は民間部門の産出資本係数(所与)，τ はマークアップ率(所与)，π は実質為替レート，b_0 は民間部門の輸入中間財投入係数(所与)，c_0 は利潤所得に対する資本家の消費反応係数(所与)，i は国内利子率(所与)，d は民間部門の内国債保有残高比率(所与)，b_i は民間部門の労働投入係数(所与)，b_g は政府部門の労働投入係数(所与)，σ_g は政府部門の産出資本係数(所与)，λ は政府部門の民間部門に対する資本ストック比率(所与)，t は租税比率(所与)，x は国内消費財に対する政府支出比率，ex_i は石油以外の生産物の純輸出比率(所与)を表す．

(8-A-2)式は貨幣賃金率 w の決定を表す．貨幣賃金率 w は，政府・労働者・寡占企業によって決定される法定最低賃金を基礎に労働市場の需給関係や期待インフレ率 $\hat{p}^e$ によって決定される．ハット(^)は変化率(例えば，$\hat{w} = \dot{w}/w$)，π^* は労働者の要求実質賃金率に対応する実質為替レート，δ_u は自然失業率に対応する稼働率，w_0，w_1，w_2 は反応係数(所与)を表す．ただしメキシコの場合，w_1 の値は十分に小さいと想定される．

(8-A-3)式は民間部門の投資決定態度を表す．資本蓄積率 g_i は稼働率 δ の増加関数とする．δ^* は資本家の要求稼働率，g_{i0} は長期期待資本蓄積率，g_{i1} は反応係数(所与)を表す．為替レートの投資への効果は捨象する．

(8-A-4)式は石油以外の国内生産物に対する政府支出の政策ルールを表す．政府は，インフレーションの抑制のために政府支出を調整する．π_{ta2} は目標インフレ率の代理変数，x_0 は裁量的政府支出，x_1 は反応係数を表す．

第8章　債務危機後の経済安定化政策　　　　219

(8-A-5)式は公共投資に関する政策ルールを表す。公共投資 g_g も，インフレーションの抑制のために調整される。π_{ta2} は目標インフレ率の代理変数，g_{g0} は裁量的政府支出，g_{g1} は反応係数を表す。

(8-A-6)式は為替調整の政策ルールを表す。為替レートは国際収支の均衡回復を目的として調整される。f_{ta1} と π_{ta1} は目標とされる対外不均衡の代理変数，e は自国通貨建て為替レート，e_0 は定数，e_1 と e_2 は反応係数，f は対外債務残高比率を表す。

(8-A-7)式は実質為替レート π の変動を表す。実質為替レートを $\pi = ep_i{}^*/p_i$ と定義し，これを変化率で表せば，$\hat{\pi} = \hat{e} - \hat{p_i}$ を得る。p_i と $p_i{}^*$ は石油以外の生産物の国内価格と国際価格で，$p_i{}^*$ を所与とする。石油以外の生産物の国内価格 p_i の設定については，$p_i = (1+\tau)(wb_i + ep_0{}^* b_0)$ のようなマークアップ方式を想定する。これを変化率で表し，実質為替レートの定義式に代入すれば (8-A-7)式を得る。ただし，外貨建て輸入中間財価格 $p_0{}^* = 1$ とする。

(8-A-8)式はインフレ率 $\hat{p}$ の変動を表す。物価水準 p を $p = (ep_i{}^*)^\alpha p_i{}^{1-\alpha}$ と定義し，これを変化率で表せば，$\hat{p} = \alpha\hat{e} + (1-\alpha)\hat{p_i}$ を得る。これに石油以外の生産物の国内価格の変化率 $\hat{p_i}$ を代入すれば，(8-A-8)式を得る。

(8-A-9)式は経済成長過程における国際収支の均衡条件である。ドット(・)は時間微分，ex_g は石油輸出比率(所与)，i^* は外国利子率，$\phi_0(\pi_{st} - \pi)$ は民間部門の資本輸出比率で，π_{st} は基準実質為替レートを表す。

モデルは，以上の9本の方程式によって，δ, w, g_i, x_1, g_g, e, π, p, f の9個の変数が決定される。

(8-A-4)式を(8-A-1)式に代入すれば，実質為替レート π の切り下げは，政府支出 x を削減し，また実質賃金率の低下によって消費需要を低下させるので，輸出促進効果が十分に小さいとすれば，稼働率 δ を引き下げることがわかる。

$$(8\text{-}A\text{-}10)\quad \delta = \delta(\pi)\,;\ \partial\delta/\partial\pi < 0.$$

(8-A-2)式と(8-A-6)式および(8-A-10)式を(8-A-7)式に代入し，(8-A-3)式と(8-A-5)式および(8-A-10)式を(8-A-9)式に代入すれば，次式を得る。

$(8\text{-}A\text{-}7)'$ $\quad \hat{\pi} = h(\pi)\left[e_0 + e_1(f - f_{ta1}) + e_2(\pi_{ta1} - \pi)\right.$

$\qquad\qquad\qquad \left. - w_0(\pi - \pi^*) - w_1(\delta(\pi, x) - \delta_u) - w_2\hat{p}^e\right],$

$(8\text{-}A\text{-}9)'$ $\quad \dot{f} = g_{i0} + g_{i1}(\delta(\pi, x) - \delta^*) + [g_{g0} + g_{g1}(\pi_{ta1} - \pi)]\lambda + b_0\sigma_i\delta(\pi, x)$

$\qquad\qquad\qquad - ex_i - ex_g + \phi_0(\pi_{st} - \pi) + [i^* - g_{i0} - g_{i1}(\delta(\pi, x) - \delta^*)]f.$

$(8\text{-}A\text{-}7)'$式と$(8\text{-}A\text{-}9)'$式によって，実質為替レート π と対外債務残高比率 f の運動が決定され，それにしたがって$(8\text{-}A\text{-}8)$式でインフレ率 $\hat{p}$ の運動も決定される．

$\hat{\pi} = 0$，$\dot{f} = 0$で定義される準均衡の安定性を検討しよう．$(8\text{-}A\text{-}7)'$式と$(8\text{-}A\text{-}9)'$式を均衡(π_0, f_0)の近傍でテーラー展開し，1次の項のみをとり行列表示すれば次式を得る．

$(8\text{-}A\text{-}11)$ $\quad \begin{bmatrix} \hat{\pi} \\ \dot{f} \end{bmatrix} = \begin{bmatrix} a_{11} & a_{12} \\ a_{21} & a_{22} \end{bmatrix} \begin{bmatrix} \pi - \pi_0 \\ f - f_0 \end{bmatrix}$

$\qquad \because \quad a_{11} = -h[e_2 + w_0 + w_1(\partial\delta/\partial\pi)],$

$\qquad\qquad a_{12} = he_1,$

$\qquad\qquad a_{21} = [(1 - f_0)g_i + b_0\sigma_i](\partial\delta/\partial\pi) - g_{g1}\lambda - \phi_0,$

$\qquad\qquad a_{22} = i^* - g_i.$

$(8\text{-}A\text{-}11)$式右辺の係数行列 $[a_{ij}]$ を A とし，特性根を $\gamma_i (i = 1, 2)$ とすれば，特性方程式は，

$(8\text{-}A\text{-}12)$ $\quad |\gamma I - A| = \begin{vmatrix} \gamma - a_{11} & -a_{12} \\ -a_{21} & \gamma - a_{22} \end{vmatrix} = 0,$

となる．これを展開して整理すれば，次式を得る．

$(8\text{-}A\text{-}13)$ $\quad \gamma^2 + A_0\gamma + A_1 = 0$；$A_0 = -(a_{11} + a_{22}) \gtrless 0$，$A_1 = a_{11}a_{22} - a_{12}a_{21} \gtrless 0.$

A_0 と A_1 の符号の組合せによって，経済はつぎの3つのマクロ経済構造に分けられる．

第8章　債務危機後の経済安定化政策　　221

表 8.2　経済安定化政策の類型化

(A)オーソドックス・ショック	(B)オーソドックス・漸進主義
① 為替政策 　　$\hat{e} = e_0 + e_1(f - f_{ta1}) + e_2(\pi_{ta1} - \pi)$ ② 財政政策 　　$-dx_0$ 　　$-dg_{g0}$	① 為替政策 　　$\hat{e} = e_0 + e_1(f - f_{ta1}) + e_2(\pi_{ta1} - \pi)$ ② 財政政策 　　$x = x_0 + x_1(\pi_{ta2} - \pi)$ 　　$g_g = g_{g0} + g_{g1}(\pi_{ta2} - \pi)$
(C)　ヘテロドックス・ショック	(D)　ヘテロドックス・漸進主義
① 所得政策 　　$\hat{e} = 0, \ \hat{w} = 0, \ \hat{p}_i = 0$ ② 財政政策 　　$x = x_0 + x_1(\pi_{ta2} - \pi)$ 　　$g_g = g_{g0} + g_{g1}(\pi_{ta2} - \pi)$	① 所得政策 　　$-de_0, \ -de_1, \ df^*, \ -dw_0, \ d_\pi{}^*,$ 　　$-dw_1, \ d\delta_u, \ -dw_2, \ d\hat{p}^e$ ② 財政政策 　　$x = x_0 + x_1(\pi_{ta2} - \pi)$ 　　$g_g = g_{g0} + g_{g1}(\pi_{ta2} - \pi)$

マクロ経済構造 I ：$A_0 \gtrless 0, \ A_1 < 0,$

マクロ経済構造 II ：$A_0 < 0, \ A_1 > 0,$

マクロ経済構造III ：$A_0 > 0, \ A_1 > 0.$

　マクロ経済構造 I の場合，特性根は 2 実根で 1 根は正，他の 1 根は負となる．マクロ経済構造IIとIIIの場合には，虚根で，マクロ経済構造IIについては実数部は正，マクロ経済構造IIIについては実数部は負となる．本論の図 8.2 から図 8.5 の位相図は，マクロ経済構造 I について表したものである．

　なお，オーソドックス型の経済安定化政策の(A)ショック療法と(B)漸進主義，ヘテロドックス型の経済安定化政策の(C)ショック療法と(D)漸進主義の政策上の相違は，ここでは表 8.2 のように類型化される．

第9章　通貨危機と危機管理政策

9.1　はじめに

1994年12月20日，政府が為替レートの介入上限を約15％切り下げたのを機に，メキシコの通貨危機が発生した．通貨当局の外貨準備は2日間で約50億ドル減少し，12月22日，政府は固定為替レートの維持を放棄し，変動為替レート制への移行を余儀なくされた．通貨切り下げ後1週間で，ペソは1ドル3.46ペソから1ドル5.65ペソへ約63％下落し，28日物国債のセテス(Cetes：Certificados de la Tesorería de la Federación)やドル連動型短期国債のテソボノス(Tesobonos：Bonos de la Tesorería de la Federación)の金利が急上昇した．

通貨危機のメキシコ経済への影響は大きかった．通貨下落と価格統制による実質為替レートの減価や国内需要の抑制によって，貿易収支は1994年の185億ドルの赤字から1995年には71億ドルの黒字に転じた．しかし，為替減価や金利上昇によって銀行の約3割が倒産し，1995年の経済成長率は−6.2％に下落し，インフレ率も52％に上昇した(Banco de México, *The Mexican Economy*)．

本章の目的は，通貨危機と危機管理に関して簡単な抑止モデルを構成し，通貨危機を回避するための政策について検討することである．本章では以下の点について明らかにする．

第1に，通貨危機を回避するには5つの方法がある．①通貨投機の期待収益の低下，②通貨投機のコストの上昇，③政策介入のコストの低下，④国際金融支援の強化，⑤危機管理の信頼性の向上である．

第2に，資本移動のグローバル化や各国の国家主権を前提にすれば，通貨投機の期待収益やコストを管理したり，各国の経済政策に介入するのは容易では

ない．通貨危機の回避には，アメリカやG7・IMFを中心に民間金融機関も参加するような国際的な危機管理体制＝グローバル・ガバナンスを確立することが重要になる．

本章の問題は，何が通貨危機の原因かというよりは，通貨危機をいかに管理するかということである．通貨危機の発生を説明する理論には，ファンダメンタルズ論(Krugman, 1979; Flood and Garber, 1984)と投機家の自己充足的予想論(Obstfeld, 1986; 1996)がある．メキシコ通貨危機については，ドーンブッシュやワーナーら(Dornbusch and Werner, 1994; Ötker and Pazarbaşioğlu, 1996)がファンダメンタルズ論にもとづいて分析し，カルボやメンドサら(Calvo and Mendoza, 1996a; 1996b; Cole and Kehoe, 1996; Sachs, Tornell and Velasco, 1996a; 1996b)が自己充足的予想論にもとづいて分析している．ファンダメンタルズ論は，政策当局に焦点を当て通貨危機のタイミングを明らかにし，投機家の自己充足的予想論は，国際金融資本に焦点を当て危機拡大のメカニズムを分析する．本章ではこれらの議論をふまえ，危機管理政策について検討する．

以下，本章はつぎのように構成される．9.2節で，メキシコの通貨危機と危機管理について簡単に整理する．9.3節で，不完備情報下の動学ゲームによって通貨危機と危機管理のモデルを構成する．9.4節では，通貨危機とIMFの危機管理について検討し，通貨危機管理に関する基本的な命題を明らかにする．9.5節で，通貨投機の期待収益，通貨投機のコスト，政策介入のコスト，国際金融支援，危機管理の信頼性という点から通貨危機を回避する条件について検討し，最後に本章の結論を要約する．

9.2　メキシコの通貨危機と危機管理

メキシコの通貨危機の構造的原因は経常収支赤字の拡大と短期資本収支によるファイナンスであり，通貨危機の直接の契機は国際利子率の上昇と国内政治不安である．メキシコの通貨危機は，政府の経済調整政策と共にアメリカ主導の国際金融支援によって克服された．

9.2.1 経常収支赤字の拡大と短期資本の流入

(1)経常収支赤字の拡大：1990 年代前半のメキシコの経常収支赤字拡大の原因は，実質為替レートの増価や民間需要の拡大である．メキシコの経常収支赤字は，1980 年代には財政赤字と強い相関を持っていたが(第5章の図 5.2 を参照)，1990 年代には民間部門の貯蓄不足との相関を強めた(Lustig, 1998, p. 162)．

実質為替レートの増価は，名目為替レートをインフレ抑制のアンカーとするヘテロドックス型の経済安定化政策(Edwards, 1996)に原因がある．1980 年代末以降のメキシコの為替政策は，事実上の固定為替レート政策であり[1]，インフレーションの進行の中で実質為替レートが増価し，経常収支の悪化をもたらした(Dornbusch and Werner, 1994)．政府は，1988 年に固定為替レート制を採用後，1989 年 1 月 1 日以降，クローリングペッグ制に移行した．1991 年 11 月以降，為替介入のクローリングバンドを設定し，1994 年当時は 1 日 0.0004 ペソの介入上限の切り下げをおこなっていた．この間，1993 年 1 月に 1000 分の 1 のデノミを実施した．為替レートの切り下げ率がインフレ率以下に抑えられ，実質為替レートは 1987 年以降持続的に増価していた．メキシコのヘテロドックス型の経済安定化政策は，インフレ抑制には有効であったが，経常収支の不均衡を拡大することになった[2]．

メキシコは，1988 年に金融自由化を開始し，信用規制や金利規制を廃止し，市場メカニズムによって金融市場の効率性を改善しようとした．1988 年には，優先部門への信用割り当てや中央銀行への強制的な準備要求を廃止し，1989 年には，預金金利の上限を廃止した．このような金融自由化は M2 などの貨幣供給を増大させ，民間部門の消費拡大と貯蓄減少をもたらし，経常収支赤字を拡大した．

(2)短期資本の流入：1990 年代前半のメキシコの経常収支赤字は，証券投資を中心にした資本収支の黒字によってファイナンスされた(第 8 章の図 8.6 を参照)．このような証券投資の増大は，1980 年代の債務危機の時期の銀行融資

---

1) 1997 年に通貨危機が起きたアジア各国でも，財政収支は黒字ないし均衡していたが，経常収支赤字は拡大する傾向があった．為替政策も，事実上の固定為替レート制が採られていた．
2) これは，1980 年代のオーソドックス型の経済安定化政策が国際収支の均衡には有効であったが，インフレ抑制には失敗したのとは対照的である．

226   第3部 IMF経済政策の批判的検討

とは対照的な特徴である[3].

メキシコの国債市場は，金融・資本市場の改革によって国際化した．1989
年に，インフレ連動型長期国債のアフスタボノス(Ajustabonos：Bonos Ajusta-
bles del Gobierno Federal)やテソボノスのような新たな国債が発行され，政府
の資金調達は国債市場への依存を高めた[4]．1989年の外資法改正で外国人の株
式取得制限が緩和され，ペソ建てペソ支払いの長期国債のボンデス(Bondes：
Bonos de Desarrollo del Gobierno Federal)，アフスタボノス，テソボノスの外
国人保有が可能になり，1990年12月にはセテスの外国人保有が可能になった．
この結果，1993年10月には国債の外国人保有比率は，セテスが60％，テソ
ボノスが87％，アフスタボノスが57％に達した．外国人による国債保有構成
は，セテスが70％，アフスタボノスが20％，テソボノスが6％，ボンデスが
4％であった(Hale, 1997)．資本市場の改革により，証券投資は対メキシコ投
資の85％を占めるようになった．

1994年4月以降，政府は，国債の構成をペソ建てのセテスからドル連動の
テソボノス——通貨下落を金利の上昇によって自動的に補塡する国債——にシ
フトさせてきた．ドル建て国債によって為替リスクを政府が負い，為替政策へ
のコミットメントを表そうとした．国債残高に占めるテソボノスの比率は
1993年末の2.8％から1994年末には55.3％に上昇した．その保有者の9割以
上が外国人であった(Sachs, Tornell and Velasco, 1996b)．しかし，この結果，
1994年末の非居住者のテソボノス残高が165億ドルになり，外貨準備61億ド
ルの3倍近くに達した．さらに，1995年に償還を迎えるテソボノスは約290
億ドルに達していた．

9.2.2 国際利子率の上昇と国内政治不安

(1)国際利子率の上昇：通貨危機の直接の契機は国際利子率の上昇と国内政治
不安によって与えられた．国際利子率の上昇は，対メキシコ投資の期待収益率

---

3) 1997年以降に通貨危機が発生したタイ・インドネシア・マレーシア・フィリピン・韓国などでは，
  大量の民間短期資本が銀行融資の形態で流入した．
4) メキシコの国債市場は1977年のPetrobonosの導入によって開設され，その後，1978年にCetes,
  1987年にBondesが導入された．

を相対的に低下させ，資本流出の原因を形成した．

アメリカの利子率は，1990年代前半には低下傾向を示し，メキシコに大量の資本流入をもたらしていた．しかし，1994年2月4日のFRBによる国債利率の引き上げ後，アメリカの利子率は上昇傾向に転じた．これを機に，同年3月以降，メキシコへの資本流入は急減した．1994年2月から1995年2月までにFRBは，FFレートを7回(3%から6%へ)，公定歩合を4回(3%から5.25%へ)引き上げた．通貨危機の直接の契機は，1994年11月15日のアメリカの公定歩合(FFレート)の0.75%ポイントの引き上げである．

(2)国内政治不安：メキシコ国内の政治不安は，対メキシコ投資のリスクを高め，資本流出の原因を形成した(Gil-Díaz and Carstens, 1996; 1997)．

1994年1月1日，NAFTA発効の日に，サパティスタ民族解放軍EZLN (Ejército Zapatista de Liberación Nacional)が武装蜂起し，メキシコの民主主義と先住民の人権擁護を求める「ラカンドン密林宣言」を行った．3月23日に，コロシオ(Luis Donald Colosio)PRI大統領候補が暗殺された．9月28日にはマシュー(José Francisco Ruiz Massieu)PRI幹事長が暗殺され，11月23日には捜査に当たっていた実弟のマシュー(Mario Ruiz Massieu)副検事総長が辞任した．さらに12月19日，サパティスタ民族解放軍が政府の停戦破棄を理由に複数の村を占拠した．その翌日，国際金融資本による急激な資本流出が発生した(Weintraub, 2000)．

9.2.3 政策介入と国際金融支援

(1)政策介入：メキシコ政府は，通貨危機直後，為替介入によって通貨下落に対応しようとしたが，その後，緊縮的な経済政策を実施した．

メキシコ政府は，1995年1月3日，通貨危機に対して緊急経済政策 AUSEE(Acuerdo de Unidad para Superar la Emergencia Económica)を発表し，政府・労働組合・企業・農民の間で需要抑制と為替レート以外の価格統制などの経済安定化に関する社会協約(Pact)に合意した．しかし，この政策は十分な成果をあげることができなかった．3月9日，政府は，社会協約参加者の合意を得られぬまま，新たな経済計画PARAUSSE(Programa de Acción para Reforzar el Acuerdo de Unidad para Superar la Emergencia Económica)を発表

し，いっそうの需要抑制と外貨準備の増大に努めた．また，通貨危機から金融危機への進展を抑えるために，政府は銀行預金保護機構 FOBAPROA (Fondo Bancario de Protección al Ahorro) によって預金者保護の緊急融資を行った．

(2)国際金融支援：メキシコに対する国際金融支援は，NAFTA の発効によってメキシコとの関係をいっそう深めたアメリカの主導によって組織された．

1995 年 1 月 2 日に，北米枠組み合意 NAFA (North American Framework Agreement) にもとづき，180 億ドルの支援が公表され，1 月 13 日にアメリカ政府がテソボノスの返済保証額を 400 億ドルに拡大することを提案した．しかし，この政府の債務保証提案にはアメリカ議会が反対した．その後 1 月 26 日に，IMF が 78 億ドルのスタンドバイ協定を締結した．1 月 31 日には，アメリカの主導によって総額 528 億ドル(公的資金 498 億ドル＋民間資金 30 億ドル)の国際金融支援が決まった．このうち 200 億ドルがアメリカの為替安定基金，178 億ドルが IMF(スタンドバイ融資を増額)，100 億ドルが国際決済銀行(BIS)から融資されることになった(Lustig, 1998, pp. 172-200)．

9.3 通貨危機管理のモデル

通貨危機と危機管理について簡単な抑止モデルを構成しよう．このモデルの特徴は，先手と後手のある不完備情報下の動学ゲームである．ここでは，通貨当局にも国際金融資本にもアメリカや G7・IMF の迅速な金融支援について不確実性がある．

(1)行為主体：通貨危機における行為主体[5]は，①国際金融資本(IFC)，②各国の通貨当局(MEGO)，③アメリカや G7・IMF(US/IMF) である．通貨危機において，国際金融資本の目的は，通貨投機によって為替差益を得たり為替リスクを回避することである．通貨当局の目的は，市場に政策介入し為替レートを安定させることである．US/IMF は，各国の通貨不安を排除し，国際通貨制度を安定的に維持しようとする．

---

5) Obstfeld (1996, pp. 1039-1040) のモデルでは，通貨投機ゲームの主要な行為主体は投機家である．通貨危機管理には，各国の通貨当局や国際金融機関および先進資本主義諸国，特にアメリカが重要な役割を果たす．

(2)行動空間：国際金融資本と各国の通貨当局および US/IMF の選択肢はそれぞれ2つとしよう．国際金融資本の行動は，現地通貨を売りドルを買う通貨投機をするか，あるいはそのような投機行動をしないかである．国際金融資本が通貨投機をしない場合には，通貨危機は発生せず，US/IMF が金融支援をすることもない．

　各国の通貨当局の行動は，国際金融資本が通貨投機をする場合に，政策介入し為替レートを安定的に維持するか，あるいは政策介入せず通貨を下落させるかである．これは換言すれば，通貨投機に対して政策介入するというルールにコミットするか否かということである．ただし，この政策介入にはコストがかかり，しかもそのコストの大きさは，US/IMF の金融支援に依存する．

　US/IMF の選択肢は，各国の通貨当局が為替レート安定のために政策介入した場合に，迅速に金融支援をするか否かである．ただしここでは，US/IMF の金融支援は，戦略的に決定されるというよりは確率的に決定される．

(3)国際状態：国際金融資本と各国の通貨当局および US/IMF の意思決定の結果，4つの国際状態が生じる．第1は，国際金融資本が通貨投機をせず，通貨危機が発生しない場合（V：通貨安定）である．第2は，国際金融資本が通貨投機をし，通貨当局が政策介入をせず，通貨が下落する場合（W：通貨危機）である．通貨当局が通貨投機を放置する限り，US/IMF は金融支援をしない．第3は，国際金融資本の通貨投機に対して，通貨当局が政策介入をし，US/IMF が迅速な金融支援をする場合（X：通貨危機の回避）である．第4は，国際金融資本の通貨投機に対して，通貨当局が政策介入するが，US/IMF が迅速に金融支援をせず通貨危機から国際収支危機に至る場合（Y：国際収支危機）である[6]．

　国際金融資本が通貨投機をしないか，通貨投機をしても通貨当局が政策介入し，US/IMF が迅速な金融支援をすれば，通貨危機は回避される．しかし，通貨投機に対して通貨当局が十分な政策介入をしなかったり，政策介入してもUS/IMF が十分な金融支援を迅速にしない場合には，通貨危機や国際収支危

---

6)　Eichengreen, Rose and Wyplosz(1995)は，対前年比25％以上の通貨の下落を通貨危機と定義している．メキシコの場合には，通貨防衛によって国際収支危機に陥ったが，1999年のブラジル危機では通貨防衛を早期に諦め，国際収支危機を回避した．

機が発生する.

(4)国際金融資本の利得：国際金融資本にとって最も望ましいのは，通貨投機に対して通貨当局が政策介入せず，通貨が下落する場合(W)である．しかし，このような通貨の下落(W)を期待して通貨投機をしても，通貨当局が政策介入し十分に通貨が下落しない可能性がある．通貨当局の政策介入があっても，US/IMF が迅速な金融支援をしなければ，国際金融資本は通貨投機をしない(V)よりは通貨投機をしかける(Y)だろう．というのは，各国の外貨準備には限界があり，US/IMF の金融支援がなければ政策介入を維持できないからである．US/IMF が迅速な金融支援をする場合(X)が，国際金融資本にとっては最も望ましくないだろう．国際金融資本は，US/IMF の迅速な金融支援がある場合(X)には通貨投機をしない(V)としよう．したがって，国際金融資本の選好順序 R_{IFC} は，R_{IFC}：W，Y，V，X となる．

このような選好順序をもとに国際金融資本の利得をつぎのように想定しよう．国際金融資本の利得は，通貨投機をしなければ 0，通貨投機をすれば $1-e$ $(f)-c_1$ とする．ここで，ドル建ての現物為替レートを 1，期待為替レートを $e(f)$，通貨投機のコストを c_1 とする．国際金融資本が通貨投機によって得る利得は，期待投機収益 $b=1-e(f)$ から通貨投機のコスト c_1 を控除したものである．期待為替レート $e(f)$ の決定において，クルーグマンら(Krugman, 1979; Flood and Garber, 1984)は，ファンダメンタルズを重視している[7]．期待為替レートには国際利子率や国内政治不安も重要な影響を及ぼす．ここで，通貨当局が政策介入すれば，期待投機収益にさらに c_2 のコストがかかるとしよう($1-e$ $(f)-c_1-c_2$)．ただし，通貨当局の政策介入は為替レートを元の水準に戻すには十分ではないが($1-e(f)-c_2>0$)，US/IMF が迅速な金融支援をすれば，為替レートは元の水準に回復するとする($1-e(f)-c_2=0$)．よって，US/IMF が迅速に金融支援をする場合，国際金融資本の利得は $-c_1$ となる．

(5)通貨当局の利得：各国の通貨当局からすれば，国際金融資本が通貨投機をしない場合(V)が最も望ましい．しかし，国際金融資本が通貨投機をする場

---

7) Flood and Garber(1984)は，この $e(f)$ を shadow floting exchange rate と呼ぶ．ここでは，ファンダメンタルズなどによって決定されるのは期待為替レートである．

合には，政策介入しない場合(W)と政策介入する場合(X，Y)のどちらが望ましいかは，US/IMF の危機管理に依存する．US/IMF が迅速に金融支援をする場合には，通貨当局は，通貨投機に対して政策介入しない(W)よりは，政策介入(X)する方を選択するだろう．もし US/IMF が迅速な金融支援をしないならば，政策介入(Y)するよりは，通貨の下落(W)を選択するとしよう．したがって，通貨当局の選好順序は，R_{MEGO}：V，X，W，Y となる．

　このような選好順序をもとに通貨当局の利得をつぎのように想定しよう．通貨当局は，国際金融資本が通貨投機をしなければ 0，その通貨投機に対して政策介入しなければ a_1 のコストがかかる．政策介入しなければ，通貨価値が下落し，通貨当局の信認の喪失やインフレーションというコストが発生する (Sachs, Tornell and Velasco, 1996b, p. 39)．他方，政策介入すれば，外貨準備の減少，金利の上昇，景気後退といったコスト a_2 がかかる．政策介入する場合の利得は，US/IMF の迅速な金融支援に依存する．US/IMF が迅速な金融支援をしない場合の利得$-a_2$ は，政策介入しないより小さい($-a_2<-a_1$)が，迅速な金融支援がある場合の利得$-a_2+x$ は，政策介入しないより大きい($-a_2+x>-a_1$)とする．x は US/IMF の金融支援を表す．

　(6)情報構造：各国の通貨当局にも国際金融資本にも，US/IMF の危機管理に関して不確実性がある．通貨当局も国際金融資本も，γ の確率で US/IMF が迅速に金融支援をし，$(1-\gamma)$の確率で迅速に金融支援をしないと予想しているとしよう．

　US/IMF のなかには，一方には，最後の貸し手という点から通貨投機に対して迅速に国際金融支援をし，通貨危機や金融危機を回避すべきであるという意見がある (Sachs, Tornell and Velasco, 1996b)．しかし他方には，発展途上国政府や国際金融資本のモラル・ハザードを懸念し，国際金融支援は不要であるという意見(Barro, 1998; Friedman, 1998)がある．このような金融支援に対する見解の相違のために，US/IMF が迅速に金融支援をするかどうかは事前には不確実である．

　(7)ゲームの展開：最初に，国際金融資本は，期待利得を考慮しながら通貨投機をするか否かの選択をする．その後，国際金融資本が通貨投機をする場合に，通貨当局が，政策介入し為替レートを安定させるか否かを選択する．最後に，

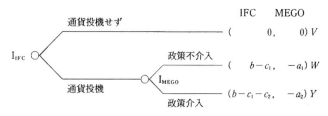

図 9.1 通貨投機と政策不介入

US/IMF は，国際金融資本の通貨投機と通貨当局の政策介入を確認した後，迅速な金融支援をするか否かを決定する．

9.4 通貨危機と IMF の危機管理

9.4.1 完備情報ゲーム

完備情報下のゲームの均衡について検討しよう．このゲームの均衡は，行為主体の最適な戦略からなる戦略の組であり，サブゲーム完全ナッシュ均衡と呼ばれる．このようなゲームは後ろ向きの推論によって解くことができる．

(1)US/IMF の危機管理がない場合：通貨投機に対して US/IMF が迅速な金融支援をしない場合には，国際金融資本が通貨投機をし，通貨当局が政策介入せず，通貨危機が発生する．この場合の国際金融資本と通貨当局の通貨投機ゲームは図 9.1 のように表される．

ここで，情報集合 I_{IFC} において国際金融資本の行動を規定するのが国際金融資本の戦略であり，情報集合 I_{MEGO} での通貨当局の行動を規定するのがその戦略である．このゲームの均衡は(通貨投機，政策不介入)という純粋戦略の組である．

このゲームでは，国際金融資本の通貨投機に対して通貨当局が政策介入して通貨防衛をするという政策に信頼性はない．国際金融資本が通貨投機をする場合に，US/IMF の金融支援がない場合の通貨当局の利得は，通貨投機に政策介入すれば $-a_2$，政策介入しなければ $-a_1$ となる．$-a_2 < -a_1$ であるので，国際金融資本が通貨投機をしても，政策介入しない．国際金融資本は，このよう

第9章 通貨危機と危機管理政策

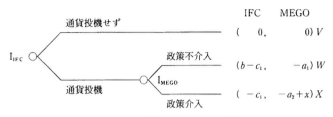

図9.2 通貨投機とUS/IMF支援

な通貨当局の行動を予想し，通貨投機によって$b-c_1>0$の利得を得ることを選択する．したがって，US/IMFが迅速な金融支援をしない場合には，通貨危機が発生する．

(2) US/IMFの危機管理がある場合：US/IMFが迅速な金融支援をする場合には，国際金融資本が通貨投機をせず，通貨危機は回避される．この場合の国際金融資本と通貨当局の通貨投機ゲームは図9.2のように表される．

通貨当局は，国際金融資本が通貨投機をする場合に，政策介入しなければ$-a_1$，政策介入すれば$-a_2+x(>-a_1)$の利得を得る．それゆえ，国際金融資本が通貨投機をすれば，通貨当局は政策介入する．国際金融資本は，このような通貨当局の行動とUS/IMFの危機管理を予想し，通貨投機による$-c_1$の利得ではなく，通貨投機をせずに0の利得を得ることを選択する．

通貨当局の戦略は，国際金融資本が通貨投機をすれば政策介入する．このとき，国際金融資本の戦略は通貨投機をしないというものである．よって，均衡において通貨危機は発生しない．US/IMFによる迅速な金融支援は，国際金融資本の戦略を変え，通貨当局の戦略を変える．以上の結果をつぎのような命題9.1にまとめる．

命題9.1 情報が完全な世界では，国際金融資本は，US/IMFが迅速な金融支援をする場合には通貨投機をしないが，そのような金融支援をしない場合には通貨投機をする．

このように情報が完全な世界では，US/IMFの迅速な金融支援があるか否

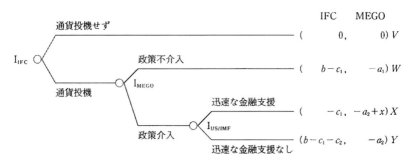

図 9.3　US/IMF 危機管理の信頼性

かが結果に重要な相違をもたらす．US/IMF の迅速な金融支援がない場合には通貨投機が発生し，このとき通貨当局の政策介入がないので通貨危機の可能性が高まる．US/IMF の迅速な金融支援がある場合には政策介入が行われ，通貨危機は回避される．

9.4.2　不完備情報ゲーム

US/IMF の迅速な金融支援について，国際金融資本にも通貨当局にもに不確実性が存在する不完備情報下のゲームの均衡について検討しよう．不完備情報下では，US/IMF の迅速な金融支援がない場合でも通貨危機を回避できる場合がある．このゲームでは，危機管理の信頼性 γ が重要な役割を果たす．

国際金融資本も各国の通貨当局も，γ の主観的確率で US/IMF の迅速な金融支援があると考えているとしよう．この場合の国際金融資本と通貨当局の通貨投機ゲームは図 9.3 のように表される．後ろ向きの推論によって考えれば，情報集合 $I_{US/IMF}$ において US/IMF は，通貨投機に対して通貨当局が政策介入した場合に，γ の確率で迅速な金融支援を行い，$(1-\gamma)$ の確率で金融支援をしない．

つぎに，情報集合 I_{MEGO} における通貨当局の戦略について検討しよう．ここで，戦略空間を純粋戦略の空間からある確率分布を選択する混合戦略の空間へ拡張する．情報集合 I_{MEGO} において通貨当局が政策介入する確率を β とすれば，通貨当局は期待利得を最大化するような β^* を選択する．すなわち，

第9章　通貨危機と危機管理政策　　235

(9-1)　$\beta^* = \text{argmax}\ \beta[\gamma x + a_1 - a_2] - a_1$,

である．(9-1)式より，通貨当局の戦略 β^* はつぎのように得られる．

$$(9\text{-}2)\quad \begin{cases} \beta^* = 1, & \text{if}\quad \gamma > (a_2 - a_1)/x, \\ 0 \leqq \beta^* \leqq 1, & \text{if}\quad \gamma = (a_2 - a_1)/x, \\ \beta^* = 0, & \text{if}\quad \gamma < (a_2 - a_1)/x. \end{cases}$$

　通貨当局の戦略 β^* は，政策不介入のコスト a_1，政策介入のコスト a_2，US/IMF の金融支援 x，US/IMF 支援の信頼性 γ に依存する．通貨当局は，政策介入のコスト $(a_2 - a_1)$ が十分に小さい場合や，US/IMF の迅速な金融支援 x やその信頼性 γ が十分に大きい場合 $(\gamma > (a_2 - a_1)/x))$ には，政策介入 $(\beta^* = 1)$ し，そうでない場合 $(\gamma < (a_2 - a_1)/x)$ には，政策介入しない $(\beta^* = 0)$．

　情報集合 I_{IFC} での国際金融資本の戦略について検討しよう．国際金融資本が通貨投機しない確率を α とすれば，国際金融資本は期待利得を最大化するような α^* を選択する．すなわち，

(9-3)　$\alpha^* = \text{argmax}\ (1-\alpha)\{b - c_1 - \beta[\gamma(b - c_2) + c_2]\}$,

である．(9-3)式より，国際金融資本の戦略 α^* はつぎのように得られる．

$$(9\text{-}4)\quad \begin{cases} \alpha^* = 1, & \text{if}\quad \gamma > (b - c_1 - c_2)/(b - c_2),\ \gamma > (a_2 - a_1)/x, \\ 0 \leqq \alpha^* \leqq 1, & \text{if}\quad \gamma = (b - c_1 - c_2)/(b - c_2),\ \gamma > (a_2 - a_1)/x, \\ \alpha^* = 0, & \text{if}\quad \gamma < (b - c_1 - c_2)/(b - c_2),\ \gamma > (a_2 - a_1)/x,\text{or} \\ & \text{if}\quad \gamma < (a_2 - a_1)/x. \end{cases}$$

　国際金融資本の戦略 α^* は，通貨投機の誘惑 $(b - c_1 - c_2)/(b - c_2)$ と US/IMF の迅速な金融支援の信頼性 γ および通貨当局の政策介入の意思 $(a_2 - a_1)/x$ の相対的大きさに依存する．このように，US/IMF が迅速な金融支援をしない場合 $(\gamma < 1)$ でも，US/IMF の迅速な金融支援に関して十分な信頼性 $(\gamma > (b - c_1 - c_2)/(b - c_2)$ かつ $\gamma > (a_2 - a_1)/x)$ が存在すれば，国際金融資本が通貨投機をせず $(\alpha^* = 1)$，通貨危機を未然に回避することができる．(9-2)式と(9-4)式からつぎのような命題9.2 が得られる．

命題 9.2 不完備情報下では，US/IMF の迅速な金融支援に十分な信頼性が存在している場合$(\gamma > (b-c_1-c_2)/(b-c_2)$ かつ $\gamma > (a_2-a_1)/x)$には，通貨当局が政策介入を維持し$(\beta^* = 1)$，国際金融資本は通貨投機をしない$(\alpha^* = 1)$．

図 9.4 は，US/IMF の危機管理の信頼性$(1-\gamma)$を縦軸に，国際金融資本の利得$(1-e(f)-c_2)$を横軸にとって通貨危機の発生と危機管理について図解したものである．この図では，下方に行くほど US/IMF の危機管理の信頼性γは上昇し，左方に行くほど通貨投機の利益は低下する．領域 $A(\gamma > (b-c_1-c_2)/(b-c_2)$ かつ $\gamma > (a_2-a_1)/x)$は，通貨当局が政策介入し$(\beta^* = 1)$，国際金融資本が通貨投機をしない$(\alpha^* = 1)$通貨安定の状態である．曲線$1-\gamma = c_1/[1-e(f)-c_2]$ は危機管理曲線である。領域 $B(\gamma < (b-c_1-c_2)/(b-c_2)$ かつ $\gamma > (a_2-a_1)/x)$は，国際金融資本が通貨投機し$(\alpha^* = 0)$，通貨当局が政策介入する$(\beta^* = 1)$通貨攻防の状態である．領域 $C(\gamma < (a_2-a_1)/x)$では，国際金融資本が通貨投機し$(\alpha^* = 0)$，通貨当局も政策介入しない$(\beta^* = 0)$ので，通貨が下落し通貨危機が発生する[8]．

$A_1B_1C_1A_2$ の矢印は通貨危機の発生から解決までの１つの経路を示している．初期状態(A_1)では，国際金融資本が通貨投機をせず，通貨は安定している．このとき何らかの理由で通貨投機の期待収益が上昇すると，国際金融資本が通貨投機を行い，通貨当局が政策介入する通貨攻防の状態(B_1)に至る．さらに，US/IMF の金融支援が十分に期待できなければ，通貨当局が政策介入を放棄し，通貨危機が発生する(C_1)．その後，US/IMF の金融支援が十分に期待されれば，通貨危機は解決される(A_2)．危機管理の信頼性が低下し領域 C に至れば，ファンダメンタルズに関わらず，通貨危機が発生する．メキシコ通貨危機の場合には，国際金融資本がファンダメンタルズを無視し，群衆行動から通貨危機を引き起こしたことが指摘されている(Calvo and Mendoza, 1996b, p. 171)．

通貨危機は，このようなゲームが繰り返される繰り返しゲームの性格をもっている．メキシコ通貨危機にはいくつかの段階がある．第１段階は，国際金融資本が通貨投機をしかけ，メキシコ通貨当局がそれに防戦する段階である$(A_1$

---

8) この３つの領域は，Kenen(1996, p. 474)の(A)通貨危機が発生しない状態，(B)通貨防衛に成功する状態，(C)為替レジームの変化に相当する．

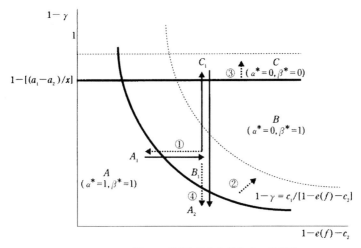

図9.4 通貨危機と危機管理の信頼性

$\to B_1$)。1994年12月20日の介入上限の15%の切り下げを契機に国際金融資本が通貨投機を行い,通貨危機の第1段階に突入した。第2段階は,メキシコ政策当局が緊急経済政策を発表するが,国際金融資本がUS/IMFによる危機管理を信用せず,通貨投機から国際収支危機に至る段階である($B_1 \to C_1$)。1995年1月3日に,メキシコ政策当局が緊急経済政策AUSEEを発表したが,十分な信認を得られなかった。第3段階は,US/IMFを中心に国際金融支援が行われ,通貨危機が最終的に解決する段階である($C_1 \to A_2$)。1月31日に総額528億ドルの国際金融支援が公表され,3月になって通貨危機はようやく収まった。こうして,ゲームは,各段階で繰り返し行われる。通貨当局の政策介入やUS/IMFの危機管理の信頼性が揺らげば通貨投機が再発する。通貨危機の各国への伝染──テキーラ効果──も繰り返しゲームで考えることができる。

9.5 通貨危機管理の政策

通貨危機を回避する条件は，$\gamma > (b - c_1 - c_2)/(b - c_2)$ かつ $\gamma > (a_2 - a_1)/x$ である．以下，通貨投機の期待収益 $b = 1 - e(f)$，通貨投機のコスト c_1, c_2，政策介入のコスト a_1, a_2，国際金融支援 x，危機管理の信頼性 γ という点から，通貨危機管理の政策について検討しよう．資本移動のグローバル化や各国の国家主権を前提にすれば，国際金融支援体制や危機管理の信頼性のようなグローバル・ガバナンス(Rosenau and Czempiel, 1992)が重要になる．

(1)通貨投機の期待収益 b：国際金融資本の通貨投機の期待収益 $b = 1 - e(f)$ を低下させれば，通貨危機を回避する可能性は大きくなる(図9.4 の①の効果)．そのためには，各国のファンダメンタルズを十分に管理し，経済政策の信認を得ることが重要になる．IMF 経済調整プログラムの受け入れは信認を得る1つの方法ではあるが，その実施には限界がある．

第1に，通貨投機の期待収益を低下させるには，各国のファンダメンタルズを十分に管理することが重要になる．期待為替レート $e(f)$ に影響を及ぼすファンダメンタルズには，経済成長率，インフレ率，財政収支，経常収支，外貨準備，実質為替レート，貯蓄率，金利，対外債務残高(特に短期対外債務残高)，金融システムの健全性などがある[9]．このようなファンダメンタルズを十分に管理し，期待為替レート $e(f)$ を安定させることができれば，通貨投機の期待収益 b は低下する．

しかし，固定為替レート制下で国内信用を持続的に増大させ外貨準備を減少させたり，インフレ経済下で固定為替レートを維持し実質為替レートを増価させたりすれば，通貨投機の期待収益は上昇するだろう．サックスら(Sachs, Tornell and Velasco, 1996b, pp. 26-27)によれば，メキシコの場合，通貨危機の半年前のコロシオ大統領候補暗殺を機に資本流出が発生し，メキシコ中央銀行が民間部門からセテスを購入し，国内信用を増大させた．その結果，輸入の増大と外貨準備の減少をもたらし，通貨危機を導いた．

---

9) メキシコの為替政策には，米墨インフレ格差，実質為替レートの増価，外貨準備の減少，拡張的金融・財政政策が影響を及ぼしてきた (Ötker and Pazarbaşioğlu, 1996)．

第9章　通貨危機と危機管理政策　　239

第2に，通貨投機の期待収益を低下させるには，経済政策に対する国際金融資本の信認を得ることが重要になる．ファンダメンタルズの悪化自体というよりは，それに対する通貨当局の政策姿勢や国際金融資本の評価が重要になる(Frieden, 1997)．経済政策の信任を得るには，IMF 経済調整プログラムの受け入れも1つの方法である．IMF は，経済調整プログラムとして緊縮的な財政・金融政策や伸縮的な為替政策および金融システムの構造改革を要求する．各国の通貨当局にとっては，IMF 経済調整プログラムの受け入れは，政策へのコミットメントを表明し，経済政策への信認を得る1つの手段となる．

しかし，IMF の経済調整プログラムは景気後退や金融不安のコストを高める可能性があり，各国の政策当局がそれを実施するには限界がある(Feldstein, 1998)．特に，金融システムの構造改革には反対がある．また伸縮的な為替政策は，市場の相場形成に適切なシグナルを与えるとは限らず，かえって通貨投機を促進する可能性がある．さらに，IMF 経済調整プログラムの受け入れは，政策当局にとっては自らの政策基盤の脆弱性を表明することにもなり，必ずしも容易ではない(Lustig, 1998, p. 180)．

(2)通貨投機のコスト c_1：国際金融資本の通貨投機のコスト c_1 を高めれば，通貨危機を回避する可能性は大きくなる(図9.4 の②の効果)．そのための方法として，国際資本移動に対する規制の強化がある．しかし，資本移動のグローバル化や IMF の資本取引の自由化を前提にすれば，国際資本移動の規制には限界がある．

国際金融資本の通貨投機のコストを高める1つの方法は，国際資本移動を規制することである[10]．資本移動の規制にはつぎのような政策がある(白井, 1999, 30-35頁)．①資本取引規制：非居住者の資本取引を分野・金額・期間によって制限する．1983 年にシンガポールで，1998 年にマレーシアで実施された．②異なる支払準備率の適用：自国通貨建て預金と外貨建て預金に異なる支払準備率を適用する．1994 年にマレーシア，1995 年にタイで実施された．③

---

10) 資本移動の規制には，通貨投機の回避以外に以下のような効果が期待される（白井, 1999, 240頁）．①国際収支の不安定化や実質為替レートの変動の回避．②国内貯蓄の促進．③外国資本への困難な課税の回避．④経済政策や構造改革の環境整備．⑤金融政策の独立性の確保．⑥貨幣需要の不安定化の抑制．

無利子の強制預託制度：海外からの短期資本の流入の一部を中央銀行に強制的に無利子で預託させる．チリで1991年に導入され，対外借入の20％を強制預託させた．④トービン税：すべての直物為替取引に取引規模に応じて均一な税率を課す(Tobin, 1978)．このような国際資本移動の規制に対して，アメリカは慎重な姿勢を示し，日本は条件付きで必要性を認めている．1999年6月のG7では，短期資本移動に例外的な規制を容認する方向で合意した．

しかし，IMFは，資本取引の自由化を基本的な原則としており，融資条件の1つとして融資受入国の資本取引の自由化を要求している．資本取引の自由化はつぎのような理由で進められる(De Gregorio et. al., 1999, p. 28)．資本取引の自由化は，第1に，競争原理のもとで効率的な資源配分を促進し，国内の投資資金を増大する．第2に，金融政策の独立性を低下させ，国内の経済政策に節度をもたせる．IMF暫定委員会は，1997年4月に資本取引の自由化を認める方向で規約改正に合意し，1997年9月には資本取引の完全自由化を最終目標とすることで合意した．このような資本取引の自由化は通貨投機のコストを低下させる．

(3)政策介入のコスト a_1, a_2：通貨投機が発生した場合に政策当局が政策介入するコスト a_2 を低下させ，政策不介入のコスト a_1 を増大させれば，通貨危機を回避する可能性は大きくなる(図9.4の③の効果)．

第1に，政策介入のコスト a_2 を低下させるには，介入政策を再検討したり，IMF経済調整プログラムの内容を改善したりすることが重要になる．IMFは，通貨投機に対して為替介入よりも高金利政策による通貨の安定を支持している(Lustig, 1998, p. 180)．高金利政策は，内需を抑制し経常収支を改善すると共に，国内の金融資産の収益性や資金調達のコストを高め，資本流出を抑制することが期待される．しかし，高金利政策は，景気後退や金融不安などのコストを伴い，再検討が必要である[11]．

政策介入のコスト a_2 を低下させるには，IMF経済調整プログラムを改善す

---

11) 高金利政策に対して，Stiglitz(1998)は，債務不履行が高まり政治不安が発生する可能性があるとして反対し，Sachs(1997)は，資本流出による流動性収縮を不胎化するために金融の緩和を主張した．これに対して，Fischer(1998)は，金利を引き上げなければ，為替レートを安定させられず，経済調整のコストがさらに大きくなるとしている．

ることも重要になる．IMF の経済調整プログラムは，緊縮的な財政・金融政策によって政策介入のコスト a_2 を高める可能性がある．通貨危機後，メキシコやアジア各国では，財政支出の削減や増税——メキシコでは，付加価値税の10％から15％への引き上げ——によって低所得者層の生活水準が大きく悪化した．社会的セーフティネットへの支出や財政収支目標の緩和のような調整プログラムの改善がさらに必要である．

第2に，政策不介入のコスト a_1 は，国際的な相互依存関係の深化や各国の民主化の進展によって高まる．それゆえ，各国間の通貨当局の関係を強化し，各国の民主化を支援することが重要になる．政策不介入のコスト a_1 には，通貨当局の信認の喪失や，為替減価によるインフレーションなどがある．通貨下落は，通貨当局の信認を喪失させ，国際支援や民主的な政権の維持を困難にする．特に，名目為替レートをインフレ抑制と政策の信認を得る手段にしている場合には，為替レートの安定は重要である(Frieden, 1997, pp. 86, 91)．メキシコ通貨当局は，12月20日の通貨切り下げ後，政策の信認を失った(Lustig, 1998, p. 168)．

(4)国際金融支援 x, c_2：国際金融支援 x を強化すれば，通貨当局の政策介入のコストを緩和し，通貨投機のコストを上昇させ，通貨投機を回避する可能性は大きくなる(図9.4 の①と③の効果)．国際金融支援を強化するには，国際的な危機管理体制の確立が重要であり，IMF 融資の増額や迅速化が必要になる．

第1に，国際金融支援の強化には，国際的な危機管理体制を確立し，国際金融機関が資金・情報・人材などで協力し，域内協力体制を整備することが重要になる．通貨危機が発生する前にアメリカや G7・IMF を中心に民間金融機関も参加するような国際的な危機管理体制＝グローバル・ガバナンスを確立する必要がある．IMF は，メキシコ通貨危機後，緊急融資機構 EFM (Emergency Financing Mechanism) を設立したにすぎない．

国際金融支援の強化には，国際金融機関の協力体制を確立することも重要になる．IMF は，世界銀行(長期のプロジェクト融資)，BIS(一時的なつなぎ融資)，IDB と ADB(IMF や世界銀行の補完)，OECD(加盟国に対する監視機能)などと協力体制を十分に確立する必要がある．また，域内協力体制を整備することも重要になる．1994年4月にアメリカ・カナダ・メキシコの間で北

米枠組み合意(NAFA)が行われたが，メキシコ通貨危機に際し十分に対応できなかった．アジア通貨危機に対しては，アメリカや IMF の反対でアジア通貨基金構想は失敗したが，1997 年 11 月に，IMF を補完し域内協力を促進するマニラ・フレームワークが設立された．また，1998 年 10 月の G7 では 300億ドルの「アジア通貨危機支援に関する新構想——新宮沢構想」が提案された．このような域内協力をさらに整備する必要がある．

　第 2 に，国際金融支援を強化するには，IMF 融資を増額し迅速に実行する必要がある．IMF 融資は，国際金融資本の取引量と比較し必ずしも十分ではなく，また，分割融資で四半期ごとに成果基準の達成を評価しながら融資され，一度の融資額に限界がある(Loser and Williams, 1997, p. 270)．

　IMF は，メキシコ通貨危機後，融資限度額を従来のクォータの 3 倍から 5倍に増大した[12]．また 1997 年 12 月に，利用限度額に制限を設けない短期の補完的融資制度 SRF(Supplementary Reserve Facility)を創設し，1998 年 11 月には，一般借入取極 GAB(General Arrangement to Borrow)を補完する制度として新規借入取極 NAB(New Arrangement to Borrow)[13]を発効させた．さらに 1999 年 4 月には，通貨危機の伝播による投機的な資金流出に対して短期に大量の資金を貸し出す予防的クレジットライン CCL(Contingent Credit Lines)の実施を決めた(De Gregorio et al., 1999, pp. 46-48)．今後，このような融資の融資条件の緩和や民間金融機関とのクレジットラインの締結，さらに民間金融機関の緊急時の強制借り換えや債務返済の猶予が重要になる．

　(5)危機管理の信頼性 γ：アメリカや G7・IMF が通貨投機に対して迅速な危機管理を行うという各国の通貨当局や国際金融資本の信頼性を高めれば，通貨危機を回避する可能性は大きくなる(図 9.4 の④の効果)．これは，グローバル・ガバナンスの重要な構成要素であり，各国の通貨当局や国際金融資本の主観的確率 γ を高めることである．

---

12)　IMF 融資は，タイで約 40 億ドル (1997 年 8 月，総支援額 172 億ドル)，インドネシアで約 100億ドル (1997 年 11 月，総支援額 400 億ドル)，韓国で約 210 億ドル (1997 年 12 月，総支援額 580億ドル) であり，クォータの 500-1000%が融資された (De Gregorio et al., 1999, p. 57)．

13)　GAB は，1962 年に先進 10 カ国と IMF との間で取り決められ，1983 年以降は，10 カ国以外への資金供与も可能になった (Kenen, 1996)．NAB は，通貨危機が発生した場合に GAB を補完し，IMF が取極国 (現在 25 カ国) から財源を借り入れる制度である．

第9章　通貨危機と危機管理政策　　243

　危機管理の信頼性 γ を高めるには，第1に，通貨危機の発生前から国際的な危機管理体制を十分に確立する必要がある．特に，アメリカや G7・IMF が危機管理にどのように関与し指導力を発揮するかが重要になる[14]．第2に，通貨危機が発生する以前から各国のマクロ経済運営——特に外貨準備や債務構造——や構造改革および国際金融資本の監視に IMF がコミットし，サーベイランス機能を強める必要がある．IMF・各国の通貨当局・国際金融資本の間で特別データ公表標準 SDDS (Special Data Dissemination Standard) をもとに情報を共有しておくことが各国の政策当局や国際金融資本の行動を規制する上で重要になる (Loser and Williams, 1997, p. 269; Eatwell and Taylor, 2000, p. 222)．第3に，通貨投機がアメリカや G7・IMF の迅速な危機管理につながるという点で評判効果を確立することが重要になる．メキシコやブラジルの通貨危機へのアメリカの対応は，アジア通貨危機への対応とは明らかに異なっていた．地域や国によって金融支援を差別すれば，評判効果を損なうことになる．

　ただし，各国経済政策への介入や国際金融資本への監視には当事者から強い反発がある．また，アメリカや G7・IMF は通貨危機に対して必ずしも迅速な金融支援をするとは限らない．国際金融支援国のなかには，被支援国の通貨当局のモラル・ハザードや投機的な国際金融資本の救済に批判的な意見があるからである．また各国の国内には，その地域を輸出市場とする輸出企業は金融支援に賛成するが，その地域の企業と競合する企業は金融支援に反対し，迅速な金融支援が実施できない場合がある．メキシコ通貨危機の場合，アメリカ政府が 400 億ドルの債務保証を提案したが，議会が反対し，実施できなかった．またアメリカの為替安定基金に基づく融資も，アメリカ議会の抵抗のために 3 月 14 日まで引き延ばされた (Lustig, 1998, pp. 192-193)．

---

14)　IMF は，世界銀行との役割分担によって通貨危機の危機管理対策に重点を移すことを確認した（『日本経済新聞』2000 年 9 月 8 日付）．

9.6 むすび

本章では，通貨危機と危機管理に関する簡単な抑止モデルを構成し，通貨危機を回避する政策について検討した．以下簡単に，本章の議論を要約しよう．

第1に，通貨危機を回避するには5つの方法がある．第1に，通貨投機の期待収益を低下させること，第2に，通貨投機のコストを大きくすること，第3に，政策介入のコストを低下させること，第4に，国際金融支援を強化すること，第5に，危機管理の信頼性を高めることである．

第2に，通貨危機を回避するためには，国際的な危機管理体制＝グローバル・ガバナンスを確立することが重要になる．それには，アメリカやG7・IMFの関与が重要になる．資本移動のグローバル化のもとで，国際金融資本の通貨投機の期待収益やコストを管理することは容易ではない．また各国の国家主権を前提にすれば，各国の経済政策への介入も難しいであろう．アメリカやG7・IMFを中心に民間金融機関も参加するような国際的な危機管理体制を確立することができれば，通貨危機を回避する可能性は大きくなるだろう．このとき，短期資本移動の規制も重要になるだろう．

最後に，今後の課題を指摘し結びとしよう．本章では通貨危機と危機管理に関する分析を試みた．しかし，アメリカやG7・IMFの国際金融支援については確率的に決定されると仮定しているだけで，十分に分析されてはいない．この点については，グローバル・ガバナンスの内容の検討と共に今後の課題としたい．

参 考 文 献

欧米語文献

Aboites, J. (1989) *Industrialización y Desarrollo Agrícola en México: Un Análisis del Regimen de Acumulación en el Largo Plazo 1939-1987*, Plaza y Valdes: UNAM -Xochimilco（岡本哲史他訳『メキシコ経済のレギュラシオン』大村書店, 1994）.

Adams, F. and J. Marquez (1983) "The Impact of Petroleum and Commodity Prices in a Model of the World Economy," in B. Hickman ed., *Global International Economic Models*, North-Holland: Elsevier Science Publishers B. V.

Aglietta, M. (1976) *Régulation et Crises du Capitalisme: Léxpérience des Estas-Unis*, Paris: CALMANN-LEVY（若森章孝他訳『資本主義のレギュラシオン』大村書店, 1989年）.

Amin, S. (1970) *L'accumulation a L'echelle Mondiale*, Paris: Editions Antropos.

Anderson, J. and R. Frantz (1984) "The Response of Labour Effort to Falling Real Wages: The Mexican Peso Devaluation of February 1982," *World Development*, Vol. 12, No. 7, pp. 759-766.

Aoki, M., Kim, H. and M. Okuno-Fujiwara eds. (1996) *The Role of Government in East Asian Economic Development: Comparative Institutional Analysis*, London: Oxford University Press.

Arndt, H. (1985) "The Origins of Structuralism," *World Development*, Vol. 13, No. 2, pp. 151-159.

Aspe, P. (1992) "Macroeconomic Stabilization and Structural Change in Mexico," *European Economic Review*, Vol. 36, pp. 320-328.

Aspe, P. (1993) *Economic Transformation: The Mexican Way*, Cambridge:MIT Press.

Aspra, L. (1977) "Import Substitution in Mexico: Past and Present," *World Development*, Vol. 5, No. 1/2, pp. 111-123.

Ayala, J. and C. Duran (1986) "Development and Crisis in Mexico: A Structuralist Approach," in J. Hartly and S. A. Morley eds. , *Latin American Political Economy: Financial Crisis and Political Change*, London: Westview Press.

Bacha, E. (1977) "Issues and Evidence on Recent Brazilian Economic Growth," *World Development*, Vol. 5, No. 1/2, pp. 47-67.

Bacha, E. (1979) "Notes on the Brazilian Experience with Minidevaluations, 1968-1976," *Journal of Development Economics*, Vol. 6, No. 4, pp. 463-481.

Bacha, E. (1982) *Introdução à Macroeconomia: Uma Perspectiva Brasileira*, Rio de Janeiro: Campus.

Bacha, E. (1987) "IMF Conditionality: Conceptual Problems and Policy Alternatives," *World Development*, Vol. 15, No. 12, pp. 1457-1467.

Baer, W. and P. Beckerman (1980) "The Trouble with Index-linking: Reflections on the Recent Brazilian Experience," *World Development*, Vol. 8, No. 9, pp. 677-703.

Balassa, B. (1981) *The Newly Industrializing Developing Countries in the World Economy*, New York: Pergamon Press.

Balassa. B. (1983) "Trade Policy in Mexico," *World Development*, Vol. 11, No. 9, pp. 795- 811.

Barkin, D. (1990) *Distorted Development: Mexico in the World Economy*, Boulder: Westview Press（吾郷健二訳『歪められた発展と累積債務』岩波書店，1992年）.

Barro, R. (1998) "The IMF Doesn't Put Out Fires, It Starts Them," *Business Week*, December 7.

Bazdresch, C. and S. Levy (1991) "Populism and Economic Policy in Mexico: 1970-1982," in R. Dornbusch and S. Edwards eds. , *The Macroeconomics of Populism in Latin America*, Chicago: Chicago University Press, pp. 223-262.

Beveridge, W. and M. Kelly (1980) "Fiscal Content of Financial Programs Supported by Stand-By Arrangements in the Upper Credit Tranches, 1969-78," *IMF Staff Papers*, Vol. 27, No. 2, pp. 205-249.

Blanco, H. and P. Garber (1986) "Recurrent Development and Speculative Attacks on the Mexican Peso," *Journal of Political Economy*, Vol. 94, No. 1, pp. 148-166.

Bowles, S. (1985) "The Production Process in a Competitive Economy: Walrasian, Neo-Hobbesian, and Marxian Models," *American Economic Review*, Vol. 75, No. 1, pp. 16-36.

Bowles, S. and H. Gintis (1988) "Contested Exchange: Political Economy and Modern Economic Theory," *American Economic Review*, Vol. 78, No. 2, pp. 145-150.

Bowles, S. ,Gordon, D. and T. Weisskopf (1983) *Beyond the Waste Land: A Democratic Alternative to Economic Decline*, New York: Anchor Press（都留康他訳『アメリカ衰退の経済学』東洋経済新報社，1986年）.

Boyer, R. ed. (1986) *Capitalismes Fin de Siecle*, Paris: Presses Universitaires de France（山田鋭夫他訳『世紀末資本主義』日本評論社，1988年）.

Branson, W. (1981) "Macroeconomic Determinant of Real Exchange Rates," *NBER Working Paper Series*, No. 801.

Branson, W. and J. Rotemberg (1980) "International Adjustment with Wage Rigidity," *European Economic Review*, Vol. 13, No. 3, pp. 309-332.

参 考 文 献 247

Bruno, M. (1982) "Import Competition and Macroeconomic Adjustment under Wage Price Rigidity," in J. N. Bhagwati ed. ,*Import Competition and Response*, Chicago: University of Chicago Press.

Bruno, M. and J. Sachs (1985) *Economics of World-wide Stagflation*, Cambridge, Mass. : Harvard University Press.

Buffie, E. (1990) "Economic Policy and Foreign Debt in Mexico," in J. Sachs ed. , *Developing Country Debt and Economic Performance, Vol. 2*, Chicago: University of Chicago Press.

Buira, A. (1983) "IMF Financial Programs and Conditionality," *Journal of Development Economics*, Vol. 12, No. 1/2, pp. 111-136.

Buiter, W. and M. Miller (1982) "Real Exchange Rate Overshooting and Output Cost of Bringing Down Inflation," *European Economic Review*, Vol. 18, No. 1/2, pp. 85 -123.

Calvo, G. and E. Mendoza (1996a) "Mexico's Balance-of-Payments Crisis: A Chronicle of a Death Foretold," *Journal of International Economics*, Vol. 41, pp. 235-264.

Calvo, G. and E. Mendoza (1996b) "Petty Crime and Cruel Punishment: Lessons from the Mexican Debacle," *Ameican Economic Review*, Vol. 86, No. 2, pp. 170-175.

Canavese, A. (1982) "The Structuralist Explanation in the Theory of Inflation," *World Development*, Vol. 10, No. 7, pp. 523-529.

Cardoso, E. (1981) "Food Supply and Inflation," *Journal of Development Economics*, Vol. 8, No. 3, pp. 269-284.

Cardoso, E. (1989) "Hyperinflation in Latin America," *Challenge*, January/February, pp. 11-19.

Cardoso, E. and R. Dornbusch (1987) "Brazil's Tropical Plan," *American Economic Review*, Vol. 77, No. 2, pp. 288-292.

Cardoso, E. and S. Levy (1988) "Mexico," in R. Dornbusch and F. Helmers eds. ,*The Open Economy: Tools for Policymakers in Developing Countries*, New York: Oxford University Press.

Cardoso, E. and A. Helwege (1992) *Latin America's Economy: Diversity, Trends, and Conflicts*, Cambridge: MIT Press.

Cardoso. F. and E. Faletto (1969) *Dependencia y Desarollo en América Latina: Ensayo de Interpretación Sociológica*, México: Siglo Veintiuno.

Casar, J. and J. Ros (1983) "Trade and Capital Accumulation in a Process of Import Substitution," *Cambridge Journal of Economics*, Vol. 7, No. 3/4, pp. 257-267.

Chenery, H. (1975) "The Structuralist Approach to Development Policy," *American Economic Review*, Vol. 65, No. 2, pp. 310-315.

Chichilnisky, G. and L. Taylor (1980) "Agriculture and the Rest of the Economy: Macroconnections and Policy Restrains," *American Journal of Agricultural Economics*, Vol. 62, No. 2, pp. 303-309.

Chu, K. and T. Morrison (1986) "World Non-Oil Primary Commodity Markets," *IMF Staff Papers*, Vol. 33, No. 1, pp. 139-184.

CIDE. (1980) "The Mexican Economy: Recent Development and Future Prospects," *Cambridge Journal of Economics*, Vol. 4, No. 2, pp. 177-197.

Clavijo, F. (1976) "Desarrollo y Perspectivas de la Economía Mexicana en el Corto Plazo: Un Modelo Econometrico Trimestral," *Trimestre Económico*, Vol. 43, No. 4, pp. 845-877.

Cockroft. J. (1983) *Mexico: Class Formation, Capital Accumulation, and the State*, New York: Monthly Review Press.

Cole, H. and T. Kehoe (1996) "A Self-fulfilling Model of Mexico's 1994-1995 Debt Crisis," *Journal of International Economics*, Vol. 41, pp. 309-330.

Corden, W. (1986) *Inflation, Exchange Rates and the World Economy*, Chicago: University of Chicago Press (岡部光明訳『国際マクロ経済学』東洋経済新報社, 1986 年).

Crockett, A. (1981) "Stabilization Policies in Developing Countries: Some Policy Considerations," *IMF Staff Papers*, Vol. 28, No. 1, pp. 54-79.

Cumby, R. and M. Obstfeld (1983) "Capital Mobility and the Scope for Stabilization : Mexico in the 1970s," in P. Armella, R. Dornbusch, and M. Obstfeld eds. , *Financial Policies and the World Capital Market: The Problem of Latin American Countries*, Chicago: University of Chicago Press.

De Gregorio, J, Eichengreen, B, Ito, T, and C. Wyplosz (1999) *An Independent and Accountable IMF*, London: Center for Economic Policy Research.

Dell, S. (1982) "Stabilization: The Political Economy of Overkill," *World Development*, Vol. 10, No. 8, pp. 597-612.

Demery, L. and T. Addison (1987) "Stabilization Policy and Income Distribution in Developing Countries," *World Development*, Vol. 15, No. 12, pp. 1483-1498.

Díaz Alejandro, C. (1963) "A Note on the Impact of Devaluation and Redistribution Effects," *Journal of Political Economy*, Vol. 71, No. 6, pp. 577-580.

Donovan, D. (1982) "Macroeconomic Performance and Adjustment under Fund-Supported Programs: The Experience of the Seventies," *IMF Staff Papers*, Vol. 29, No. 2, pp. 171-203.

Dornbusch, R. (1976) "The Theory of Flexible Exchange Rate Regimes and Macro-economic Policy," *Scandinavian Journal of Economics*, Vol. 78, No. 2, pp. 255-275.

参 考 文 献　　　249

Dornbusch, R. (1980) *Open Economy Macroeconomics*, New York: Basic Books, 1980 (大山道廣他訳『国際マクロ経済学』文眞堂, 1984年).

Dornbusch, R. (1982a) "PPP Exchange Rate Rules and Macroeconomic Stability," *Journal of Political Economy*, Vol. 90, No. 1, pp. 158-165.

Dornbusch, R. (1982b) "Stabilization Policies in Developing Countries: What Have We Learned ?," *World Development*, Vol. 10, No. 9, pp. 701-708.

Dornbusch, R. (1985) "Inflation, Exchange Rates and Stabilization," *NBER Working Paper Series*, No. 1739.

Dornbusch, R. (1988) "México: Estabilización, Deuda y Crecimiento," *Trimestre Económico*, Vol. 55, No. 4, pp. 879-937.

Dornbusch, R. (1989) "How to Turn Mexico's Debt and Inflation into Growth," *Challenge*, January/February, pp. 4-10.

Dornbusch, R. and S. Fischer (1980) "Exchange Rates and the Current Account," *American Economic Review*, Vol. 70, No. 5, pp. 960-971.

Dornbusch, R. and S. Edwards eds. (1991) *Macroeconomics of Populism in Latin America*, Chicago: University of Chicago Press.

Dornbusch, R. and A. Werner (1994) "Mexico: Stabilization, Reform, and No Growth," *Brookings Papers on Economic Activity*, No. 1, pp. 253-315.

Dos Santos, T. (1978) *Imperialismo y Dependencia*, Barcelona: Carmen Balcells Agencia Literaria S. A.

Dutt, A. (1990) *Growth, Distribution and Uneven Development*, Cambridge: Cambridge University Press.

Eaton, J. and L. Taylor (1986) "Developing Country Finance and Debt," *Journal of Development Economics*, Vol. 22, No. 1, pp. 209-265.

Eatwell, J. and L. Taylor (2000) *Global Finance at Risk: The Case for International Regulation*, New York: The New Press.

ECLAC (1988) *Preliminary Overview of the Latin American Economy: 1988*, New York: United Nations.

Edwards, S. (1986) "Are Devaluations Contractionary ?," *Review of Economic Statistics*, Vol. 68, No. 3, pp. 501-506.

Edwards, S. (1989) "Exchange Controls, Devaluations, and Real Exchange Rates: The Latin American Experience," *Economic Development and Cultural Change*, Vol. 37, No. 3, pp. 457-494.

Edwards, S. (1996) "Exchange-Rate Anchors, Credibility, and Inertia: A Tale of Two Crises, Chile and Mexico," *American Economic Review*, Vol. 86, No. 2, pp. 176-180.

Eichengreen, B. ,Rose, A. and C. Wyplosz (1995) "Exchange Market Mayhem: The

Antecedents and Aftermath of Speculative Attacks," *Economic Policy*, Vol. 21, pp. 249-312.

Fei, J. and G. Ranis (1964) *Development of Labor Surplus Economy*, Homewood: Irwin.

Feldstein, M. (1998) "Refocusing the IMF," *Foreign Affairs*, March/April.

Ffrench-Davis, R. (1988) "An Outline of a Neo-structuralist Approach," *CEPAL Review*, No. 34, pp. 37-44.

Fischer, S. (1998) "Reforming World Finance: Lessons from Crisis," *Economist*, October 3.

FitzGerald, E. (1978) "The State and Capital Accumulation in Mexico," *Journal of Latin American Studies*, Vol. 10, No. 2, pp. 263-282.

FitzGerald, E. (1979) "Stabilization Policy in Mexico 1960-77," in R. Thorp and L. Whitehead eds. ,*Inflation and Stabilization in Latin America*, New York: Holmes and Meier.

FitzGerald, E. (1985) "The Financial Constraint on Relative Autonomy: The State and Capital Accumulation in Mexico, 1940-82," in C. Anglade and C. Fortin eds. ,*The State and Capital Accumulation in Latin America: Vol. 1, Brazil, Chile, Mexico*, London: Macmillan.

FitzGerald, E. (1993) *The Macroeconomics of Development Finance: A Kaleckian Analysis of the Semi-industrial Economy*, London: St. Martin's Press.

Flood, R. and P. M. Garber (1984) "Collapsing Exchange-Rate Regimes: Some Linear Example," *Journal of International Economics*, Vol. 17, pp. 1-13.

Frank, A. G. (1967) *Capitalism and Underdevelopment in Latin America*, New York: Monthly Review Press.

Frank, A. G. (1972) *Lumpen-bourgeoisie and Lumpen-development: Dependency, Class, and Politics in Latin America*, New York: Monthly Review Press.

Frenkel, J. and M. Mussa (1985) "Asset Market, Exchange Rate and the Balance of Payments," in R. Jones and P. Kenen eds. ,*Handbook of International Economics*, Vol. II, Amesterdam: North-Holland.

Frieden J. (1984) "Endeudamiento y Fuga de Capital: Los Flujos Financieros Internacionales en la Crisis de México, 1981-1983," *Investigación Económica*, Vol. 43, No. 170, pp. 241-281.

Frieden, J. (1997) "The Politics of Exchange Rates," in S. Edwards and M. Naim eds., *Mexico 1994: Anatomy of an Emerging-Market Crash*, Washington D. C.: Carnegie Endowment for International Peace, pp. 81-94.

Friedman, M. (1998) "Markets to the Rescue," *Wall Street Journal*, October 13.

Fröbel, F, Heinrichs, J. and O. Kreye (1980) *The New International Division of Labour*,

参 考 文 献

Cambridge: Cambridge University Press.

Garcia-Alba, P. and J. Serra-Puche (1983) "Financial Aspects of Macroeconomic Management in Mexico," *Joint Research Program Series*, No. 36, Institute of Developing Economies.

Gershenkron. A. (1966) *Economic Backwardness in Historical Perspective*, Massachusetts: Belknap.

Gibson, E. (1997) "The Populist Road to Market Reform: Policy and Electoral Coalitions in Mexico and Argentina," *World Politics*, Vol. 41, No. 3, pp. 339-370.

Gibson, B. ,Lustig, N. and L. Taylor (1986) "Terms of Trade and Class Conflict in a Computable General Equilibrium Model for Mexico," *Journal of Development Studies*, Vol. 23, No. 1, pp. 40-59.

Gil-Díaz, F. (1984) "Mexico's Path from Stability to Inflation," in A. Harberger ed. , *World Economic Growth*, California: ICS Press.

Gil-Díaz, F. (1989) "Mexico's Debt Burden," in S. Edwards and F. Larrain eds. , *Debt, Adjustment and Recovery: Latin American's Prospects for Growth and Development*, Oxford: Basil Blackwell.

Gil-Díaz, F. and R. Tercero (1988) "Lesson from Mexico," in M. Bruno, G. Di Tella, R. Dornbusch and S. Fischer eds. ,*Inflation Stabilization: The Experience of Israel, Argentina, Brazil, Bolivia and Mexico*, Cambridge: MIT Press.

Gil-Díaz, F. and A. Carstens (1996) "One Year Solitude: Some Pilgrim Tales about Mexico's 1994-1995 Crisis," *American Economic Review*, Vol. 86, No. 2, pp. 164-169.

Gil-Díaz, F. and A. Carstens (1997) "Pride and Prejudice: The Economics Profession and Mexico's Financial Crisis," in S. Edwards and M. Naim eds. ,*Mexico 1994: Anatomy of an Emerging-Market Crash*, Washington D. C. : Carnegie Endowment for International Peace, pp. 165-200.

Grauwe, D. ,Janssens, M. and H. Leliaert (1985) "Real Exchange Rate Variability from 1920 to 1926 and 1973 to 1982," *Princeton Studies in International Finance*, No. 56.

Griffin, J. and D. Teece eds. (1982) *OPEC Behavior and World Oil Prices*, London: George Allen & Unwin.

Haggard, S. and R. Kaufman eds. (1992) *The Politics of Economic Adjustment*, Princeton: Princeton University Press.

Hale, D. (1997) "The Markets and Mexico: The Supply-Side Story," in S. Edwards and M. Naim eds. ,*Mexico 1994: Anatomy of an Emerging-Market Crash*, Washington D. C. : Carnegie Endowment for International Peace, pp. 201-246.

Hirschman, A. (1958) *The Strategy of Economic Development*, New Haven: Yale

University Press.

Hubbard, R. (1986) "Supply Shocks and Price Adjustment in the World Oil Market," *Quarterly Journal of Economics*, Vol. 101, No. 1, pp. 85-102.

Huntington, S. and J. Nelson (1976) *No Easy Choice: Political Participation in Developing Countries*, Cambridge: Harvard University Press.

IDB (1988, 1989) *Economic and Social Progress in Latin America*, Washington D. C. : IDB.

ILO (1976) *Employment, Growth and Basic Needs: An One-World Problem*, Geneva: ILO.

IMF (1987) "Theoretical Aspects of the Design of Fund-Supported Adjustment Program," *IMF Occasional Paper*, No. 55.

IMF (1995) *International Capital Markets: Developments, Prospects and Policy Issues*, Washington D. C. : IMF.

Ize, A. (1987) "Rigideces Fiscales e Inestabilidad Cambiaria: El Caso de México," *Trimestre Económico*, Vol. 54, No. 2, pp. 311-332.

Ize, A. and J. Salas (1985) "Prices and Output in the Mexican Economy: Empirical Testing of Alternative Hypotheses," *Journal of Development Economics*, Vol. 17, No. 3, pp. 175-199.

Ize, A. and G. Ortiz (1987) "Fiscal Rigidities, Public Debt, and Capital Flight," *IMF Staff Papers*, Vol. 34, No. 2, pp. 311-332.

Jameson, K. (1986) "Latin American Structuralism: A Methodological Perspective," *World Development*, Vol. 14, No. 2, pp. 223-232.

Johnson, O. and J. Salop (1980) "Distributional Aspects of Stabilization Programs in Developing Countries," *IMF Staff Papers*, Vol. 27, No. 1, pp. 1-23.

Johnston, B. and J. Meller (1961) "The Role of Agricultures in Economic Development," *American Economic Review*, Vol. 51, No. 4, pp. 566-593.

Kaldor, N. (1976) "Inflation and Recession in the World Economy," *Economic Journal*, Vol. 86, No. 344, pp. 703-714.

Kaldor, N. (1978) *Further Essays on Economic Theory*, London: Gerald Duckuork and Company.

Kalecki, M. (1954) *Theory of Economic Dynamics: An Essay on Cyclical and Long-Run Changes in Capitalist Economy*, London: George Allen and Unwin.

Kalecki, M. (1971) *Selected Essays on the Dynamics of Capitalist Economy 1933-1970*, London: Cambridge University Press.

Kate, A. (1992) "Trade Liberalization and Economic Stabilization in Mexico:Lessons of Experience," *World Development*, Vol. 20, No. 5, pp. 659-672.

参 考 文 献　　253

Kate, A. (1993) "Structural Adjustment in Mexico: Two Different Stories," in M. Agosin and D. Tussie eds. ,*Trade and Growth: New Dilemmas in Trade Policy*, London: Macmillan.

Kaufman, R. (1989) "Economic Orthodoxy and Political Change in Mexico: The Stabilization and Adjustment Policies of the de la Madrid Administration," in B. Stallings and R. Kaufman eds. , *Debt and Democracy in Latin America*, Boulder: Westview.

Kaufman, R. and B. Stallings (1991) "The Political Economy of Latin American Populism," in R. Dornbusch and S. Edwards eds. ,*Macroeconomics of Populism in Latin America*, Chicago: University of Chicago Press.

Kay, C. (1989) *Latin American Theories of Development and Underdevelopment*, London: Routledge.

Kenen, P. (1996) "Analyzing and Managing Exchange-Rate Crises," *Open Economies Review*, Vol. 7, pp. 469-492.

Khan, M. and M. Knight (1981) "Stabilization Program in Developing Countries: A Formal Framework," *IMF Staff Papers*, Vol. 28, No. 1, pp. 1-53.

Khan, M. and M. Knight (1983) "Determinants of Current Account Balances of Non-Oil Developing Countries in the 1970s," *IMF Staff Papers*, Vol. 30, No. 4, pp. 819-842.

Khan, M. and N. UlHaque (1985) "Foreign Borrowing and Capital Flight: A Formal Analysis," *IMF Staff Papers*, Vol. 32, No. 4, pp. 606-628.

Killick, T. (1984) *The Quest for Economic Stabilization: The IMF and the Third World*, London: Heineman Education Books.

King, T. (1970) *Mexico: Industrialization and Trade Policies since 1940*, London: Oxford University Press.

Kirkpatrik, C. and Z. Onis (1985) "Industrialization as a Structural Determinant of Inflation Performance in IMF Stabilization Programs in Less Developed Countries," *Journal of Development Studies*, Vol. 21, No. 3, pp. 347-361.

Kouri, P. (1982) "Macroeconomics of Stagflation under Flexible Exchange Rates," *American Economic Review*, Vol. 72, No. 2, pp. 390-395.

Krueger, A. (1980) "Trade Policy as an Input to Development," *American Economic Review*, Vol. 70, No. 2, pp. 288-292.

Krueger, A. (1983) *Exchange Rate Determination*, Cambridge: Cambridge University Press.

Krugman, P. (1979) "A Model of Balance-of-Payments Crises," *Journal of Money, Credit, and Banking*, Vol. 11, No. 3, pp. 311-325.

参考文献

Krugman, P. (1983) "Oil and Dollar," in J. Bhandari and B. Putnam eds. ,*Economic Interdependence and Flexible Exchange Rates*, Cambridge: MIT Press.

Krugman, P. (1995) "Dutch Tulips and Imerging Markets," *Foreign Affairs*, Vol. 74, No. 4, pp. 28-44.

Krugman P. and L. Taylor (1978) "Contractionary Effects of Devaluation," *Journal of International Economics*, Vol. 8, pp. 445-456.

Kuczynski, P. (1988) *Latin American Debt: The Nature of the Crisis and Way Out*, Baltimore: Johns Hopkins University Press.

Laclau, E. (1977) *Politics and Ideology in Marxist Theory: Capitalism-Fascism-Populism*, London: NLB.

Lal, D. (1985) *The Poverty of "Development Economics"*, Cambridge: Harvard University Press.

Larrain, F. and J. Sachs (1986) "Contractionary Devaluation and Dynamic Adjustment of Exports and Wages," *NBER Working Paper*, No. 2078.

Levin, J. (1975) "Monetary Policy and the Crawling Peg," *Economic Journal*, Vol. 85, No. 337, pp. 20-32.

Lewis, W. (1954) "Economic Development with Unlimited Supplies of Labour," *Manchester School of Economic and Social Studies*, Vol. 22, No. 2, pp. 139-191.

Lipietz, A. (1985) *Mirages et Miracles: Problèmes de l'industrisation dans le tiers monde*, Paris: Éditions La Découverte (若森章孝他訳『奇跡と幻影』新評論，1987年）.

Lipietz, A. (1986) "New Trends in the International Division of Labor: Regimes of Production and Modes of Regulation," in Scott A. and M. Storper eds. , *Production, Work, Territory*, London: George Allen & Unwin.

Lipietz, A. (1991) "Dívida, Senhoriagem e Inflaçaõ em Economia do Tipo Brasileiro," *Revista de Economia Política*, Vol. 11, No. 1, pp. 56-80.

Looney, R. (1985) *Economic Policymaking in Mexico: Factors Underlying the 1982 Crisis*, Durham, NC: Duke University Press.

Looney, R. and P. Frederiksen (1987) "Fiscal Policy in Mexico: The FitzGerald Thesis Reexamined," *World Development*, Vol. 15, No. 3, pp. 399-404.

Lopez. J. (1983) "The Mexican Economy: Present Situation, Perspective and Alternatives," *World Development*, Vol. 11, No. 9, pp. 455-465.

Lopes, F. and E. Bacha (1983) "Inflation, Growth and Wage Policy: A Brazilian Perspective," *Journal of Development Economics*, Vol. 13, No. 1/2, pp. 1-20.

Lopes, F. e M. Modiano (1983) "Indezação, Choqe Externo e Nível de Atividade: Notas sobre o Caso Brasileiro," *Pesqisa e Planejamento Econômico*, Vol. 13, No. 1, pp. 69-90.

参 考 文 献　255

Loser, C. and E. Williams (1997) "The Mexican Crisis and Its Aftermath: An IMF Perspective," in S. Edwards and M. Naim eds. ,*Mexico 1994: Anatomy of an Emerging-Market Crash*, Washington D. C. : Carnegie Endowment for International Peace, pp. 259-274.

Lustig, N. (1991) "From Structuralism to Neostructuralism: The Search for a Heterodox Paradigm," in P. Meller, ed. ,*The Latin American Development Debate: Neostructuralism, Neomonetarism, and Adjustment Process*, Boulder: Westview Press.

Lustig, N. (1998) *Mexico: The Remaking of an Economy, 2nd*, Washington, D. C. : The Brookings Institution.

Lustig, N. ,ed. (1995) *Coping with Austerity: Poverty and Inequarity in Latin America*, Washington, D. C. : Brookings Institution.

Lustig, N. and J. Ros (1993) "Mexico," in L. Taylor, ed. ,*The Rocky Road to Reform: Adjustment, Income Distribution, and Growth in the Developing World*, Cambridge: MIT Press.

Malan, P. and R. Bonelli (1977) "The Brazilian Economy in the Seventies: Old and New Development," *World Development*, Vol. 5, No. 1/2, pp. 19-45.

Marglin, S. and J. Schor eds. (1990) *The Golden Age of Capitalism: Reinterpreting the Postwar Experience*, London: Oxford University Press (磯谷明徳他訳『資本主義の黄金時代』東洋経済新報社, 1993年).

Marion, R. and M. Selowsky (1984) "Energy Prices, Substitution, and Optimal Borrowing in the Short Run," *Journal of Development Economics*, Vol. 14, No. 3, pp. 331-350.

Marion, N, and L. Svensson (1986) "The Terms of Trade between Oil Importers," *Journal of International Economics*, Vol. 20, No. 1/2, pp. 99-113.

McKinnon, R. (1973) *Money and Capital in Development*, Washington, D. C. : Brookings Institute.

McKinnon, R. and W. Oates (1966) "The Implications of International Economic Integration for Monetary, Fiscal, Exchange Rate Policy," *Princeton Studies in International Finance*, No. 16.

McQuillan, L. J and P. C. Montgomery eds. (1999) *The International Monetary Fund: Financial Medic to the World ?*, Stanford: Hoover Institution Press.

Metzler, L. (1973) "Imported Raw Materials, the Transfer Problem, and the Concepts of Income," in *Collected Essays by Lloyd Metzler*, Cambridge: Harvard University Press.

Mosk, S. (1954) *Industrial Revolution in Mexico*, Berkeley: University of California

Press.

Nordhaus, W. (1980) "Oil and Economic Performance in Industrial Countries," *Brookings Papers on Economic Activity*, No. 2, pp. 341-388.

Nurkse, R. (1953) *Problems of Capital Formation in Underdeveloped Countries*, Oxford: Basil Black and Mott (土屋六郎訳『後進諸国の資本形成』厳松堂出版, 1955年).

Obstfeld, M. (1986) "Rational and Self-Fulfilling Balance-of-Payments Crises," *American Economic Review*, Vol. 76, No. 1, pp. 72-81.

Obstfeld, M. (1996) "Models of Currency Crises with Self-Fulfilling Features," *European Economic Review*, Vol. 40, No. 3/5, pp. 1037-1047.

Obstfeld, M. and A. Stockman (1985) "Exchange Rate Dynamics," in R. Jones and P. Kenen eds. ,*Handbook of International Economics*, Vol. II, Amsterdam: North-Holland.

Oks, D. and S. Wijnbergen (1995) "Mexico after the Debt Crisis: Is Growth Sustainable ?," *Journal of Development Economics*, Vol. 47, pp. 155-178.

Ominami, C. (1986) *Le Tiers Monde Dans La Crise: Essai sur Les Transformation Récentes des Rapports Nord-Sud*, Paris: Édition La Découverte (奥村和久訳『第三世界のレギュラシオン理論』大村書店, 1991年).

Ortiz, G. (1991) "Mexico beyond the Debt Crisis: Toward Sustainable Growth with Price Stability," in M. Bruno, et al. eds. ,*Lessons of Economic Stabilization and Its Aftermath*, Cambridge: MIT Press.

Ortiz, G. and L. Solis (1979) "Financial Structure and Exchange Rate Experience: Mexico 1954-1977," *Journal of Development Economics*, Vol. 6, No. 4, pp. 515-548.

Ortiz, G. and L. Solis (1981) "Inflation and Growth: Exchange Rate Alternatives for Mexico," in J. Williamson ed. ,*Exchange Rate Rules: The Theory, Performance and Prospects of the Crawling Peg*, London: Macmillan.

Ortiz, G. and L. Solis (1982) "Currency Substitution and Monetary Independence: The Case of Mexico," in R. N. Cooper et al. eds. ,*The International Monetary System under Flexible Exchange Rate*, Cambridge: Ballinger.

Ötker, I. and C. Pazarbaşioğlu (1996) "Speculative Attacks and Currency Crises: The Mexican Experience," *Open Economies Review*, Vol. 7, pp. 535-552.

Paldam, M. (1987) "Inflation and Political Instability in Eight Latin American Countries 1946-83," *Public Choice*, Vol. 52, No. 2, pp. 143-168.

Pastor. M. (1987a) *The International Monetary Fund and Latin America : Economic Stabilization and Class Conflict*, London: Westview Press.

Pastor. M. (1987b) "The Effects of IMF Programs in the Third World: Debate and Evidence from Latin America," *World Development*, Vol. 15, No. 2, pp. 249-262.

参 考 文 献

Prebisch, R. (1950) *The Economic Development of Latin America and its Principal Problems*, New York: United Nations.

Prebisch, R. (1959) "Commercial Policy in the Underdeveloped Countries," *American Economic Review*, Vol. 49, No. 2, pp. 251-273.

Ramírez, M. (1989) *Mexico's Economic Crisis: Its Origins and Consequences*, New York: Praeger.

Ramírez, M. (1991) "The Impact of Public Investment on Private Capital Formation: A Study Relating to Mexico," *Eastern Economic Journal*, Vol. 27, No. 2, pp. 425-437.

Ramírez, M. (1993a) "Stabilization and Trade Reform in Mexico: 1983-1989," *Journal of Developing Areas*, Vol. 27, No. 2, pp. 173-190.

Ramírez, M. (1993b) "Stabilization and Adjustment in Latin America: A Neo-structuralist Perspective," *Journal of Economic Issues*, Vol. 27, No. 4, pp. 1015-1040.

Ramírez, M. (1994a) "Public and Private Investment in Mexico, 1950-90: An Empirical Analysis," *Southern Economic Journal*, Vol. 61, No. 1, pp. 1-17.

Ramírez, M. (1994b) "Public and Private Investment and Economic Growth in Mexico," *Contemporary Economic Policy*, Vol. 15, No. 1, pp. 65-75.

Ramírez, M. (1996-1997) "The Latest IMF-Sponsored Stabilization Program: Does It Represent a Long-Term Solution for Mexico's Economy ?," *Journal of Interamerican Studies and World Affairs*, Vol. 38, No. 4, pp. 129-156.

Ramírez, M. (1997) "Mexico," in L. Randall ed. ,*The Political Economy of Latin America in the Postwar Period*, Austin: University of Texas Press.

Ranis, G. and J. Fei (1961) "A Theory of Economic Development," *American Economic Review*, Vol. 51, pp. 533-565.

Reichmanne, T. and R. Stillson (1978) "Experience with Programs of Balance of Payments Adjustment: Stand-By Arrangements in the Higher Tranches, 1963-72," *IMF Staff Papers*, Vol. 25, No. 2, pp. 293-309.

Reynolds, C. (1978) "Why Mexico's 'Stabilizing Development' was Actually Destabilizing (With Some Implication for the Future) ," *World Development*, Vol. 6, No. 6, pp. 1005-1018.

Robinson, J. (1962) *Essays in the Theory of Economic Growth*, London: Macmillan（山田克己訳『経済成長論』東洋経済新報社，1963年）.

Robinson, J. (1979) *Aspects of Development and Underdevelopment*, Cambridge: Cambridge University Press（西川潤訳『開発と低開発』岩波書店，1986年）.

Ros, J. (1980) "Pricing in the Mexican Manufacturing Sector," *Cambridge Journal of*

Economics, Vol. 4, No. 3, pp. 211-231.

Ros, J. (1987) "Mexico from the Oil Boom to the Debt Crisis: An Analysis of Policy Responses to External Shocks, 1978-85," in R. Thorp and L. Whitehead eds. , *Latin American Debt and the Adjustment Crisis*, London: Macmillan.

Ros, J. (1994) "Mexico in the 1990s: A New Economic Miracle ? Some Notes on the Economic and Policy Legacy of the 1980s," in M. Cook, K. Middlebrook and J. Horcasitas eds. , *The Politics of Economic Restructuring: State-Society Relations and Regime Change in Mexico*, San Diego: Center for U. S. -Mexican Studies.

Ros, J. and N. Lustig (1987) *Stabilization and Adjustment Programmes and Policies: Mexico*, Helsinki: WIDER.

Ros, J. and G. Rodriguez (1987) "Mexico: Study on the Financial Crisis, the Adjustment Policies and Agricultural Development," *CEPAL Review*, No. 33, pp. 145-155.

Rosenau, J. and E. Czempiel eds. (1992) *Governance withont Government: Order and Change in World Politics*, London: Cambridge University Press.

Rostow, W. W. (1960) *Stages of Economic Growth: A Non-Communist Manifest*, London: Cambridge University Press.

Rowthn. B. (1980) *Capitalism, Conflict and Inflation: Essays in Political Economy*, London: Lawrence and Wishart (藤川昌弘他訳『現代資本主義の論理』新地書房, 1983年) .

Sachs, J. (1979) "Wages, Profits, and Macroeconomic Adjustment: A Comparative Study," *Brookings Papers on Economic Activity*, No. 2, pp. 269-319.

Sachs, J. (1980) "Wages, Flexible Exchange Rates, and Macroeconomic Policy," *Quarterly Journal of Economics*, Vol. 94, No. 4, pp. 731-747.

Sachs, J. (1981) "The Current Account and Macroeconomic Adjustment in the 1970s," *Brookings Papers on Economic Activity*, No. 1, pp. 201-268.

Sachs, J. (1982) "Stabilization Policies in the World Economy: Scope and Skepticism," *American Economic Review*, Vol. 72, No. 2, pp. 56-61.

Sachs, J. (1983) "Energy and Growth under Flexible Exchange Rates: A Simulation Study," in J. Bhandari and B. Putnam eds. , *Economic Interdependence and Flexible Exchange Rates*, Cambridge: MIT Press.

Sachs, J. (1989) "Social Conflict and Populist Policies in Latin America," *NBER Working Paper*, No. 2897.

Sachs. J. (1997) "IMF is Power unto Itself," *Financial Times*, December 11.

Sachs, J. and F. Larrain (1993) *Macroeconomics in the Global Economy*, New York: Prentice-Hall (石井菜穂子他訳『マクロエコノミクス 上, 下』日本評論社, 1996

年).

Sachs, J. ,Tornell, A. and A. Velasco (1996a) "The Mexican Peso Crisis: Sudden Death or Death Foretold," *Journal of International Economics*, Vol. 41, pp. 265-283.

Sachs, J. ,Tornell, A. and A. Velasco (1996b) "The Collapse of the Mexican Peso: What have we learned ?," *Economic Policy*, No. 22, pp. 14-63.

Sawyer, M. (1982) *Macro-Economics in Question: The Keynesian-Monetarist Orthodoxies and the Kaleckian Alternative*, Brighton: Harvester Wheatsheaf Books (元木久訳『新しいマクロ経済学』新評論, 1986年).

Sawyer, M. (1985) *The Economics of Michal Kalecki*, London: Macmillan (緒方俊雄監訳『市場と計画の社会システム』日本経済評論社, 1994年).

Sen, A. (1999) *Development as Freedom*, New York: Alfred A Knopf.

Semerena, J. and M. Ituarte (1986) "Empirical Estimates of Marxian Categories in Mexico: 1970-1975," *Review of Radical Political Economics*, Vol. 18, No. 4, pp. 32-46.

Sepulveda, B. y A. Chumacero (1973) *La Inversión Extranjera en México*, México: Fondo de Cultura Económica.

Shaw, E. (1973) *Financial Deeping in Economic Development*, London: Oxford University Press.

Simonsen, M. (1983) "Indexation: Current Theory and the Brazilian Experience," in R. Dornbusch and M. Simonsen eds. , *Inflation, Debt and Indexation*, Cambridge: MIT Press.

Singer, H. W. (1950) "The Distribution of Gains between Investing and Borrowing Countries," *American Economic Review*, Vol. 40, No. 2, pp. 473-485.

Solis, L. (1970) *La Realidad Económica Mexicana: Retrovisión y Perspectivas*, México: Siglo XXI.

Solis, L. (1981) *Economic Policy Reform in Mexico: A Case Study for Developing Country*, New York: Pergamon Press.

Spencer, G. (1983) "Real Exchange Rate Adjustment to Exogeneous Terms of Trade Shocks," *IMF Staff Papers*, Vol. 30, No. 3, pp. 570-600.

Spraos, J. (1986) "IMF Conditionality: Ineffectual, Inefficient, Mistargeted," *Essays in International Finance*, No. 166.

Stiglitz, J. E. (1998) "The Role of International Financial Institutions in the Current Global Economy," Address to the Chicago Council on Foreign Relations, February 27.

Story, D. (1982) "Trade Politics in the Third World: A Case Study of the Mexican GATT Decision," *International Organization*, Vol. 36, No. 4, pp. 767-794.

Sunkel, O. (1966) "The Structural Background of Development Problems in Latin America," *Weltwirtschaftliches Archiv*, Band 97, Heft 1, pp. 22-60.

Taylor, L. (1978) "Efeitos a Curto Prazo da Desvalorização Cambial sobre as Economias Semiindustrializadas: Um Passo para Frente, Dois para Trás," *Pasqisa e Planejamento Econômico*, Vol. 8, N. 2, pp. 425-436.

Taylor, L. (1979) *Macro Models for Developing Countries*, New York: McGraw-Hill.

Taylor, L. (1981) "South-North Trade and Southern Growth," *Journal of International Economics*, Vol. 11, No. 4, pp. 589-602.

Taylor, L. (1982) "Food Price Inflation, Terms of Trade and Growth," in M. Gersovitz, C. Díaz Alejandro, G. Ranis and M. Rosenzweig eds. ,*The Theory and Experience of Economic Development: Essays in Honor of Sir W. Arthur Lewis*, London: George Allenn & Unwin.

Taylor, L. (1983) *Structuralist Macroeconomics: Applicable Models for the Third World*, New York: Basic Books.

Taylor, L. (1984) "La Crisis y su Porvenir: Problemas de Politica Macroeconómica en México," *Investigación Económica*, Vol. 43, No. 170, pp. 283-311.

Taylor, L. (1989) *Stabilization and Growth in Developing Countries: A Structuralist Approach*, New York: Harwood Academic Publishers.

Taylor, L. (1990) "Real and Money Wages, Output and Inflation in the Semi- industrialized World," *Economica*, Vol. 57, No. 227, pp. 329-353.

Taylor, L. (1991) *Income Distribution, Inflation and Growth: Lectures on Structuralist Macroeconomic Theory*, Cambridge: MIT Press.

Taylor, L. and P. Arida (1988) "Long-run Income Distribution and Growth," in H. Chenery and T. Srinivasan eds. ,*Handbook of Development Economics, Vol. 1*, North-Holland: Elservier Science Publishers.

Teichman. J. (1988) *Policymaking in Mexico: From Boom to Crisis*, London: George Allen & Unwin.

Tobin, J. (1978) "A Proposal for International Monetary Reform," *Eastern Economic Journal*, Vol. 4, pp. 153-159.

Velasco, A. (1991) "Monetarism and Structuralism: Some Macroeconomic Lessons," in P. Meller ed. ,*The Latin American Development Debate: Neostructuralism, Neomonetarism, and Adjustment Process*, Boulder: Westview Press.

Veltmeyer, H, Petras, J. and S. Vieux (1997) *Neoliberalism and Class Conflict in Latin America: A Comparative Perspective on the Political Economy of Structural Adjustment*, London: Macmillan.

Verleger, P. (1982) "The Determinants of Official OPEC Crude Prices," *Review of*

参考文献

Economics and Statistics, Vol. 64, No. 2, pp. 177-183.

Villarreal, R. (1988) *Industrialización, Deuda y Desequilibrio Externo en México: Unenfoque Neostructuralista 1929-1988*, México: Fondo de Cultura Economica.

Wallerstein, I. (1974) *The Modern World-System*, New York: Academic Press.

Wallerstein, I. (1979) *The Capitalist World-Economy*, Cambridge: Cambridge University Press.

Warman, F. and A. Thirlwall (1994) "Interest Rates, Saving, Investment and Growth in Mexico 1960-90: Tests of the Financial Liberalisation Hypothesis," *Journal of Development Studies*, Vol. 30, No. 3, pp. 629-649.

Weintraub, S. (1981) "Case Study of Economic Stabilization: Mexico," in W. R. Cline and S. Weintraub eds. ,*Economic Stabilization in Developing Countries*, Washington, D. C. : Brookings Institution.

Weintraub, S. (2000) *Financial Decision-Making in Mexico: To be a Nation*, London Macmillan.

Weiss, J. (1999) "Trade Reform and Manufacturing Performance in Mexico: From Import Substitution to Dramatic Export Growth," *Journal of Latin American Studies*, Vol. 31, pp. 151-166.

Whitehead, L. (1980) "Mexico from Bust to Boom: A Political Evaluation of the 1976 -1979 Stabilization Programme," *World Development*, Vol. 8, No. 11, pp. 843-864.

Wijnbergen, S. (1991) "Mexico and the Brady Plan," *Economic Policy*, No. 12, pp. 14 -56.

Williamson, J. ed. (1983) *IMF Conditionality*, Washington, D. C. : Institute for International Economics.

Wilson, P. (1992) *Exports and Local Development: Mexico's New Maquiladoras*, Austin: University of Texas Press.

World Bank (1987) *Mexico after the Oil Boom*, Washington, D. C. : World Bank.

World Bank (1989) *Towards Growth: Structural Reform and Macroeconomic Stability in Mexico*, Washington, D. C. : World Bank.

World Bank (1993) *The East Asian Miracle: Economic Growth and Public Policy*, London: Oxford University Press (白鳥正喜監訳『東アジアの奇跡』東洋経済新報社, 1994年) .

Zedillo, E. (1985) "The Mexican External Debt: The Last Decade," in M. Wionczek ed., *Politics and Economics of External Debt Crisis: The Latin American Experience*, London: Westview Press.

Zedillo, E. (1986) "Mexico's Recent Balance of Payments Experience and Prospects for Growth," *World Development*, Vol. 14, No. 8, pp. 963-991.

Zedillo, E. (1995) *Primer Informe de Gobierno: Anexo*, México: Presidencia de la Republica.

邦語文献

青木昌彦・奥野正寛編 (1996)『経済システムの比較制度分析』東京大学出版会.

吾郷健二 (1988)『第三世界論への視座』世界書院.

浅田統一郎 (1997)『成長と循環のマクロ動学』日本経済評論社.

足立英之 (1994)『マクロ動学の理論』有斐閣.

石黒 馨 (1993)「経済自由化と市場経済統合の試み」小池洋一・西島章次編『ラテンアメリカの経済』新評論.

伊藤誠・野口真・横川信治編 (1996)『マルクスの逆襲』日本評論社.

植村博恭・磯谷明徳・海老塚明 (1998)『社会経済システムの制度分析』名古屋大学出版会.

絵所秀紀 (1997)『開発の政治経済学』日本評論社.

大野健一 (1996)『市場移行戦略』有斐閣.

置塩信雄 (1965)『資本制経済の基礎理論』創文社.

置塩信雄 (1976a)『蓄積論』筑摩書房.

置塩信雄 (1976b)『近代経済学批判』有斐閣.

置塩信雄 (1977a)『現代経済学』筑摩書房.

置塩信雄 (1977b)『マルクス経済学』筑摩書房.

置塩信雄 (1980)『現代資本主義分析の課題』岩波書店.

置塩信雄 (1987)『マルクス経済学II』筑摩書房.

置塩信雄 (1988)『現代経済学II』筑摩書房.

加藤哲郎 (1986)『国家論のルネサンス』青木書店.

河合正弘 (1986)『国際金融と開放マクロ経済学』東洋経済新報社.

斉藤 誠 (1996)『新しいマクロ経済学』有斐閣.

白井早百合 (1999)『検証 IMF経済政策』東洋経済新報社.

恒川恵市 (1988)『従属の政治経済学 メキシコ』東京大学出版会.

寺西重郎 (1995)『経済開発と途上国債務』東京大学出版会.

中谷 武 (1994)『価値, 価格と利潤の経済学』勁草書房.

西川潤編 (1997)『社会開発』有斐閣.

西向嘉昭 (1964)『ブラジルの工業化とインフレーション』アジア経済研究所.

西向嘉昭 (1981)『ラテンアメリカ経済統合論』有斐閣.

速水佑次郎 (1995)『開発経済学』創文社.

原洋之介 (1996a)『開発経済論』岩波書店.

原洋之介 (1996b)『アジア・ダイナミズム』NTT出版.

本多健吉 (1986)『資本主義と南北問題』新評論.

毛利良一（1988）『国際債務危機の経済学』東洋経済新報社.

森嶋通夫（1983）『無資源国の経済学』岩波書店.

薮田雅弘（1997）『資本主義経済の発展と変動』九州大学出版会.

山田鋭夫（1994）『レギュラシオン・アプローチ〔増補新版〕』藤原書店.

ローソン，ボブ（1994）『構造変化と資本主義経済の調整』学文社.

渡辺利夫（1995）『新世紀アジアの構想』ちくま新書.

事 項 索 引

ア行

IMF　6,9,17,18,127,130,140,154,175,180,
　190,228,241
IMF 経済調整プログラム　239,240
IMF の経済安定化政策　128,153,175-177,
　180,183,190-193,196,201,204,208-210
IDB　241
ILO　8
アウストラル計画　144
アジア通貨危機　242
アセット・アプローチ　30　38
アフスタボノス(Ajustabonos)　226
アペルトゥーラ　139
アメリカ　224,228,240-243
安定成長期　135,136,138
安定成長プログラム　138
鞍点　164
位相図　34,46,66,97,107,164,167,170,198,
　200,221
一次産品価格　88,92,98-101,103
一次産品交易条件　16,84,88,89,92,94,97-
　105,108-110,177
一次産品の交易条件悪化論　94
一般借入取極(GAB)　242
一般物価水準　24,37,38,40-43,56,69,70,88,
147,157
インデクセーション　145,184,186,189,208
インフレ課税　61,75,81,82,204,207
インフレ期待　56,194-196,200,209
インフレーション　33,35,68,69,71,127,135,
137,138,141,145,147,148,160,165,175,180,
187,188,194,196,198,201,203,206-209,211-
213,216,225,231,241
インフレ・スパイラル　71
インフレ成長期　137
インフレ調整後の財政赤字(operational deficit)
140,142,143,148,149,194,195
インフレ率　52,69,70,75,76,78,80,138-140,
142,145,160,163,186,189,198,206,207
失われた10年　189
後ろ向きの推論　232,234

衛星的資本主義　10
ADB　241
営農インセンティブ　57
エヒード　122
エヒダタリオ　122
FF レート　227
FRB　227
OECD　241
置塩型投資関数　32
オーソドックス型の経済安定化政策　18,143,
153,154,160,165,193,198,208,211,221,225
オーソドックス型の経済システム　166
オーソドックス型のショック療法　201,205
オーソドックス型の漸進主義　193,201,207,
217
OPEC　89

カ行

外貨準備　181,223,230,238
外貨制約　178
階級対立　6,14,15,23,25,48,53,86,133,183,
196
階級同盟　5,6,121,125
外国政府債券　29　30
外国政府債券比率　42,44
外国利子率　79,80,147,186,191,197
外資法改正　226
開発主義　4
外部経済　10
拡大構造調整融資(ESAF)　180
拡大信用融資(EFF)　180
寡占企業　15,23,25,36
加速度的減価償却制度　145,205,207
GATT　126,130
稼働率　24,25,29,32,33,36,38-41,43-45,48,
52,54,65,66,68-70,72,73,75,84,87,92,94,
　97-106,156,162,184,185,187-189,217,218
貨幣供給量　31
貨幣形態　121,122
貨幣残高需要　181

貨幣賃金率　24,26,34,36-41,52,55,57,66,
　69,70,84,88,97,101,102,147,157,163-165,
178,189,195,218
貨幣的成長モデル　53
カルドア・ヴェルドーン法則　25
カレツキー・マルクス型　15,23,35,53,56,
66,86,97,155,183
為替安定基金　228,243
為替切り下げ期待　197
為替政策　202,212
為替調整　160,207,210,219
為替・物価のスパイラル　71
為替レート　27,33,36,37,40,55,135-137,
157,163,184
為替レート決定理論　30
為替レートの切り下げ　182,183,188,195,208
為替レートの予想減価率　31
関税　117,130,138
慣性インフレ　17-19,25,52,145,153,154,
170,196,208,212,216
間接税　143,202,207
完全代替　30,31
完備情報ゲーム　232
元本償還　91
元本償還比率　60,91
管理レート　144,203,212
危機管理　223,224,233,236,243
危機管理曲線　236
危機管理の信頼性　18,223,236,238,242
企業家調整委員会(CCE)　127
基準為替レート　159
規制緩和　171
偽装失業　7
期待インフレ課税　58
期待インフレ率　32,43,44,55,157,186,210,
211
期待為替レート　230,238
期待投機収益　230
機能的所得分配　12
強制預託制度　240
競争形態　121,122
局所的安定性　73
緊急経済再編計画(PIRE)　131
緊急経済政策(AUSEE)　227,237
緊急融資機構(EFM)　241

銀行預金保護機構(FOBAPROA)　228
均整成長論　7
金融支援の信頼性　235
金融資産　61
金融資産比率　70,73,74,78,79
金融システムの健全性　238
金融自由化　75,130,182,213,225
金融政策　138,204,213
金融政策の独立性　240
金融抑圧モデル　76
繰り返しゲーム　236
クルザード計画　71,144
グローバル・ガバナンス　224,238,241,242
クローリングバンド　30,161,225
クローリングペッグ　30,52,56,59,69,71,
144,160,161,195,225
景気後退　176,205,208,240
経済開発の2部門モデル　15
経済自由化　126
経済成長　137,175,180,201,205,207,210,214
経済成長率　136,140,142,144
経済調整期　16,136
経済調整の政治学　6,183
経済の安定と成長のための協定(PECE)
144,161,169,211,212
経済連帯協定(PSE)　17,144,153,154,161,
169,211,212
経常収支　29,39,141,146,197
経常収支赤字　91,137,147-149,194,214,216,
224,225
経常収支赤字比率　72,136,139,140,142
経常収支比率　39,41,44
経常収支不均衡　84
ケインズ型失業　26
決定係数 R^2　149
権威主義　122,190
権威主義体制　5,6,48,49
権威主義的コーポラティズム　130
顕示比較優位指数　182
現物為替レート　230
憲法第27条，第123条　122
権力基盤　122
高インフレーション　215
交易条件　99,108,178,185
交易条件悪化論　7,10

事項索引　　267

高関税政策　121
工業化　4,121,177
工業製品価格　52,70,84,98,99,101,102
公共投資　119,141,143,190,202,205,209,219
公共投資主導型　128,139,141
高金利政策　214,240
構造改革　168,169,171,201,202,204
構造学派　12
構造主義　7,10,12,51,52,69,198
構造主義マクロ経済学　3,5,11,12,15,23,51,
52,83,92,154,155,175,193
構造調整　6,176,179,183,190
構造調整融資(SAF)　179,180
購買力平価説　38
後発性の利益　8
効率賃金　182
国際カルテル　92
国際金融支援　18,223,224,228,231,238,241,
242
国際金融資本　224,228-239
国際決済銀行(BIS)　228
国際資本移動　240
国際収支　160,165,175,176,180,187,188,
197,198,201,205,207,210,213,219
国際収支赤字比率　102,103,105
国際収支危機　229
国際収支の均衡条件　60,159,186,219
国際収支のマネタリーアプローチ　181
国際利子率　91,105,106,110,224,226,230
国際レジーム　122
国内信用　181,204,238
国内政治不安　224,227,230
国内利子率　74-76,78,80,158
国民革命党(PNR)　125
国民行動党(PAN)　125
国立開発銀行(Nacional Financiera)　123
国連ラテンアメリカ経済委員会(ECLA)
10,12,117
国家介入　7-10,14,116,127,205
国家開発計画　203
国家形態　121,122
国家主導型　16,23,51,68,116,117,123,126,
136,139,178
固定為替レート　87,135,136,138,223,225,
238

古典派経済学　8
古典派の2分法　13
混合型蓄積体制　13,117
混合戦略　234
コンディショナリティー　130,140,175,179

サ 行

最高輸入関税率　213
最後の貸し手　231
最小二乗法(OLS)　148,149
財政赤字　61,136,138,141,143,160,165,194,
197,202,225
財政赤字比率　79,80
財政政策　138,201,208,213
最低賃金　212
最低賃金制　124
債務危機　136,143,153,177,179,193
債務サービス比率　16,84,102,103,129
債務削減政策　180
債務残高比率　16,73,78,79,84,104,105,106,
110,165,171,177,191,198
債務返済能力　176,183
債務返済の繰り延べ(リスケジューリング)
179
先物カバーなしの金利裁定条件　31
サパティスタ民族解放軍(EZLN)　227
サブゲーム完全ナッシュ均衡　232
サプライサイド政策　17,180,182,183
サリーナストロイカ　130
SAM　141
産業労働協定　124
産出資本係数　156,218
産出投入係数　90
資源分配　7,182
自己充足的予想論　224
資産市場　30
支出切り替え政策　180,182
市場経済　4,9,14
市場支配力　92
市場の完全性　10
市場の失敗　4,7,8,121
市場補完的アプローチ　9
G7，IMF　224,228,241-243
自然失業率　26,34,56,88,97,218
失業・雇用問題　3

失業率　41,209
実質貨幣供給　31
実質貨幣残高　163
実質為替レート　24,27,28,33,37,38,39-41,
　43,44,52,56,119,135,136,137,141,146,
　157,158,160,162,163,189,196,198,203,
　207,210,213,216,219,225
実質実効為替レート　141,142
実質純輸出比率　29,39-41
実質消費需要　28
実質石油価格　84,89,99-104,109
実質賃金率　26-28,37,38,41,55,57,69,70,
　74,84,88,89,101,102,124,126-127,129,131,
　133,144,158,164,165,186,189,203,207,209
実質民間可処分所得　28,40
実質利子率　24,32,43-45,48,55,186,191
支払準備率　239
資本移動の規制　239
資本家階級　5,6,12
資本収支　225
資本ストック　25,54,87,156
資本ストック比率　70,73-76,78,80,93
資本蓄積　123,126,127,156,171,183
資本蓄積率　31,32,36,37-39,42,43,55,59,60,
　70,72,73,75,78,79,88,90,104-106,108,
　110,186,191,197,218
資本蓄積レジーム　66,97
資本逃避　127,136,141,142,177,197,204
資本取引規制　239
資本取引の自由化　239,240
資本輸出　159
資本流出　227,239
社会開発論　8
社会協約　161,214,227
社会経済構造　14,19
社会主義革命　11
社会的セーフティネット　241
収穫逓増　10
従属論　8,10,14,15
自由度修正済決定係数(R²)　149
周辺部フォード主義　13,25,31,34,43,53,
　117,132
需要の所得弾力性　100
循環的失業率　26
準均衡　33-36,38,66,96

純粋戦略　232
消費バスケット　27,56,88,147,157
情報構造　231
情報集合　232,234,235
情報の不完全性　10
剰余生産物　116
食糧供給公社(CONASUPO)　57,124
ショック療法　15,193,198,200,221
所得税　59,158,159
所得政策　161,169,198-200,212,215
所得弾力性　117
所得分配　23,48,49,121,176,196
シンガー・プレビッシュ命題　100,178
新規借入取極(NAB)　242
新規融資(ニューマネー)　179
新構造主義　12
新国際分業論　85
新古典派　8,9,14,15
新制度学派　8,9
浸透(pass through)効果　71
信認　231,241
真の財政赤字　81,82
新宮沢構想　242
信用規制　213,225
信用割り当て　225
スタグフレーション　35,66,97
スタグフレーション期　136
スタンドバイ融資(SB)　180,228
政策介入のコスト　18,223,235,238,240,241
生産関数　25,86,90,155
生産性インデックス賃金　25
生産物価格　24,26,36-38,40,41,157
生産物賃金　84,88,100-102,186
政治経済学派　8,11,14,15
政治体制　6,122,215
正常稼働率　32,55,156
製造業促進法　136
成長の共有　139
制度形態　120,121,123,124,126,127
制度的革命党(PRI)　125
制度の実質賃金率　57,66
政府支出比率　68,72
政府の失敗　5,10,177
世界銀行　6,9,129,130,180,190,241
世界銀行＝IMF主導型　16,116,126,129,130

世界システム論　10
世界資本主義　10,11
石油価格　83,87
石油投入係数　87
石油ブーム期　16,136,141
石油輸出国　85
セテス(Cetes)　223,238
前工業的蓄積体制　90
選好順序　230,231
全国商業会議所(CONCANACO)　127
全国製造業会議所　124
全国農民連合(CNC)　122
戦時経済戦略　133
先進資本主義国　85,86
漸進主義　198,200,221
前方・後方の連関効果　178
全要素生産性　182
早熟的な独占化　25,26,121,122,127
総需要抑制政策　17,143,154,160,165,168,
　176,179,181-183,187,190,198,199,202,
　208-211
租税　29,60

夕行

ダービン・ワトソン統計量　150
第1次輸入代替期　117
対外債務　127,141,142,159
対外債務残高　73,80,147,197
対外債務残高比率　160,163,186
対外不均衡　19,24,44,135,136,146,147,149,
　160,194,197,206,219
対外不均衡の累積過程　42
対抗インフレ　25,34
第2次輸入代替期　117
多国籍企業　119,126
短期資本　141,225
短期資本移動　240
短期資本収支　216,224
短期準均衡　96
小さな政府　9
蓄積体制　13,115,116,119,120,122,126-131,
　139,146
地代蓄積体制　91
中央銀行(Banco de México)　123
中産階級　48,49

長期期待資本蓄積率　32,55,156,186,218
長期均衡予想レート　31,39
調整コスト　176,182,183,188,209
調整的貨幣成長ルール　30
直接投資　119,214
賃金・為替のインデクセーション　15,52,56,
　69,71
賃金主導型成長　40
賃金・物価・為替のスパイラル　17,71,
　153-155,162,164,165,167,170,197,208
賃金交渉　157
賃金政策　144,203,212
賃金調整　194,207,210
賃金要求行動　35-45,48
賃労働関係　16,116,120-122,124,129,131,
　178
通貨安定　229
通貨危機　19,135,188,214,223,224,229,232,
　233,236,239
通貨攻防　236
通貨投機　135,229-233,235-237,240,241,243
通貨投機ゲーム　233,234
通貨投機の期待収益　18,223,238
通貨投機のコスト　18,223,230,238-241
通貨投機の誘惑　235
通貨当局　228-237,239,241
通貨防衛　232
t値　149,150
低金利政策　75,182
テキーラ効果　237
テソボノス(Tesobonos)　223
デノミ　225
デモンストレーション効果　85,91
テーラー主義　126
テーラー展開　33,43,65,73,94,104,163,166,
　169,220
動学ゲーム　228
投資関数　156,190
投資決定行動　24,32,42-45,48,186
特性根　34,66,77,96,163,167,170,220
特性方程式　34,45,66,77,96,106,163,167,
　170,220
特別データ公表標準(SDDS)　243
トービン税　240
トランスファー効果　99

トリックルダウン仮説　8,177
取引費用　10

ナ行

内国債　60,61
内国債保有残高　158
内国債保有残高比率　218
内需主導型　133
南北経済構造　84,105-107,109-111
南北経済のフローチャート　95
南北経済モデル　16,83
南北資本ストック比率　103-105,107,110
NAFTA　126,130,132,133,227,228
二重為替レート制　142,203
2部門モデルの経済連関表　62,63
2部門モデルのフローチャート　64
ニューケインジアン　8,18
ニュー・ヘテロドックス　168,199
ネオ・コーポラティズム　125
ネオリベラリズム　8,116,126,130,142
農業余剰　178
農工関係　16,116,120,122-124,127,128,155,
　177,178
農村オルガルキー　48
農産物価格　52,66,69,70,185
農産物交易条件　16,52,53,56,57,65,66,68-
　70,73-76,78,80,186,187
農地改革　124

ハ行

ハイパー・インフレーション　72,215
発展段階論　8
発展の地域性　9
バルガス主義　6
半失業者　4
BIS　24
BHN　8
p 値　149,150
非産油途上国　85,90
非産油途上国成長輸出型　106,109
非産油途上国成長輸入型　105,106
必要交易条件　28
評判効果　243
貧困の悪循環　7
ファンダメンタルズ　224,230,236,238,239

フィードバック(feed back)効果　71,196,203
フォーディズム　126
付加価値税　241
不完全稼動　23,86,183
不完全雇用　23,54,86,183
不完備情報　228,236
不完備情報ゲーム　234
不均整成長論　7
複合社会　10
ブレイディー提案　171,176,180,214
分配問題　6
ベーカー提案　129,176,179
ヘテロドックス型　154,170,199
ヘテロドックス型政策　17,212-214
ヘテロドックス型の経済安定化政策　18,144,
　145,161,168,169,171,198-212,221,225
ヘテロドックス型のショック療法　143,193,211
ペロン主義　6
変動為替レート制　30,223
貿易自由化　122,127,130,132,168,169,182,
　205
貿易収支　13,146,147,159,197,205-207
貿易収支赤字　61,186,214
貿易収支赤字比率　70,72-74,78,80
法人資産税　213
法定最低賃金　196,217,218
補完的融資制度(SRF)　242
北米枠組み合意(NAFA)　228,241
保護主義　117,132,138
保護貿易　121,122
ポストケインジアン　12,18
ポピュリスト　125,128,130
ポピュリズム　5,6,39,48,49,120-122,125,
　127,139,190
ボンデス(Bondes)　226

マ行

マキラドーラ　131,132,206
マークアップ　26,42,50,55,87,100,147,155,
　157,164,165,171,183,185,186,217-219
マクロ経済構造　5,11,23,24,42,45,46,48,
　51,75-79,164,166,167,170,183
マクロ経済成果　5,6,11,23,24,48,51
マーシャル・ラーナー条件　29
マッキノン＝オーツの長期均衡　73,78

事項索引　271

マニラ・フレームワーク　242
マネタリスト　8,198
マルクス型失業　26
マルクス経済学　12
民営化　130,169,171,182,205
民間主導型　16
無制限的労働供給　54,57
名目為替レート　24,38,137,216,225,241
名目利子率　138
メキシコ革命　121
メキシコ革命党(PRM)　125
メキシコ石油公社(PEMEX)　128
メキシコの奇跡　51,115,139
メキシコの通貨危機　223,237
メキシコ労働者連合(CTM)　122,124
メジャー　83
メトロポリス(中枢)＝サテライト(衛星)構造　10,11,14
目標インフレ率　160,200,219
モラトリアム　175
モラル・ハザード　231,243

ヤ行

有効需要　28,40,57,69,156,184,185,205,218
輸出志向工業化　5,116,118,122,129,132,133,205,208
輸出税　178
輸出補助金　204
輸入インフレ　127,136,141,195
輸入規制　204
輸入許可制　117,119,121,130,132,136,138,204
輸入自由化　130,132,142,144,146,182,203,204,213
輸入代替工業化　4,5,7,8,48,52,53,75,118-122,124,133,135,138,139,177,181
輸入中間財　55
要求稼働率　186,218
要求交易条件　92
要求実質賃金率　26,28,34,88,89,97,157,161,218
要素集約性　133
抑止モデル　223,228
予告為替レート　204
余剰労働力　54,118

予防的クレジットライン(CCL)　242

ラ行

ラカンドン密林宣言　227
ラディカル派経済学　11,13
リカードの罠　52
利子課税　138
利潤所得者　58,69,158,218
利潤率　69,88,96,104,106,126,127,178
リベラリズム　4
流血的テーラー化　132
流動性危機　179
ルース・ハーヴィッツの判定定理　34
ルュング・ボックス(Ljung and Box)のQ統計量　150
歴史経路依存的　9
レギュラシオン理論　11,13,19
労働インセンティブ　26
労働議会(CT)　125
労働コスト　26
労働者階級　6,12,23,125
労働者の交渉力　196
労働者の賃金要求行動　24
労働生産性　25,126-128,178
労働投入係数　25,54,87,147,155,156,218
労働分配率　176,186,190,209
ロビンソンの安定条件　96

ワ行

ワシントン・コンセンサス　180
割高な為替レート　119,121,135,138,139
ワルラス法則　30

人名索引

Aboites, J.   13,19,57,115,117,120,121,123, 125,126

Adams, F.   83,84,92

Addison, T.   176

Aglietta, M.   13

Alemán, M.   136

Allende, S.   48

Amin, S.   11

Anderson, J.   209

Aoki, M.   9

Arndt, H.   8

Aspe, P.   215

Aspra, L.   119,133

Ayala, J.   155,208

Bacha, E.   51,52,56,176

Baer, W.   56

Balassa, B.   9,83,138

Barkin, D.   52,54,57,60,133,141,157,159

Barro, R.   231

Bazdresch, C.   48,122,139,140

Beckerman, P.   56

Beveridge, W.   175

Blanco, H.   141

Bonelli, R.   51

Bowles, S.   13

Boyer, R.   13,121

Branson, W.   26,27

Bruno, M.   26,28

Buffie, E.   140

Buira, A.   175

Buiter, W.   27

Calvo, G.   224,236

Calles, P.   121

Canavese, A.   69

Cárdenas, L.   6,120,122,128,139

Cardoso, E.   11,49,52,71,137,142,144,153, 168,194,195,198,199,203,209

Carstens, A.   227

Casar, J.   53

Chenery, H.   7

Chichilnisky, G.   52

Chu, K.   92

Clavijo, F.   217

Coclcroft, J.   121

Cole, H.   224

Colosio, L.   227,238

Corden, W.   99

Crockett, A.   175,180

Cumby, R.   141

Czempiel, E.   238

de la Madrid, M.   128,130

De Gregorio, J.   240,242

Dell, S.   176

Demery, L.   176

Díaz Alejandro, C.   188

Donovan, D.   175

Dornbusch, R.   28,38,39,49,56,71,72,150, 153,168,170,176,194,195,196,199,224,225

Dos Santos, T.   11

Duran, C.   155,208

Dutt, A.   12,23

Eaton, J.   176

Eatwell, J.   243

Echeverría, L.   48,124,127,139,141

Edwards, S.   49,190,225

Eichengreen, B.   229

Faletto, E.   11

Fei, J.   53

Feldstein, M.   239

Ffrench-Davis, R.   12

Fischer, S.   39,240

FitzGerald, E.   12,117,139,141

Flood, R.   224,230

Frank, A.G.   10

Frantz, R.   209

Frederiksen, P.   217

Frenkel, J.   30

Frieden, J.   197,239,241

Friedman, M.   231

人名索引 273

Fröbel, F.　85

Garber, P.　141,224,230
García, A.　48
Garcia-Alba, P.　137
Gershenkron, A.　8
Gibson, E.　131,133,155,217
Gil-Díaz, F.　149,150,165,171,194-197,212,
　227
Gintis, H.　13
Gordon, D.　13
Grauwe, D.　27
Griffin, J.　89

Haggard, S.　6
Heinrichs, J.　85
Helwege, A.　49
Hirschman, A.　7,178
Hubbard, R.　87
Huntington, S.　5

Ize, A.　141,155,159,217

Jameson, K.　7
Janssens, M.　27
Johnson, O.　175
Johnston, B.　54

Kaldor, N.　12
Kalecki, M.　12,26
Kate, A.　130,182,215
Kaufman, R.　6,48,125,131,141,164,209
Kay, C.　7
Kehoe, T.　224
Kelly, M.　175
Kenen, P.　236,242
Khan, M.　60,83,175,180
Killick, T.　176
Kim, H.　9
King, T.　118,119
Kirkpatrik, C.　176
Knight, M.　83,175,180
Kouri, P.　28
Kreye, O.　85
Krueger, A.　9,30

Krugman, P.　162,180,188,224,230
Kuczynski, P.　175,179

Laclau, E.　5,11,121
Lal, D.　9
Larrain, F.　188,189
Leliaert, H.　27
Levin, J.　56
Levy, S.　48,122,137,139,140,142,144,153,
　194,195,203
Lewis, W.　53,54,85
Lipietz, A.　13,25,26,31,34,43,50,53,117,
　132
Loony, R.　165,194,217
Lopes, F.　52,56
López Portillo, J.　128,139
Loser, C.　242,243
Lustig, N.　7,13,145,146,155,165,168,169,
　189,194,205-209,217,225,228,239

Malan, P.　51
Marglin, S.　13,26,96
Marion, R.　83,84,93
Marquez, J.　83,84,92
Massieu, J.　227
Massieu, M.　227
McKinnon, R.　73,75,182
Meller, J.　54
Mendoza, E.　224,236
Metzler, L.　99
Miller, M.　27
Modiano, M.　52,56
Morrison, T.　92
Mosk, S.　117
Mussa, M.　30

Nelson, J.　5
Nordhaus, W.　83
Nurkse, R.　7,85

Oates, W.　73
Obregón, A.　121
Obstfeld, M.　30,141,224,228
Oks, D.　171,215
Okuno-Fujiwara, M.　9

Ominami, C.　13,85,90,91,117
Onis, Z.　176
Ortiz, G.　141,159,168
Ötker, I.　224,238

Paldam, M.　209
Pastor, M.　175,176
Pazarbaşiöglu, C.　224,238
Pérez, C.　48
Peron, J.　48
Petras, J.　131
Prebisch, R.　7,10,94,99,117

Ramírez, M.　119,126,132,142,144,155,
　156,165,176,189,190,209
Ranis, G.　53
Reichmanne, T.　175
Reynolds, C.　138
Robinson, J.　57,87
Rodriguez, G.　155,165
Ros, J.　53,131,139,141,144,145,146,155,
　159,166,168,169,182,194,195,202,203,205
Rose, A.　229
Rosenau, J.　238
Rostow, W.W.　7
Rotemberg, J.　26
Rowthn, B.　13

Sachs, J.　26,28,49,83,121,188,189,224,
　226,231,238,240
Salas, J.　155,217
Salinas, C.　130,154,171
Salop, J.　175
Sarney, J.　48
Sawyer, M.　12
Selowsky, M.　93
Sen, A.　8
Serra-Puche, J.　137
Shaw, E.　75,182
Shor, J.　13,26,96
Simonsen, M.　56
Singer, H.　7,10,94
Solis, L.　141
Spencer, G.　27
Spraos, J.　176

Stallings, B.　48,131,141
Stiglitz, J.E.　240
Stillson, R.　175
Stockman, A.　30
Story, D.　131
Sunkel, O.　7
Svensson, L.　83,84

Taylor, L.　12,23,52,72,83,84,155,162,
　165,176,188,194,217,243
Teece, D.　89
Tercero, R.　171,194,195,196,197,212
Thirlwall, A.　75,130,191
Tobin, J.　240
Tornell, A.　224,226,231,238

UlHaque, N.　60

Velasco, A.　52,224,226,231,238
Veltmeyer, H.　131
Verleger, P.　89
Vieux, S.　131
Villarreal, R.　155

Wallerstein, I.　11
Warman, F.　75,130,191
Weintraub, S.　140,227
Weiss, J.　182
Weisskopf, T.　13
Werner, A.　171,224,225
Whitehead, L.　140
Wijnbergen, S.　171,180,215
Williams, E.　242,243
Williamson, J.　176
Wilson, P.　132
Wyplosz, C.　229

Zedillo, E.　130,165,197

青木昌彦　9
浅田統一郎　12
足立英之　12

人名索引

磯谷明徳　15,40
伊藤誠　13

植村博恭　15,40

絵所秀紀　8,9,183
海老塚明　15,40

大野健一　183
置塩信雄　12,14,23,32
奥野正寛　9

加藤哲郎　125
河合正弘　30

斉藤誠　18

白井早百合　180,181,190,239

恒川惠市　11

寺西重郎　177,183,191

中谷武　12

西川潤　8
西向嘉昭　69,117

野口真　13

速水佑次郎　8,52,126

本多健吉　11

毛利良一　175,176
森嶋通夫　26

薮田雅弘　12
山田鋭夫　13

横川信治　13

渡辺利夫　5

著者略歴
1954年　愛知県に生まれる
1985年　神戸大学大学院経済学研究科博士課程修了
現　在　神戸大学大学院経済学研究科教授
専　攻　国際経済学，国際政治経済学．博士（経済学）
著訳書　『国際政治経済の理論』（勁草書房，1998年）
　　　　『現代の国際政治経済学』（共編著，法律文化社，1998年）
　　　　『覇権後の国際政治経済学』（共訳，晃洋書房，1998年）
　　　　『ラテンアメリカが語る近代』（共編著，世界思想社，1998年）
　　　　『ラテンアメリカの経済』（共著，新評論，1993年）
　　　　『ラテンアメリカのインフレーション』（共著，アジア経済
　　　　　出版会，1990年）

開発の国際政治経済学
構造主義マクロ経済学とメキシコ経済

2001年8月10日　第1版第1刷発行

著　者　石　黒　　馨
　　　　（いしぐろ　かおる）
発行者　井　村　寿　人

発行所　株式会社　勁　草　書　房
　　　　　　　　　　　（けい　そう）
112-0005 東京都文京区水道2-1-1　振替 00150-2-175253
（編集）電話03-3815-5277／FAX 03-3814-6968
（営業）電話03-3814-6861／FAX 03-3814-6854
平文社・鈴木製本

Ⓒ ISHIGURO Kaoru　2001　Printed in Japan
＊落丁本・乱丁本はお取替いたします。
＊本書の全部または一部の複写・複製・転訳載および磁気また
　は光記録媒体への入力等を禁じます。

http://www.keisoshobo.co.jp

　　　視覚障害その他の理由で活字のままでこの本を利用出来
　　　ない人のために，営利を目的とする場合を除き「録音図書」
　　　「点字図書」「拡大写本」等の製作をすることを認めます。
　　　その際は著作権者，または，出版社まで御連絡ください。

開発の国際政治経済学
構造主義マクロ経済学とメキシコ経済

2017年7月1日 オンデマンド版発行

著者 石 黒　　馨

発行者 井 村 寿 人

発行所　株式会社　勁 草 書 房

112-0005 東京都文京区水道 2-1-1　振替　00150-2-175253
（編集）電話 03-3815-5277／FAX 03-3814-6968
（営業）電話 03-3814-6861／FAX 03-3814-6854
印刷・製本　㈱デジタルパブリッシングサービス http://www.d-pub.co.jp

Ⓒ ISHIGURO Kaoru 2001　　　　　　　　　　　　AJ970

ISBN978-4-326-98295-0　Printed in Japan

JCOPY ＜(社)出版者著作権管理機構 委託出版物＞
本書の無断複写は著作権法上での例外を除き禁じられています。
複写される場合は、そのつど事前に、(社)出版者著作権管理機構
（電話03-3513-6969、FAX 03-3513-6979、e-mail: info@jcopy.or.jp)
の許諾を得てください。

※落丁本・乱丁本はお取替いたします。
　　　　http://www.keisoshobo.co.jp